M E D E L L Í N
¡LA ETERNA VERRAQUERA!

"PRIMERA PARTE"

"PLATA O PLOMO"

Por:
Didier Montoya
(Don D)
¡A mi estilo!

Título Original: Medellín ¡La eterna verraquera!

Corrección de Estilo:
María Estela González García
Universidad Tecnológica de Pereira
Correo: maríaestella13@hotmail.com

Fotografía de contraportada: Clive Kim (Pexels.)

Abogada:
Claudia Consuelo Murillo
Especialista en Derecho Administrativo

Psicólogo:
Cristian Castaño Pineda

Primera Edición: marzo del 2002
Reedición: marzo de 2023

ISBN: 978-958-49-9156-0

Diseño Gráfico:
Cristian Soto Osorio
Correo: csoto@utp.edu.co

Instagram:
Don_d_books
dimar_888@hotmail.com

Dosquebradas-Risaralda-Colombia

ÍNDICE

DEDICADO

Este esfuerzo en la escritura se hace como un homenaje sincero y póstumo a todas las personas víctimas de la violencia, producto de una guerra sin razón, acaecida en la Medellín de la década de los ochenta y principios de los noventa.

Para todos aquellos hombres, mujeres, niños inocentes, miembros de la Policía Nacional de Colombia, integrantes de las Fuerzas Armadas y funcionarios de los Organismos de Inteligencia.

De igual forma se honra con sinceridad el dolor de las familias de Medellín, se rinde tributo a aquellos que sacrificaron sus vidas como un aporte a la Paz de nuestra Colombia, y por qué no hacerlo también, a esa inmensa cuantía de jóvenes que se dejaron atrapar por el dinero fácil, coprotagonistas de la historia y quienes en el mismo instante fueron víctimas.

PRÓLOGO

A mediados de la década de los años ochenta y comienzos de los noventa, el mundo se estremeció con el conflicto que se desató en la ciudad de Medellín, capital del departamento de Antioquia (Colombia), la Tasita de Plata, la ciudad de la Eterna Primavera, la ciudad de las Flores, la ciudad más innovadora del mundo, entre otros.

Esta guerra dejó centenares de policías, ciudadanos, hombres, mujeres y niños mutilados y muchísimos muertos.

A esto se suman las secuelas psicológicas, económicas y sociales de protagonistas, familiares, compatriotas y una ciudad casi destruida por los daños que ocasionaron los carros bomba; terror y zozobra en los rostros de los habitantes de bien, que, como sucede en estos casos, sin querer se encuentran en la mitad del conflicto.

Esta *"guerra civil"*, si se puede llamar así, tuvo lugar gracias a un factor insospechado: la contundente actuación de la Policía Nacional de Colombia en contra de las mafias fuertemente organizadas y a la ambición desenfrenada por el dinero de un pequeño grupo de uniformados de la misma institución, los cuales no midieron su accionar y se pusieron a favor de los narcotraficantes que incursionaban libremente, infiltrando una gran parte de los estamentos políticos del país y algunos organismos encargados de velar por la seguridad de los ciudadanos de esta hermosa nación.

Añadido a este factor que involucra a nuestra institución, el poder del dinero carcomió la conciencia de los jóvenes paisas por la ambición de solucionar sus falencias económicas, a través de diversidad de delitos, de los cuales el más frecuente; sin lugar a dudas, fue el homicidio, utilizando para llevarlo a cabo un medio de transporte versátil y escurridizo: la moto.

Con el paso de los días esta nueva modalidad delictiva *"sicariato"*, aumentó vertiginosamente. Dicha actividad era ejercida en su mayoría por jóvenes adolescentes encargados de apretar el gatillo de sus armas. En un abrir y cerrar de ojos, estaban en medio del conflicto recibiendo una miserable paga por apagar la existencia de un ser humano que sólo tenía como misión proteger la vida, honra y bienes de todos los ciudadanos residentes en Colombia. Fue así como cuatro policías asesinados representaban el valor comercial de una moto y como si fuera poco, los cálculos estimativos señalaban que, con la paga por un policía muerto, se podía comprar un televisor o realizar una gran fiesta. Este actuar no perseguía más que algunos fines simples pero a la vez primordiales como: cumplirle los antojos materiales a una madre al comprarle el televisor más grande o algún lujo que jamás había tenido y darle más de lo esperado para la fiesta de sus sueños; la primera comunión de su pequeño, mientras ellas permanecían ignotas de sus fechorías al desconocer el origen del dinero y menos lo que sus hijos debían hacer por esas poquedades, porque las cabezas visibles que dirigían las mal llamadas escuelas de sicarios, que estaban al frente de la contienda, se quedaban con el grueso del dinero que se pagaba por cometer el homicidio, instalar un artefacto explosivo en una edificación o hacer detonar un carro bomba.

No contentos con la descripción de este panorama homicida en la ciudad de la *'Eterna Primavera'*, debemos hacer otras anotaciones: el monto cancelado subía de acuerdo al grado del uniformado que estaba en lista para ser abatido, uno, dos, tres, cuatro, cinco millones, o tal vez más era lo pactado. Además de ello, debemos relatar que se ofrecieron multimillonarias cifras para destruir comandos policiales completos con todos sus integrantes adentro.

Varios años continuos duró la crueldad de aquellos enfrentamientos donde miles de familias de uniformados y civiles se vieron envueltas en el conflicto.

Sólo la acertada actuación de los organismos de seguridad, de ciudadanos decididos con valor civil para complementar y exigir la oportuna intervención de las autoridades políticas de Colombia y el extranjero, lograron ponerle fin a una guerra interna sin un pretexto racional, pues para quitar la vida no existe el primero.

Aclaro; eso sí, que la siguiente historia no se trata de contar la vida y acciones del "zar" de las drogas durante los años ochenta y comienzos de los noventa en Colombia, sino, unas vivencias de varios miembros de la institución involucrados en el conflicto, pero que se derivan de la misma.

En ningún momento se trata de menoscabar el prestigio de la capital paisa, por el contrario, mostrarle al mundo la capacidad que tiene para sobreponerse a todas las adversidades que se le presentaron, cómo se levantó Medellín para llegar a obtener en muy corto tiempo un premio a nivel mundial como la ciudad más innovadora, entre otros.

Tampoco se pretende denigrar de la Policía Nacional, pues los actores involucrados no superan el uno por ciento del total de su personal y en su mayoría pagaron el error cometido con su vida o en la cárcel, de igual manera demostraron el gran poder para superar los infortunios hasta el punto de haber sido reconocida como la mejor policía del mundo en cabeza de su director el señor general Rosso José Serrano y posteriormente dicho galardón lo obtuvo el señor general Oscar Naranjo.

CAPÍTULO UNO

MEDELLÍN ¡LA ETERNA VERRAQUERA!

- ¡Lo juro y lo prometo!

"A ver qué les cuento "home", tengo más de veinticinco obras "literarias", entre cuentos, historias, leyendas, anécdotas y ficciones de mi inspiración, algunas de ellas narradas por amigos; como en la presente, que no sé por cuál de todas comenzar a contarles.

¡Creo que esta es buena! Además, ya hice una introducción sobre un conflicto que cambió el rumbo y la vida de muchísimos seres humanos en Colombia ¡Pillen pues! Como dice el dicho; por la plata baila el perro"

A una semana de "x" ceremonia policial recibí una honrosa visita, no era para menos: el mayor de mis hermanos que ya disfrutaba de su uniforme como un gran suboficial de la policía, entusiasmado me preguntó cuál sería mi destino, sin vacilar le dije que disfrutaría de las verdes montañas y el clima del departamento del Huila.

La ciudad no estaba dentro de mis cuentas, pero si me asignaran a una de ellas, seguramente prestaría mi servicio con el mismo ahínco y orgullo, mi pensamiento apuntaba a trabajar en el campo, porque para eso estudie en un claustro que forma policías Carabineros.

Trabajar y ayudar a los campesinos me llamaba más la atención que pisar moles de concreto y exagerados ruidos de automotores, por eso cuando en realidad me enteré cuales eran los lugares a donde nos enviarían a cumplir con el deber no lo dudé, sin pensarlo demasiado, seleccioné el departamento del Huila, unidad que en ningún momento se había mencionado dentro de los corrillos habituales de los alumnos y mi amigo Galiano me acompañaría en esa aventura.

La reacción del mayor de la manada; que aparte de tener experiencia su elocuencia para hablar convence, dejó escapar su inconformismo por la decisión ya tomada, ya que me encontraba en un listado quizá a minutos de ser enviada a la Dirección General de la Policía en Bogotá, una vez se enviara, ya no había tiempo de llorar porque quedaría radicado ante esa jefatura como un nuevo integrante de la Policía Nacional de Colombia. Los consejos y regaños no se hicieron esperar convenciéndome del inminente riesgo que se correría en esas lejanas tierras, ya que, en esos momentos, la zona vivía un conflicto de desorden público bien complicado por culpa de las guerrillas, mientras que en la ciudad iba a tener una verdadera escuela para aprender a ser un policía más íntegro por la diversidad de casos que se conocerían, *"Observación que me hacia mi parentela con gestos de preocupación"*.

No sé qué artimañas utilizó, ni a quién convenció; *"a mi sí"*, qué hizo, a quién sobornó o ligó para hacer un cambiazo y así en cuestión de minutos, él personalmente me estuviera dando tranquilidad, pues el cambio en el listado ya era una realidad, la misma suerte corrió mi amigo Galiano, *"por quien también abogué o dicho de otra manera chantajeé"*

La presente disposición se debía ocultar, esconder, callar, sepultar, no comentar, tragar y disimular hasta que se hiciera oficial y pública la notificación; eso se haría una vez culminara la ceremonia de graduación que entre otras cosas ya estábamos a minutos de terminarla, pues habían trascurrido largos ocho días. *"No tengo la más mínima idea a quienes descabezaron"*.

Con una sincronización perfecta en cada uno de los movimientos del orden cerrado, como lo mandan los cánones de los ejercicios físico-prácticos para las ceremonias de las fuerzas armadas y militares, salido de lo más profundo de las entrañas del alma, se escuchó en el aire con resonante eco la frase, que, por fin en ese momento, definitivamente certificaba que éramos policías.

Pronunciado por más de cuatrocientas gargantas de jóvenes dispuestos a darlo todo por la patria, ese juramento sagrado que millares de hombres en toda la geografía terráquea han exclamado, por fin se escuchó en nosotros. *"Dios y Patria"*. Palabras que me daban esa potestad, en ese momento los corazones están hinchados de alegría, el alma se quería salir de la emoción y la sensación era cada vez más hermosa porque a partir de ese instante sólo habría tiempo, espacio y lugar, para servirle a la sociedad. Más de seis meses de preparación física e intelectual me daban la seguridad y certeza de que yo iba a ser el mejor policía y mis compañeros, los mejores hombres uniformados de esta gran nación: Colombia.

El amarillo, azul y rojo de la bandera de mí patria ondeaba en lo más alto de la asta y, a su lado izquierdo, orgullosa exaltaba la de mi prestigiosa institución policial enarbolando su   blanco y verde, que a la distancia se confundía con el espectacular verde de las montañas; *"qué lindo se me escuchó, mi prestigiosa"*.

Día soleado, sencillamente espléndido, el claustro policiaco estudiantil no podía estar más radiante, la ocasión lo ameritaba, los jardines estaban impecables porque desde días atrás la tarea era organizar los pequeños arbolitos de pino, los rosales y todas las flores que gozan de nuestros cuidados y contemplación; *"obras públicas le llaman, yo prefiero llamarlo ornato"*.

Una imagen de la Virgen María a un costado de la gran plaza de armas era la fiel guardiana protectora de todos los alumnos. A diario se le ofrecían oraciones para que nos protegiera, ni un trozo de basura se podía dejar ver en la gran plazoleta; *"Lugar de concentración"*, para que cuando todos cuadros de mando, los familiares y visitantes la pisaran se quedaran admirados con la limpieza y pulcritud del claustro.

Ya parado, firme, inmóvil, quieto en modo estatua como jugaba de chiquillo en la imponente ceremonia de graduación, gruesas gotas de sudor lentamente se deslizaban sobre mis mejillas mojando levemente la pañoleta de color amarillo que se aferraba fuertemente a mi cuello, aprisionada por una argolla metálica dejando caer sus puntas sobre mi pecho que, agitado, no cesaba de expandirse desaforadamente, mojando mi nuca y espalda. Gotas no sé si producto del fuerte calor de la mañana a pesar de encontrarme en una ciudad de clima frío por su proximidad al majestuoso nevado del Ruiz o del efecto que producen en mí los nervios y la exagerada concentración para no fallar en cada uno de los movimientos ordenados por nuestro comandante, aun teniendo puesto un gigante sombrero alón; símbolo único del policía Carabinero.

Sólo tenía tiempo de expulsar disimuladamente un fuerte soplido de aire caliente que salía con violencia de las entrañas de los pulmones, con el fin de alejar la mosca que nunca falta en esa clase de ceremonias y que se posó sin ningún tipo de prejuicio sobre mi rostro, aprovechando que uno no se puede mover ni un solo milímetro. Luego, virar los ojos para ambos lados en forma leve y observar a la distancia mezcladas dentro de la gran multitud, dos figuras que me tenían identificado desde lo lejos, no se perdían detalle alguno, mi hermosa madre y el hombre de los consejos al que digna y orgullosamente estoy representando: ¡Mi padre! Añadido a ellos se encontraban mis hermanos y el resto de familiares que felices me acompañaban, para luego si disponerme a llenar mis pulmones de aire y prepararme para la siguiente orden.

Cualquier insignificante movimiento era detectado por la tribuna, la cual se encontraba repleta de cientos de personas y amigos de los integrantes de las compañías, especialmente constituida por los altos oficiales que, invitados, presenciaban una vez más aquella clase de actos, donde sólo faltaban unos minutos para escuchar al señor oficial; *"maestro de ceremonia"*, ordenar romper las filas para dar por terminado el evento y gritar con toda el alma: ¡Viva Colombia! Eran esos los minutos que se hacían interminables a la espera de llegar a ser, de manera oficial, miembros activos de la gloriosa Policía Nacional de la República de Colombia.

El Código de Ética Policial va a estar por encima de lo que sea; Rodrigo, otra voz, Rendón.

— Balbuceé con la boca entre cerrada.

Ya nos llamábamos por los apellidos, pues hacía meses habíamos dejado de pronunciar nuestros nombres. Rendón seguía atento escuchando también las voces de mando de nuestro capitán.

Antes de terminar la ceremonia no podía faltar ni fallar la oración más hermosa en la que, a cada palabra que se pronuncia, miles de vellos se les erizan a todos los presentes por su hermoso contenido y significado, llenando los pulmones de aire la exclamamos: *Como policía tengo la obligación fundamental de servir a la sociedad, proteger vidas y bienes, defender al inocente del engaño a los débiles de la opresión y la intimidación...*

Doble R, apelativo con el que identificaba a mi gran amigo ubicado a mi lado derecho, irradiaba alegría y emoción. Pasé los mejores momentos a su lado desde que se inició el curso de preparación en la escuela de formación y ese, fue el instante más esperado y anhelado para ambos. Dos escuadras más atrás, como dueños de las primeras filas, se encontraban otros dos compañeros: Galiano y Zuluaga a quien amistosamente le decíamos: Zulu., el "mono", el "zarco" o "Z", quizá más amigo que Galiano; con ellos formamos un cuarteto sencillamente formidable; un grupo de panas sensacional con quienes al inicio de la aventura hicimos un juramento sagrado, como policías teníamos la obligación fundamental de servirle a la sociedad, proteger sus vidas y bienes por encima de lo que fuera.

La muchedumbre emocionada, sorprendida y aterrada seguía escuchando nuestro código de Ética Policial con una sincronización perfecta, ni las aves que habitualmente revoloteaban entre los árboles se querían perder la hermosa oración policial, menos las cigarras que los habitaban silenciando su canto.

Al fin la última estrofa llegó y con ella, nuestro entusiasmo y la moral subieron a lo más alto. Los pulmones se llenaron de nuevo con la bocanada de aire más exagerada para exclamar con toda la fuerza de las cuerdas vocales ensordeciendo a todos los presentes: *"Reconozco que el lema Dios y Patria simboliza la fe del público y que lo acepto en representación de la confianza de mis conciudadanos";* mientras la invocábamos mi mente con firmeza aseguraba que no iba a defraudar a mis ciudadanos, continuando las cuatrocientas gargantas a una sola voz *"y que lo conservaré mientras que siga fiel a los principios de la ética policial";* principios que me había inculcado mi padre desde niño cuando no lo desamparaba en momentos que portaba con orgullo su uniforme.

Para este último tramo se debía tener el suficiente aire en los pulmones y dejar escapar ahora sí, con todo el volumen de la voz las frases que definitivamente me consagraban como policía, *"Lucharé constantemente para lograr estos objetivos e ideales dedicándome ante Dios a la profesión escogida ¡LA POLICIA!".*

¡La Policía! Palabra que le colocó *"creo"* la piel de gallina a los acompañantes que orgullosos observaban a sus amigos, hijos, esposos y novios parados en una perfecta formación luciendo un majestuoso traje verde oliva de carabinero, enarbolando su lema: *"Compañerismo, Integridad Bravura",* que a la larga simboliza: fe, esperanza, identidad, respeto confianza, orden y sobre todo "autoridad", otorgada por la constitución colombiana y por Dios.

La ceremonia culminó con lujo de detalles y ahora sí, gracias al todo poderoso, por darme la potestad de ser Policía, *"voy es pa'delante papá",* bajo el estruendo de aplausos más espectacular que haya presenciado, los unos se abrazaban con los otros felicitándose mutuamente repitiendo las promesas a cada instante

Uno a uno los familiares se acercaron y el festín de fotografías salió a relucir, de todos los ángulos y posiciones se quería tener el recuerdo sobre un papel de cada uno de los comandantes y amigos para guardarlos dentro de un álbum y así, veinte años después, fuese éste el pretexto para reunirnos en algún lugar de Colombia y en medio de recuerdos y nostalgias disfrutar de la anhelada jubilación. *¿Cuántos iremos a estar con vida?*

El destino quiso que dentro del numeroso grupo de hombres conociera a tres amigos formidables: doble R, Zuluaga y Galiano a quienes la vida nos dio un giro de ciento ochenta grados, humildes jóvenes pueblerinos que por primera vez íbamos a conocer una gran ciudad; *"si nos enviaran, pues aún dudaba del cambiazo y seguía siendo una tumba para no meter en problemas a mi hermano"*.

Se comenta fuertemente como primera opción, una unidad, *"decían algunos amigos"* según las malas lenguas toda la compañía prestará sus servicios en; una muy mencionada zona del país, la que a diario se escucha en la radio y la televisión, "Una Tasita de Plata", "La Capital de la Montaña, anhelada por la mayoría de policías del país, una verdadera escuela para aprender los viejos trucos que lo van a convertir a uno en un policía de experiencia, bueno, honesto, líder, habilidoso con malicia indígena; *"frase que alguna vez le escuché a mi padre y durante el curso de preparación descifré su significado"* o una verdadera escuela para los hombres débiles de ética y valores que sólo tienen reflejado en la frente un gran signo de pesos.

Aún sigue ventilándose cualquier cantidad de teorías a voz baja dentro de la formación, a tan solo segundos del oficial comenzar a leer los listados, las especulaciones para donde saldremos trasladados estaban a la orden del día, lo que todavía me hace dudar del famoso cambiazo que se efectuó días atrás: se habla de la Costa Atlántica, Bogotá, Cali, Bucaramanga y obviamente con más fuerza Medellín.

Por fin los lugares a cumplir con las funciones policiales son una realidad, la expectativa se tomó a todo el grupo y comenzó en orden alfabético a viva voz a ubicarnos, para unos hubo alegría al instante en que se pronunciaba su destinación; como si se hubieran ganado la lotería, mientras otros se resignaron cuando escucharon su nueva unidad policial; su rostro lo dijo todo. Luego leyeron los nombres de los hombres que reforzarían los departamentos de Meta, Caquetá, Caldas, los que se quedaban en la escuela y unidades que no estaban dentro de las especulaciones, *"estamos de suerte"* le susurré a Gali., pues no escuchamos nuestros nombres.

Galiano y yo, ya sabíamos cuál era nuestro destino, aunque faltaba que nombraran los que reforzarían los departamentos del Huila, Putumayo, Vichada y la ciudad de "medallo", como cariñosamente se le dice.

Las listas se continuaban evacuando hasta que el oficial que llevaba la vocería expresó que a continuación diría quienes deberían cumplir su traslado para la ciudad de Medellín, hubo expectativa, incertidumbre y duda hasta cuando se escuchó el nombre de Galiano seguido del mío; disimulamos, pero, si alguien estuviera atisbando a mi espalda, se habría percatado que tenía entrelazados los dedos, siendo modestos con una célebre frase que pasa desapercibida ante mis compañeros, *"trabajaré donde sea"*, los que si se llenaron de alegría fueron Zuluaga y

Rendón quienes también se encontraban en los listados.

Una sensación extraña invadió mi pecho en esos instantes, era apenas lógico, tenía que ver con la manipulación de las listas, ya lo hecho, hecho estaba y no me iba retractar ahí, observé con detenimiento el rostro de mis compañeros y no logré detectar a los descabezados.

A partir de ese instante la gran urbe se metió en mis sueños; *"ya lo había expresado"*, si me tocaba la ciudad estaría igual de orgulloso y esta no podía ser otra que… ¡Medellín! *si señor* ¡Medellín! A la que le dicen la ciudad de "La Eterna Primavera" la misma que tiene en sus entrañas al verde de la montaña que le mueve el piso y el corazón a más de un paisa y a miles de fanáticos del fútbol de todo el país. Ese de "Higuita", Leonel Álvarez, el "Chicho" Mauricio Serna, Andrés Escobar, el "Chonto" Herrera y otro resto de figuras internacionales del fútbol colombiano, personajes que sólo he podido ver en televisión y que ahora los voy a tener cerca de mis ojos y, por qué no, pedirles un autógrafo o una foto. A mi padre que es bien afiebrado al ciclismo lo voy a sorprender con una rúbrica de Martín Emilio "Cochise" Rodríguez, su ídolo; a mi madre la voy a enloquecer con una fotografía de "Fausto" para que cuando planche la ropa lo mire fijamente al momento de interpretar los "abedules", su canción favorita, a mi hermanita la voy a matar de la emoción con un póster de Ekimosis ¡Si señor! Una foto de esos mechudos que hasta alguno de ellos mariguanero será y yo, personalmente me voy a dar a la tarea de conocer de frente a Guillermo Zuluaga "Montecristo" mi humorista preferido.

También allí se encuentra el rojo de la montaña, el poderoso Deportivo Independiente Medellín.

Para allá voy a cumplir con mi deber como policía, ya no es ficción, es realidad, una única aventura me llama acompañado de mis mejores amigos; atrás queda la finca, el machete y el azadón, el suave olor de la naturaleza mezclado con las bestias y los cerdos, la venta de huevos, el acarreo de bultos y tantos oficios varios que me enorgullecían trabajarlos con hidalguía y que en algunas ocasiones uniformados de policía me menospreciaban cuando les decía que yo iba a ser como ellos; en Medellín voy a respirar humo de carros a la lata, pero igual voy a estar feliz.

La partida a la nueva aventura de la ciudad inició después de varios días de descanso como recompensa; no sin antes presentármele al uniformado que laboraba en mi pueblo y que me cogió de burlesco cuando le hice aquel comentario para verle su rostro a ver como reaccionaba; *"no me pude sacar esa espinita pues no lo hallé, el camino es culebrero y en algún lugar me lo toparía"*

Créanme que mi claustro se veía más diferente en esos momentos que seis meses atrás, el trato era más respetuoso, ya el personal de la escuela no me llamaba alumno sino *"agente"*, hasta los compañeros que dejaba terminando su curso y que se convertían como los "antiguazos" de la escuela me hacían la reverencia y ni que hablar de los reclutas que ese mismo día empezaban a llegar a reemplazar la mejor compañía que había pasado por esa escuela; *"la compañía General Santander", ¡A duro que les iba a tocar superarnos!*

Regresé de mis fantasías, cuando por fin salimos del claustro policial, después de miles de recomendaciones y consejos de nuestro comandante de sección y compañía, pues sería la última formación; tan solo cuarenta y ocho almas habían sido destinadas para la gran ciudad, el resto cubrirían diferentes zonas montañosas del país.

Con una incertidumbre indescriptible, la travesía era amena colocando los sueños a volar. ¿Cómo será su gente? Dicen que es la más amable del mundo ¿Cómo serán sus calles, edificios y parques? ¿Ese gran estadio Atanasio Girardot que tantas veces he escuchado mencionar? También dicen los que saben que tiene las mujeres más hermosas a nivel del planeta, ¿Será que allí se encuentra la mujer de mis sueños?

Durante el traslado, cerré mis ojos por unos instantes y de inmediato, vino a mis recuerdos uno de tantos momentos, aún fresco cuando no sólo a mí sino a toda la compañía, nos correspondió subir por una cuesta bien pronunciada, cada uno con el compañero de al lado en hombros o a caballo como decía mi teniente. Yo por mi parte lo hice con mi compañero Rendón, con quien ya tenía un trato desde el inicio del curso, yo me encargaría de la parte dura en cada una de esas actividades por ser más fortachón.

En aquella ocasión ambos con la palangana; *"plato de comida"* repleta de alimento, coronamos el empinado barranco. A medida que escalábamos debíamos consumir sin dejar caer un solo grano según la orden de un arbitrario oficial que se desahogaba con el personal maltratándolo física y psicológicamente con humillaciones y ese tipo de ejercicios, orden que se debía cumplir al pie de la letra.

Volví a recordar *"la conga",* otro de los castigos más absurdos y humillantes, pues tener que presentarse al guardia totalmente enjabonado durante toda la noche, con intervalos de una hora para mí no tenía sentido

Las conclusiones a las que llegaba eran que el hombre, tal vez, estaba sufriendo de algún problema mental, que lo llevaba a castigar a su personal con ejercicios tan absurdos y que en muchos casos lesionaban la integridad física de los alumnos, sin embargo, las ansias de ser todo un profesional de policía no nos permitían que se denunciaran esas acciones, o quizá, era una forma de volvernos fuertes física y mentalmente si en algún desafortunado momento nos secuestraba la guerrilla.

Lo mejor al despertar de aquella pequeña quimera, era que difícilmente en mi vida volvería a recibir una orden de esas y mejor aún, saber que en ese momento me desplazaba en un bus con destino a la ciudad de Medellín a prestar mis servicios como un profesional de la policía colombiana.

A mis compañeros de viaje poco les interesaba conocer acerca de los planes e ilusiones que cruzaban por mi cabeza, en ese instante dormían plácidamente. Sólo cuando el transporte hizo su entrada triunfal a la gran ciudad, con un suave movimiento desperté a Doble R., que se encontraba a mi lado para que observara lo que enfrentaríamos en los siguientes días.

Sobre las verdes montañas se podían divisar los barrios y tugurios que lentamente se abren paso en pro de ganarse lo más alto de la Sierra.

— *"Eso se llama Manrique"*, dijo Gallego, señalando la parte oriente de la ciudad, dejándome boquiabierto, pues en mi vida había visto una ladera con miles de viviendas ancladas o aferradas a la tierra, luego al lado izquierdo del bus, nos indicaba la comuna de Castilla

—Allí asesinaron a dos policías motorizados la semana pasada, subiéndole el volumen a su voz, vociferaba el paisa, presumiendo con orgullo de estar en su tierra.

El guía turístico del momento explicaba todo mientras un leve temblor sacudía mis piernas al escuchar lo del asesinato de policías.

La orden dada al oficial jefe del grupo encargado de custodiarnos era clara, primero presentarnos ante el comandante del departamento dueño de nuestro destino.

- Medellín… ¡Aquí Estoy!

La llegada fue rápida, en un abrir y cerrar de ojos estaba frente a las instalaciones del comando del departamento del Valle de Aburrá; *"pisando tierra paisa"*, con una incertidumbre sin límites mezclada con ganas de portar el color verde oliva del uniforme y salir a las calles a cumplir con mi deber. Se hicieron los registros y formaciones de rutina hasta que de la garganta del hombre que tenía la vocería en el momento salió la palabra que estremeció todo mi cuerpo.

— ¡A partir de ahora ustedes hacen parte del Escuadrón de las Motos de la ciudad!

La alegría se sintió en la mayoría de compañeros y, por un instante deseaba levantar mi brazo para pedir permiso de hablar y manifestar que yo no sabía conducir una moto, que el curso realizado era sólo para montarme en un caballo y patrullar los campos.

Rendón se enteró fácilmente de mi angustia y no dudó en decirme:

— *"Eso es lo más sencillo güevón, yo te enseño"*, con voz baja.

Cómo si el comandante hubiera escuchado mi pensamiento preguntó a todo el grupo.

— *¡Levante la mano quienes saben conducir una moto!*

Mis otros tres compañeros la elevaron con energía y yo dudaba, creí que si no la levantaba me separaba de ellos por no saber conducir, corrí el riesgo y la alcé con igual energía; del grupo algo más de la mitad la extendimos hacia el firmamento.

Mí coronel, en forma cordial, dijo luego.

— *¡No hay problemas jóvenes! Los que no saben conducir, a partir del día lunes inician un curso palomo.*

— *¡Como que un curso palomo mi coronel!* Preguntó mi teniente.

— *"Un curso que pasa volando"* respondió el nuevo jefe extendiendo su brazo derecho con cadencia.

— *¡Eso es otra voz!* Le exclamé con alegría a Doble R., regresando mi alma al cuerpo, *"en un adagio muy popular"*.

La salida del comando, edificio desde donde dirigen los altos mandos los destinos de la ciudad, fue después de conocer sus instalaciones. El siguiente paso nos llevó a la estación Candelaria, allí no podía de la felicidad cuando recibí la dotación completa: varios trajes de uniforme, prendas blancas de motorizado, botas, insignias, otros accesorios y mi placa policial, ese pedazo de metal que me identificaba *"lo haré respetar por encima de lo que sea"*, me dije.

El ejercicio de entregar las prendas fue rápido y en forma ordenada, pues los reclutas son hombres sumisos y obedientes; y ahora sí, con rumbo a nuestro nuevo hogar, el *"escuadrón de las motos"*.

La incertidumbre se apoderaba de mí, el desplazamiento no tuvo inconveniente, se hizo en forma ordenada; pero antes de abordar el bus se me acercó un ciudadano con un acento agradable de campesino antioqueño de sepa y me habló.

- *"Mi guardia, mi guardia"*.

Esa palabra me sorprendió en algo, pero de igual manera lo atendí con toda la educación del caso; el ciudadano sólo necesitaba saber dónde estaba ubicado Guayaquil, la zona del comercio informal, como no tenía conocimiento del asunto no podía dejar ir al ciudadano sin atender su petición y acudí a los servicios del centinela de la puerta muralla; lo que causó curiosidad fue la palabra *"guardia"*, singular forma de referirse a un uniformado de policía en esa región del país.

Varios minutos bastaron para encontrarnos visitando la infraestructura del escuadrón de las Motos, los hombres de la "metro", los motorizados y nuestro lugar de trabajo.

Acá comienza mi verdadera historia, los nuevos reclutas quedamos descrestados al ver el porte de los nuevos compañeros, algunos con gesto amable respondían cuanta pregunta curiosa se escapaba, mientras otros con su arrogancia dejaban ver que las cosas no serían fáciles.

La bienvenida por parte de mí capitán comandante de la nueva unidad me hizo sentir en casa, a pesar de que, Zuluaga y Galiano se ganaron una vaciada "cula"; ya comenzaba a manejar la jerga policial, de parte del señor oficial por llegar tarde a la formación.

El barrio Laureles, ubicación de la guarnición policial también me dejó atónito al ver los lujosos vehículos parqueados alrededor del complejo, deduje entonces, que sus vecinos moradores, así como las fachadas de sus viviendas, pertenecían por lo menos a un estrato cinco o seis, pero la sorpresa fue mayúscula al darme cuenta seguidamente a través de Zuluaga que la mayoría de los dueños de los automotores eran uniformados.

La orden del nuevo comandante no se hizo esperar y el oficial que ahora sí quedaba al mando de todo el grupo de reclutas, gritaba con energía.

- ¡Embarcar, embarcar!

Con ese acento de policía que se distingue a leguas; palabras mágicas que en cuestión de segundos nos tenían ocupando las sillas del bus encargado del transporte con destino a la estación Belén, recinto seleccionado para descansar algo distante del escuadrón de las motos.

Una vez allí, ordenó otra formación.

— ¡Formar, formar!

Después de unas breves consignas y dejarnos bajo el mando de nuestro admirado dragoneante; amigo desde la escuela, distinción que se ganó por ser el mejor dijo.

- *"En estas instalaciones van a pernoctar por un tiempo hasta que haya lugar en los alojamientos del escuadrón, les queda altamente prohibido salir en horas de la noche, usted me responde dragoneante. Yo veré, yo veré".*

Esa frase *¡Yo veré!* pronunciada con arrogancia lo asociaba más fácil a un derivado de la palabra llover.

Al día siguiente nuestro dragoneante se reventaba los pulmones llamando a todo el grupo que ya, no nos sentíamos alumnos de una escuela de formación, sino que nos creíamos antiguazos y tratábamos de ofuscarlo al hacer caso omiso de sus órdenes y yo, con ganas de robarle otros minutillos al sueño le jugueteaba a Rendón.

— *¡Despierte Molina! que ya amaneció!* Decía zamarreándome de los hombros. *¡Otra voz! No me he presentado que vergüenza, yo soy Molina o ¡Moli.!* Cómo me dicen mis compañeros.

— *¡No bregues hermano, cinco minutillos más!* Contesté arropándome fuertemente con las cobijas.

Las palabras del dragoneante eran tan intimidantes que me obligaron a tirarme del camarote con destino a las duchas.

— *¡Levantarse, levantarse el personal! Que ya llega mi teniente y ese "man" si me jode si no están listos, vamos, levantarse,* repetía a cada instante.

De las frías aguas de la escuela de formación, por lo visto y sentido el día anterior, íbamos a disfrutar de un clima primaveral y colocándole toda la alegría del caso enrolado con mis compañeros, disfruté del primer baño en la tan soñada ciudad de la ¡Eterna Primavera!

¡Otra voz! Muchachos, esta no es solamente la ciudad de la Eterna Primavera, desde hoy la bautizo como la ciudad de la ¡Eterna Verraquera! Porque yo estoy emocionado hermano, nunca en mi vida había visto una capital más grande y bacana, le dije a Zuluaga.

— *¡Pa'l baño maricas!* Gritaba jocosamente Zuluaga, motivando al resto del grupo, que uno a uno ingresaba a las duchas.

— *¡Huy guevones amanecí como pata de santo otra vez, estoy que me tuesto del frío!* Dijo Galiano siempre mostrando ser el más morboso de todos.

— *Usted mantiene así, como que necesita una paisita,* le contesté de inmediato.

— *Cuál paisita, éste guevón parece mejicano, a toda hora es "quiubo" mano y dele a Magnolia y a Manuela,* fue la mofa que le hizo Zuluaga.

Había que empezar el día alegre y demostrarle a uno que otro policía veterano que también utilizaban las duchas, que había llegado un grupo alegre y no achicopalado por ser los reclutas del momento.

— *¡Magnolia es poquito! Los baldosines del baño de la escuela cada que entraba le decían ¡Hola papi, hola papi!* Dijo Rendón, causando risas en todos los jóvenes que allí disfrutábamos de la tibia y deliciosa agua. Galiano se dio cuenta que lo íbamos a coger de valija como se dice en una forma muy coloquial dentro de la institución.

—Ya, ya, ya párenla conmigo me van a coger de destrabe pues, o me van a decir que ninguno de ustedes a saludado al mejor amigo.

Era una charla amena muy normal, que seguramente se daba dentro de las filas de cualquier guarnición policial o militar, en momentos que el agua enjabonada se deslizaba maliciosamente por los jóvenes cuerpos.

Tomé la vocería y dije.

- *¡Como el viejo Perea! Que con esa palanca que se manda hace hablar hasta mudas y entre más quenopodio nos daban en las comidas más templado amanecía ¡Ese niche si es descomunal!* Fue lo que se me vino a la cabeza recordando a mi negro *"Larry"* que como costumbre desde la escuela era de los últimos en llegar al baño totalmente eréctil dejando sencillamente aterrados a todos los compañeros y sin ningún tipo de vergüenza.

- *¡Abran paso, abran paso!* Decía.

- *¡Ojo atrás, ojo atrás!*

— *"¡Ah! Ese negro sí se manda tremenda belleza"*, simuló con sus manos Zuluaga, exagerando el tamaño del pene del niche sin prejuicio alguno; en medio de risas.

Tal vez la única forma que encontró Galiano para librarse de la jauría que ya lo estaba haciendo enfurecer fue sacar a relucir la única arma que tenía en su defensa o quizás para cambiar de tema y lo soltaran a él.

— ¡Huuuy, este man estaba podrido anoche, ni porque hubiera comido momia molida con vendas incluidas! Esa intervención fue magistral y las risas se escucharon por todas las regaderas mientras Gali., continuaba señalando a Zuluaga. Todos nos fuimos lanza en ristre contra Zulu., aplacándolo pues era el más extrovertido de todos, aunque no entiendo por qué siempre los escuchaba decir que yo era el payaso del grupo.

— ¡Huuuy sí, mano! Parecía un siete de diciembre, dijo Rendón.

— "Sí papá, parecía un camión doble troque bajando, puro freno de aire", respondió mi dragoneante.

Algo achicopalado el "Zarco" sólo atinó a contestar.

— "Huy sí, muchachos, tenía rueda libre, pero ya amanecí bien", alegó mostrando resignación.

Después de un merecido descanso, hicimos el recorrido por la ciudad conociendo sus lugares turísticos y estaciones de policía, prácticamente se daba aquí inicio a mi vida policial.

Nos enrutamos hacia el último lugar por visitar ubicado en la parte alta de la comuna Manrique, la misma que el día anterior me asombró cuando entramos a Medellín, conocida por el personal uniformado antiguo y comentada a cada instante; algunos utilizaban términos irresponsables y otros alardeaban, pues en la zona se consigue de todo, *"y de todo es de todo".*

Abismado conociendo la ciudad, después de terminar la dura cuesta de la comuna, allí estaba yo, *"¡Parado!"* Observando a lo lejos la hermosa urbe, haciendo volar mi imaginación, queriendo hacer llegar mi vista hasta los más recónditos lugares, porque el paisaje de la ciudad cautiva a quienes tienen la oportunidad de contemplarla.

— *¿Qué voy a hacer en esta ciudad tan grande por Dios?* Pensé por un instante quedando sumido en la nebulosa.

Momentos después, distrajo mi atención los gritos ensordecedores de un hombre con sus manos atadas por fuertes esposas que entraban a una patrulla de la vigilancia brutalmente golpeado y a punta de empellones.

La acción causó repudio dentro del grupo de novatos, uno de mis compañeros no se contuvo y con palabras no muy explícitas reaccionó al no estar de acuerdo con el castigo que le estaban dando al ciudadano; pues éste, era totalmente contrario a la instrucción recibida en la escuela de formación, donde nos enseñaron a respetar los derechos fundamentales de los seres humanos. La respuesta y la mirada del castigador nos dejó con la boca abierta.

— *Sigan con ese cuento, maricas reclutas, así es que se trata a un asesino de policías, ¡Empezaron mal!* Susurraba sin dejar de castigar al retenido.

No entendía por qué tomaban la ley por sus manos castigando sin compasión al parroquiano. Después hablaron con el oficial a cargo de nuestro grupo y solicitaron el préstamo de un recluta.

— *¡Un voluntario!* Expresó el teniente con voz fuerte. Nadie levantó la mano para ofrecer sus servicios, por el contrario, las cabezas se agacharon lentamente tratando de esquivar la mirada del oficial.

— *¡No la levanten tantos, reclutas, se las van a dar ya de perros culos estos muérganos!* Replicó el hombre algo enojado. Galiano, muy tembloroso alzó su brazo y se desplazó hasta quedar al frente del oficial, después de una breve instrucción abordó la patrulla policial donde también subieron varios hombres de verde.

La antigüedad se marcaba en sus uniformes y rostros, el sujeto golpeado fue conducido a empujones y arrumado sin contemplación en la *"bola"* como llamaron al vehículo patrulla.

Pasada una hora regresó el automotor con los miembros de la institución sin el sujeto y con Galiano en un sólo temblor, el cual disimulaba para que nadie se enterara lo que realmente había sucedido, le pregunté a mi amigo el motivo de su nerviosismo y me dijo con la voz entrecortada.

— *"Algún día te cuento, hermano"*.

Quince días después fueron suficientes para que los hombres que levantamos la mano indicando que no sabíamos conducir una moto, y a los que me uní con astucia, ahora estuviéramos parados sobre el asfalto caliente de la pista de karting al lado del hermoso estadio Atanasio Girardot; por fin lo tenía cerca viéndolo por lo menos desde afuera y sin poder pronunciar palabra pues al frente teníamos al comandante del departamento en una sencilla ceremonia, recibiendo un cartón certificando que éramos los nuevos motorizados de la ciudad de Medellín.

Quince días que pasaron volando y donde aprendimos trucos, maneras y artimañas para dominar una moto ganándome una distinción y felicitación por haber ocupado el primer puesto del curso.

- "Un motorizado de verdad"

Llegó el día más esperado, en la formación veinte nuevos motorizados, incluyéndome; nos ubicábamos detrás de dieciocho hombres antiguos, cada uno con su rostro quemado por el sol desde la nariz hasta la barbilla, solo quedaba más clara el área de los ojos por el uso constante de gafas durante el día. A simple vista se les notaba su experiencia, sus uniformes impecables desde el casco hasta las botas y en las polainas, un espectacular brillo al que le llamaban americana, pasando por el brazalete y un chaleco reflexivo con un gigantesco número en la parte posterior y delantera para identificar al policial; de igual manera los dígitos se encontraban en el casco, el brazalete y la moto; los más pulidos y cotizados lucían elegantes gafas deportivas descrestando a los reclutas, la "Ray-Ban" era la más apetecida y costosa.

El resto de mi grupo, desde días atrás apoyados por hombres antiguos, ya patrullaban las calles de Medellín, algunos jactados de haber conocido casos de policía muy importantes, otros dejando ver los frutos oscuros que esta labor les provee, la ropa de moda y las joyas que los distingue de aquellos que aún no tenemos esa experiencia, otros más intrépidos se pavoneaban luciendo motos de alto cilindraje y ni qué hablar de los vehículos último modelo.

El teniente al mando de la sección a la que desde ese instante fui asignado, ubicó un hombre de experiencia al lado de un novato para que le enseñara y protegiera en cada servicio hasta el momento que tuviera la capacidad de dirimir casos sin su apoyo. Uno a uno de mis compañeros fue saliendo *"creo"* que igual de orgulloso como yo a su primer servicio policial, algunos asustados y otros ilusionados con los milagros y apariciones repentinas de la virgen. Al final de la fila quedó conmigo otro principiante, los antiguos ya tenían su nuevo compañero, situación que no sería impedimento para salir a trabajar según el jefe pues tarde que temprano debíamos hacerlo sin el acompañamiento de un antiguo; el oficial nos miró con malicia tratando de encontrar cuál de los dos llevaría el mando y lanzó una pregunta a quema ropa.

– ¿Quién de los dos conoce mejor la ciudad?

Miré a mi compañero Rendón y sin dudarlo un segundo levanté mi mano; en ese instante recordé a mi hermano cuando en uno de sus consejos me dijo una de las frases más célebres en la vida policial *"un policía ni se regala ni se niega"* y acá me estaba regalando, pero conociendo a mi amigo, sabia; *"modestia aparte"* que yo podría ser más habilidoso.

Jamás en mí vida había pisado una ciudad tan grande, mi teniente me asignó un número que automáticamente me cambiaba el nombre por ese dígito y me identificaba a leguas, luego me entregó la llave de la moto que, a partir de ese instante sería mi caballito de acero; la segunda pregunta fue más contundente: *¿Cuál de los dos opera mejor la radio?* Observándonos con malicia como tratando de descubrir cuál de los dos sería el más apto para portar ese elemento que lo convertiría en el comandante de la patrulla, o sea, tener el mando, la responsabilidad de resolver cualquier caso policial que se presentara.

Nuevamente las miradas se cruzaron entendiendo con eso el oficial que estábamos en problemas. Tomó su radio portátil y le ordenó a Doble R., que transmitiera un mensaje a la central policial, Rendón demostrando algo de nervios dejó entrever que aún le faltaba práctica, seguidamente lo recibí y sin titubear reporté a la central sin omitir detalle haciendo alarde de haber recuperado un gran cargamento de droga; chiste que causó fuerte risotada a todo el grupo de uniformados y los antiguos que se apostaban a los lados observando a los nuevos reclutas. Con esa sola prueba el superior concibió que debía salir cómo el comandante de la patrulla. Sólo alcancé a murmurarle a Rendón *"me mordió la vaca papá"*.

- *"El primer servicio de prolijidad se denomina puesto fijo"*, increpó el oficial jefe, quien con su elegancia y sus uno noventa de estatura infundía respeto y admiración.

Las horas a cubrir durante la mañana se conocían como segundo turno de vigilancia en la glorieta, ubicada sobre la avenida Guayabal, más exactamente en el extremo sur de la ciudad, la salida hacia los departamentos de Caldas, Risaralda, el valle y obviamente mi hermosa escuela de formación.

La Felicidad me embargó, mi uniforme relucía con orgullo y mucho más con esa nueva responsabilidad.

Allí replicó el jefe de nuevo preguntando si conocíamos bien el sector y sin dejarlo terminar de hablar contestamos al mismo tiempo *"a la perfección mi teniente"*; levantado la mano con elegancia y cadencia como si hubiéramos ensayado esa frase mientras mi cerebro procesaba una ruta sencilla para salir a prestar mi primer turno de vigilancia como policía.

Salí a la calle portando el distinguido uniforme de policía con el nerviosismo y la felicidad más grande que en mi vida había sentido, mis botas impecables, la cartuchera y prendas de cuero color blanco, el casco del mismo color y un chaleco de color beige con un gigante número adelante y atrás   de un matiz anaranjado. Además de ello, portaba un arma de fuego, *¿Se imaginan? ¡Un arma de fuego en mi vida!* Había visto muchísimas películas de vaqueros y por mi cabeza jamás se me pasó que yo pudiera portar una de esas que utilizaba Clint Eastwood uno de mis actores favoritos, no creía ni en poncio con la "Smith & Wesson" en mi cintura, así mismo montado sobre una moto con la responsabilidad de proteger a mi compañero y al tiempo, colocar en práctica lo aprendido en la escuela de formación.

La salida del escuadrón de las motos tomando la carrera setenta y cinco hasta la avenida San Juan, no tuvo ningún inconveniente, completamente seguro que, dirigiéndome a la autopista norte rápidamente ubicaría nuestro primer lugar de facción, sobrepasamos sin problema el sector de Caribe y la terminal de transporte del norte de la ciudad, hasta que se acercó una patrulla de motorizados, quienes divulgaban a simple vista su antigüedad.

— *¿Muchachos, para dónde van?* Preguntaron de inmediato.

Haciéndome como si conociera muy bien el sector y con toda la seguridad del caso le respondí:

— *"Para la Glorieta de Guayabal"*, el hombre en forma burlesca, dijo.

— *¿Sí? ¡Cómo no! Continúen como van y llegaran mañana a la Costa Atlántica.*

– Nos encontrábamos al lado opuesto del lugar donde hacía una hora debíamos estar prestando el servicio, aparte de invadir su territorio que era sagrado y motivo de sanción para cada patrulla de motorizados.

Ese gravísimo error me sirvió de experiencia para que, en una docena de días estuviera desplazándome por toda la ciudad presumiendo conocerla ya como la palma de mi mano, así tuviera que preguntar las direcciones a los ciudadanos que al parecer pensaban que les estaba *"mamando gallo"*; expresión muy común dentro de la jerga policial y la misma que nos colocó en práctica un paisa en momentos que asistimos a uno de los primeros casos policiales en la capital de la montaña; ya pues, me sentía un antioqueño de verdad y cada día me enamoraba mucho más de la bella villa.

El tiempo aceleró su marcha sin notarlo, varios meses ya de servicios todos ellos sin novedad y durante la madrugada de uno de ellos, el frío congelaba hasta los cojones, el patrullaje por el sector del barrio Guayabal sencillamente ralla lo ameno, las calles desoladas y uno que otro ciudadano es raqueteado minuciosamente con toda la cortesía del caso, miré a mi nuevo compañero de trabajo, pues Rendón días atrás había abandonado esta hueste *¡Está agradable la noche a pesar del frío!* Mi tripulante se resguardaba con mi espalda, entonces se hallaba en mejor condición.

Al doblar una esquina un hombre corría a gran velocidad, al observarnos desesperado se dirigió en nuestra dirección, el pánico, fatiga y miedo desdibujaban su rostro, sin dejarnos preguntarle qué le sucedía exclamó casi sin poder respirar.

– *¡Mi guardia! ¡Mi guardia! A la vuelta hay una pelea o sucedió algo por que la gente está escandalizada y hay un "man" tirado en el piso.*

Mi reacción fue inmediata, como todo un policía recluta sin pensarlo aceleré la moto a su máxima velocidad para, en fracción de segundos estar frente al caso con el ánimo de prestarle atención a los ciudadanos que desesperados lloraban, gritaban y se abrazaban.

Efectivamente, sobre el piso un hombre circundado por un río de sangre, nos cambió la tranquilidad de la noche, la algarabía pintada de rabia e impotencia sobresalía en el entorno y algunas mujeres lo abrazaban histéricas mientras otros hombres se tomaban la cabeza en señal de desespero, la primera pregunta la lancé al aire para que quien estuviera controlado la respondiera tuvo eco; *¡Qué pasó! ¡Qué pasó!*

Uno de los presentes en mejor estado anímico después de contar detalladamente lo sucedido, señaló para el lugar por donde habíamos llegado, manifestando que un sujeto de camisa color rojo y pantalón azul había acabado de asesinar a su amigo

– *"Ustedes debieron haberse topado con él"*, dijo seguidamente.

Información que nos dejó perplejos, nos miramos quedando de una sola pieza, sin necesidad de hablar tristemente dedujimos que el asesino nos había engañado.

Sin demostrar lo apabullado del instante salimos en persecución del sujeto, pero todo ya era en vano, por más vueltas que se les dio a todos los sectores apoyados de varias unidades, el mortal en esos instantes se debía estar burlando de nosotros; quizá ya en su casa.

Esa primera anécdota policial no se la comentamos a nadie para no ser objeto de burlas, pero era una buena experiencia para comenzar a tener malicia indígena y dudar de toda aquella persona que solicitara nuestra ayuda.

El tema de la noche anterior quedó opacado con el comentario del momento por parte de Rendón, que me tenía aburrido, pues no había parado de hablar de su nueva conquista amorosa.

— *¡Una chimba de mona me conseguí, parce!* Habló con entusiasmo.

El vocabulario del momento dio a entender que mi amigo ya era otro con respecto al joven que conocí en la escuela, cuando nunca le escuché una palabra soez, pero R., siguió entusiasmado con su relato.

— *"Vea parcero, es que cuando usted la vea, se va a enamorar de ella"*.

Al ver el frenesí de mi amigo, me vino a la memoria la cantidad de damiselas que a diario se acercan al escuadrón de las motos y a todas las unidades de área metropolitana en busca de los uniformados.

Las chicas de tanto visitar los cuarteles se han ganado un apelativo *"guarnición"*, porque casi a diario se pasean por todas las estaciones policiales en busca de los uniformados y no es para menos, ya que el servicio de guarnición lo presta un oficial de grado Capitán y consiste en pasar revista minuciosa y drástica a las instalaciones policiales de la metropolitana. Es así como una gran mayoría de ellas terminan casadas con los guardias y otras se dedican a ser el menaje del hombre de la ley que les sonríe.

Complací a mi amigo y lo acompañé al siguiente día a conocer la mujer que supuestamente lo estaba trastornando.

El traslado hasta la comuna de Castilla no fue la más atractiva y menos aún, tomar una ruta no muy agradable hasta la parte alta del barrio doce de octubre; sector por demás humilde, pero por humilde que sea no es impedimento para que un hombre se enamore de una mujer y más tratándose de una que le mueva el piso.

Con un día radiante disfrutábamos el merecido descanso, llegamos a la casa; *"bien humilde por cierto"*, la futura suegra se dispuso feliz a recibir a su futuro yerno y muy formalmente me saludó antes de ser presentado por Rendón, demostrando ser una veterana simpática y atenta; la amabilidad paisa ya es reconocida desde meses atrás, no es nuevo para mí recibir tanta atención. De una habitación salió un joven que también se mostró complacido por nuestra presencia.

Minutos después se presentó en la puerta que da acceso al patio una despampanante paisa que me dejó sin respiración, disimular fue lo mejor del momento *"me dije"* porque se trataba de la novia de mi amigo, *¡No es una mona!* Es una espectacular y longilínea mujer de unos ciento ochenta centímetros de estatura, tez trigueña, cabello ensortijado y teñido de rubio que le cubría veinte centímetros más abajo de los perfectos hombros, que al igual que sus piernas, la delicadeza se notó de inmediato, su corta minifalda a duras penas cubría lo prohibido y las botas altas se negaron a pasar de las rodillas, evitando llegar hasta lo prohibido, su perfecto rostro dejó escapar una maliciosa sonrisa y con un paso seguro se acercó a saludar a los visitantes y, obviamente, con más ahínco a su nueva conquista; para nada faltó la mirada coqueta, *¿Fue impresión mía? O la chica también disimuló un poco al presentármela*, su nombre le hizo honor a su angelical voz y figura. *¡Valentina!* Me llamo Valentina, extendiendo su delicada mano en un gesto cordial, pero me puedes decir "Valen., o Tina".

Anonadado viendo su expresión risueña acompasada con los hermosos, relucientes, vivases y espectaculares ojos verdes; me quedé mudo, no supe ni que responder.

- Valentina ¡Un amor platónico!

El resto de tarde transcurrió entre charla y charla conociendo más a fondo su familia y ellos la mía, mis traicioneros ojos de cuando en vez escudriñaron centímetro a centímetro la piel de la monumental mujer, incitando a propósito, o tal vez era una suposición mía, pero por instantes me permitió ver más de la cuenta sin sonrojarse para nada, situación incómoda por momentos al tratarse de la novia de mi amigo, pues la mujer sobrepasó la amabilidad y la atención conmigo. La conversación se hizo más amena, pero con todo el respeto y aún admirado con la belleza de la dama, pensaba que no creería que ningún hombre sobre la tierra se resistiría a no mirar semejante hermosura.

El día culminó con unas horas bien agradables donde predominó la buena atención y no restaba sino despedirnos para dirigirnos al escuadrón de las motos, los respetados hombres de la "metro", como nos decían muchos ciudadanos por ser integrantes de la Policía Metropolitana; la figura de la esbelta damisela quedó impregnada en mi cerebro como el ser más agradable que mis ojos habían visto hasta el momento y, sin temor a equivocarme, ella también se quedó con una muy buena impresión mía.

Fue quizá la tarde más agradable que había pasado desde mí llegada a la ciudad y era aún más satisfactorio, llegar al alojamiento donde la alegría y el entusiasmo de los compañeros hacía ratos amenos, que ente otras cosas, la mayoría de compañeros ya habíamos dejado el alojamiento de la estación Belén y desde meses atrás pernoctábamos allí.

El pastuso *"gentilicio de una región"* de apellido Jojoa se distinguía por su buen sentido del humor y por no perdonar día de descanso para ingerir bebidas embriagantes. El ambiente entre camaradas era muy ameno y la familiaridad mantenía el grupo bastante unido, ingresar a un alojamiento con el personal descansado era motivo para iniciar unas verdaderas guerras de almohadas o ser objeto de una que otra pilatuna. Ya la advertencia por parte de don "Caco", *"apodo que se le colocó desde la escuela al compañero Jiménez",* y que en el instante acosaba a Jojoa estaba hecha, si volvía a llegar en condiciones lamentables por culpa del licor, no iba a dudar en violarlo.

El pastuso sabía que ese aviso era charlatanería y al descanso siguiente se presentó en su alojamiento con una de las peores borracheras. Tenía como costumbre dormir desnudo y así mismo quedó profundo sobre su lecho. La pilatuna ya estaba preparada por el resto de compañeros y el mismo don "Caco", extrajo una buena cantidad de crema de manos y la regó con precaución sobre los glúteos y partes genitales del embriagado pastuso.

Al día siguiente todos estábamos a la expectativa de cómo iba a reaccionar Jojoa, lentamente se fue despertando sintiendo algo extraño en su parte trasera. Bajo las cobijas, uno que otro no lograba contener la risa y nadie quería perderse la reacción, el pastuso al tocarse se sintió mojado reaccionando bruscamente y seguramente recordando la advertencia.

— *¡Malparido de don "Caco" cumplió la promesa!*

Las risas de todos por poco hace que Jojoa descubra la pilatuna y solo atinamos a decirle:

— *"Siga bebiendo, marica, mire lo que le pasó"*, y el hombre mostrando tranquilidad contestó:

— *"Haya lo que haya hecho don "Caco", no me di cuenta, ni me dolió y no me está ardiendo o sea que no ha pasado nada"*; con su peculiar acento de la tierra sur de Colombia mientras caminaba para el baño en medio de las risas del resto del grupo y éste, tratando de mirarse el trasero.

Fue una lección bien aprendida que le sirvió al pastuso para controlar más las bebidas embriagantes y dormir con pijama. Lo que si nos perdimos fue la reacción de los dos en el momento en que se encontraron y a manera de burla, los declaramos marido y mujer.

Todo era alegría y marchaba a la perfección, me sentía como el mejor policía del mundo y pa´Dios que esa era mi mentalidad. En cada uno de los patrullajes sobresalía el buen trato al ciudadano, lo único que me preocupaba era Rendón; que entre otras cosas de nuevo éramos patrulla y aun siendo sumiso en su actuar hacía caso omiso a la sugerencia mía de portar su arma dentro de la cartuchera bien asegurada, pues para eso tenía la correa de seguridad. Mi amigo la lucía al estilo vaquero lista para desenfundarla cuando lo necesitara; pero, se sabía que estaba siendo demasiado arriesgado pues el día que su arma se saliera del estuche, no solo el golpe contra el pavimento la dañaría, sino que podría causar un accidente hiriendo a algún ciudadano o contra él mismo, además, la pérdida de ese elemento era un causal fuerte para ser destituido de inmediato. Tales advertencias se las hacía a diario, pero mi coequipero no deseaba escucharlas.

Al poco tiempo se presentó la oportunidad donde pudo darse cuenta de que no eran vanos mis consejos. Cada uno en su moto salimos para un servicio llamado tercer turno con la energía que siempre nos caracterizaba y no se había cumplido con el primer cuarto de hora cuando la central de radio nos reportaba solicitando el cinco-veinte de nosotros, *"clave que traduce la dirección exacta donde se encuentra la patrulla"*, no hubo reparo pues, a solo dos cuadras se presentaba un caso de policía.

- *"Cinco, cinco, central"* le contesté al radio operador.
— *Trasládese a la calle 33 con carrera 82 para que conozca un caso de 9-8,* dijo el hombre de la E -100.

Órdenes que eran de inmediato cumplimiento, aceleré la moto al máximo, no sin antes advertirle a mi compañero para que llegáramos juntos con todas las medidas de seguridad.

Un vehículo abandonado, que es lo que traduce la clave, no deja de ser un peligro o una trampa, por eso hay que extremar las medidas *"le dije"*.

Convencido que Rendón me estaba apoyando al momento de llegar e identificar el automóvil, caminé hacia él, desconfiando de todo a mi alrededor, el arma en la mano amenazante era mi respaldo, más la compañía de mi amigo. Realicé un recorrido por su contorno y al no detectar artefactos extraños le hablé a Rendón, la sorpresa fue grande al darme cuenta que me encontraba solo, mi respaldo y apoyo lo identifiqué a una cuadra de distancia desesperado buscando algo en el suelo según lo observaba. De inmediato deduje que algo estaba fuera de lo normal y a mi mente se vino la advertencia hecha a diario sobre su arma.

Al acercárseme y ver su rostro pálido como una hoja blanca de papel ratifiqué mi teoría y concluí que teníamos un problema más serio.

— ¡Curso! Se me perdió el revólver, hermano.

No era el momento para recriminarlo y de inmediato sentí el problema más mío que de él. Entonces decidí apoyarlo como fuera y al instante recordé que un par de jóvenes al momento de llegar a identificar el vehículo, hicieron gestos burlones al mirarnos, justo en el mismo trayecto por donde entré. No lo dudé y con mi amigo nos desplazamos hasta donde estaban los chavales, la acción fue rápida, apuntándoles con mi arma y registrándolos inquirí con decisión para que devolvieran el arma de dotación, aduciendo que ellos la habían recogido y por tal motivo se habían burlado de nosotros, en ese instante me olvidé de la cortesía policial, solo quería apoyar a mi amigo.

Para mis adentros sabía que estaba haciendo algo bien arbitrario e infame, pero lo estaba tomando como una buena excusa para enmendar en algo el error de mi amigo de votar su revolver y así, por lo menos evitar su destitución, además, así tuviera que recurrir a esa mentira, no iba a permitir que a Rendón lo sancionaran de esa manera. Por otro lado, a los jóvenes jurídicamente no les iba a pasar nada ya que no existía una sola prueba y visto de otra forma, estaba seguro que la burla era por la forma tan balurda o el estilo que lucía al conducir la moto pues causaba algo de gracia por lo novato para transportarme en ese tipo de vehículo.

Los jóvenes casi llorando explicaban que ellos en ningún momento habían recogido armas del suelo e imploraban para que los dejara en libertad. Los ruegos me daban a entender que personalmente ya me había cobrado la burla y que ellos no tenían nada que ver con el incidente. Como último recurso, casi ordenándole a Rendón, le dije que caminara por la orilla de la calle 33 hasta llegar a la glorieta de la carrera 80, mi amigo como el súbdito más sumiso emprendió la marcha sin dejar un solo espacio por revisar. Los ciudadanos no podían dejar de curiosear que era lo que el uniformado buscaba, mientras yo no dejaba de intimidar a los paisas diciéndoles que estaban en serios problemas si el arma no aparecía.

Pronto desapareció mi preocupación, como dice la célebre frase *"El alma me volvió al cuerpo"* al observar a Rendón inclinarse y recoger un objeto del suelo con características similares a un arma, justo uno o dos metros antes de llegar a la glorieta. A pesar de la distancia que había entre él y yo, me ratificó con su mano derecha levantada que había encontrado su arma; con suavidad la limpió y la acomodó de nuevo en la cartuchera, ahora sí, asegurándola con la correa.

Al llegar de nuevo donde me hallaba con los paisas, una sonrisa nerviosa no le permitía pronunciar frases claras sólo balbuceo entre los labios:

— *¡Curso! Por favor no le cuente a nadie.* Era mi amigo y le iba a guardar el secreto.

Los jóvenes se marcharon creo que con el mayor susto de sus vidas; anécdota que jamás se les iba a olvidar. En cuanto a mí, me tocó lo mejor de la historia porque por varios días después del incidente, Rendón no ingirió las comidas, aún tenía aquella pesadilla en la cabeza y solo pensaba que su destitución hubiera sido fulminante, su apetito desapareció y el mío se vio reforzado con sus alimentos ya que era a mí a quien los entregaba.

Cada que se llegaba a la estación policial después de un servicio o una franquicia, en los diferentes corrillos se hacían comentarios de situaciones celestiales. La noche anterior había sido fructífera para otros de mis compañeros, *"Grajales",* sin inhibirse en nada, narraba a los cuatro vientos como durante el pasado turno, tuvieron el mejor de los milagros, *"la virgen se les apareció",* algo divino para ellos más no para la institución.

En uno de los retenes policiales ordenados por el comando de estación, con sagacidad descubrieron que un vehículo camioneta detenido para la requisa, tenía un platón fuera de lo normal y con astucia, interrogaron a su conductor hasta que le hicieron confesar qué ocultaba detrás de su nerviosismo, el mismo que lo delató indicando dónde se encontraba una caleta hábilmente incrustada debajo de la carrocería repleta de droga. Los arreglos o el cuadre como se dice fueron de inmediato sin levantar demasiada sospecha y quedando de buenos amigos con el infractor según los nuevos afortunados, aduciendo ser buena gente por no delatarlos y colocarlos a disposición de las autoridades competentes. La vuelta no superó los veinte millones de pesos, cifra importantísima para los uniformados e insignificante para el propietario de la mercancía.

Los frutos de esas apariciones repentinas en el uniformado que coronaba se dejaban ver a los siguientes días luciendo ropas de moda, alhajas, electrodomésticos y vehículos último modelo, según la negociación obviamente. Una tentación de esas, difícilmente un hombre la rechazaría porque dentro de los acuerdos salían a relucir las armas por parte de los narcotraficantes quienes le daban la oportunidad al policial de escoger: "arreglo o plomo".

Otros guardias utilizaban distintos métodos para conseguir dinero, no importando utilizar elementos propios del servicio, dentro o fuera de él, para el transporte de la maldita droga, lo importante era llevarla a su destino final, según comentaban algunos compañeros y el traslado menos riesgoso lo ejecutaban algunos compañeros de policía; Lenin, se había convertido en experto en esa actividad hasta la fecha en la que el destino le cobró su osadía

El primer turno de vigilancia de ese día transcurría sin ninguna novedad hasta que la central de radio reportó un accidente de tránsito donde se vio involucrado un propio; un alma gato, refiriéndose la central a un agente de policía y como cinco-veinte, la glorieta de la

Aguacatala con la avenida las vegas. A un exceso de velocidad en su moto se le atribuía el suceso.

Un evento como éste no era muy asombroso, pues un compañero herido era lo más normal del mundo, lo anormal fue cuando el médico que le correspondió atenderlo en la clínica encontró que el agente debajo del uniforme tenía su cuerpo forrado con una buena cantidad de droga.

Cuando la noticia recorrió cada uno de los alojamientos de las instalaciones del escuadrón y con la llegada del nuevo día se formaron los diferentes círculos de motorizados haciendo sus comentarios; los más atrevidos decían que el hombre ya estaba exagerando con esa clase de trabajo; otros lamentaban lo sucedido a Lenin y uno que otro nos manteníamos al margen para evitar problemas con algunos uniformados.

El destino del joven, no sé, en manos de quien quedaba; si en la justicia divina o en la terrestre, pues el accidente fue exageradamente grave para la humanidad del policial.

Un caso verdaderamente aberrante y con cada asunto de estos que se presentaba en donde se involucraban miembros de la institución me hacían pensar con más vehemencia, que definitivamente estaba en el lugar equivocado, aferrándome al todo poderoso no sólo pidiendo su protección, sino, que también me iluminara el día que me tocara frentear un caso donde hubiera droga involucrada para hacer lo correcto.

Por eso, así como dentro de las instalaciones de la escuela de formación teníamos nuestra protectora, así mismo en Medellín era devoto de dos hermosas mujeres que me protegían, aparte de mi madre que permanentemente le suplicaba a Dios por mi amparo, a una de las que me refiero es a la virgen María que permanece en la entrada del escuadrón como una fiel guardiana y a la que a diario se le brinda una oración, al igual que los otros compañeros. La otra consentida frecuentemente nos veía pasar, no sólo a este pequeño comando sino a los centenares de motorizados que transitamos a gran velocidad por la avenida San Juan con carrera 74, allí, en toda la esquina se encuentra la virgen de la Inmaculada Concepción: erguida, hermosa, custodiando todo el lugar y presta a recibir todas las peticiones de los ciudadanos que por allí circulaban, peticiones en las que no faltaban las mías, siempre buscando que intercediera por mí.

Con semejantes beldades la suerte no se apartaba de mi lado y no era para menos con ese par de majestuosas protectoras, los patrullajes y diferentes servicios agradablemente se resolvían a la orden del día cogiéndole más amor a la profesión. Sin embargo, con algo de desconsuelo se cruzaba por mi mente seriamente la idea de un retiro, cada que escuchaba de boca de los diferentes compañeros narrar una tras otra de sus fechorías sin ningún tipo de prejuicio; el día que me correspondiera sinceramente no sabría qué hacer, por el momento deseaba no tener un encuentro de esos y volvía a la realidad montando mi caballito de acero.

Mostrando destreza al conducir mi vehículo, no se quedaba ni un sólo ciudadano por identificar a través de una requisa donde se colocaba en práctica por encima de todo la cortesía policial, la fiebre de policía se hacía evidente y no se menospreciaba caso de policía por insignificante que fuera y mucho menos procedimientos donde se involucrara a una buena cantidad de motorizados.

En un abrir y cerrar de ojos y viceversa estos procedimientos eran apoyados por unos grupos de hombres en traje de civil con un chaleco y brazalete que los identificaba y les daba autoridad, fuertemente armados representaban a la gobernabilidad política de la ciudad; creados para apoyar a las autoridades legalmente constituidas y llamados DOC., que traduce: Departamento de Orden Ciudadano.

Meses atrás el alcalde de turno en una de sus visitas a Francia observó con detenimiento el éxito de un grupo de hombres preparados profesionalmente en diferentes áreas de la seguridad que cumplían con sus servicios protegiendo a la ciudadanía con celeridad, no lo dudó y trasladó la idea para *"la ciudad de la Eterna Primavera, si señores, así como lo leen"*, propuesta que fue bien acogida y de inmediato se colocó en práctica en la capital bajo su mandato, convencidos que su implementación le haría un bien a la ciudadanía, es así como crean los *COC.*, "Centro de Operaciones Conjuntas" e instalan seis cubículos de estos en diferentes lugares de la urbe.

Fue entonces como obtuve conocimiento del origen de esta modalidad de servicio, en momentos que me correspondió prestar el primer turno dentro de uno de los seis habitáculos inaugurados en Medellín, exactamente el situado en la glorieta de San Diego; por hacer el comentario, *el primer CAI del país.*

Con bombos y platillos todas las autoridades políticas y de policía lanzaban una nueva estrategia de seguridad para la bella villa, conformada por dos motorizados de la "metro", dos uniformados de la vigilancia, dos funcionarios de tránsito, dos hombres pertenecientes al cuerpo de bomberos y obviamente dos funcionarios del DOC., en un abrir y cerrar de ojos. La idea fue bien aceptada por los altos mandos de la ciudad de Bogotá que se dieron a la tarea de crear una cantidad exorbitante de habitáculos de ese mismo género.

Como coincidencia en varios casos necesité el apoyo de aquella estirpe de policías de civil; si se les puede categorizar de tal manera y ellos el mío, sin embargo, la corrupción también penetró a dicho gremio. El grupo del DOC., al parecer no dio resultado y fue desmantelado meses después, los que si prosperaron y se expandieron por todo el país fueron los COC., que más adelante llamarían Centros de Atención Inmediata CAI., solo asistidos por uniformados de policía.

No sólo estaba sorprendido con la actitud de aquellos hombres de la ley, sino que se volvió una costumbre ver a mis compañeros corruptos reunirse a diario antes o después de prestar los turnos de servicio donde la "chismosa"; lugar este al que bauticé pues allí era normal entablar cualquier clase de tertulia o para alardear de sus fechorías; ya que se encontraba a escasos treinta metros de la estación policial, siendo también aprovechado para degustar una gaseosa, un desayuno o cualquier elemento de aseo ya que era una tienda mixta; hago la observación, no solamente lo frecuentaba esa clase, la mayoría de motorizados hacíamos uso de sus servicios.

Dentro de sus conversaciones algunos presumían ser amigos o según ellos, parceros de algunos capos del narcotráfico en especial de Pablo Escobar y todos sus lugartenientes, mientras otros alardeaban haber conocido casos policiales donde se involucraban grandes cantidades de droga.

Pero más estupefacto quedaba al escuchar en la reunión del comandante de la estación que, con mucho interés se dirigía a todo su personal diciendo que los hombres casados debían llevar a la unidad *"coca"* y en algunos casos usaba el diminutivo *"coquita"*, siendo insistente con esta palabra.

La orden, además de ser ilógica era un delito, iba contra todos los principios policiales y me parecía mucho peor que lo dijera en público, pues la única *"coca"* que identificaba era la droga por la que se estaba desangrando la ciudad y el país. Sin embargo, no me atrevía a preguntar nada para no ser objeto de burlas y quedando con una gran incógnita dentro de mi cabeza, optando por quedarme callado.

Con la duda atormentando mi mente decidí preguntarle al viejo Mejía, un compañero de curso que se encontraba casado y a quien cariñosamente le decíamos *"noches de boca grande"* por el tamaño exagerado de su abertura. Siendo algo reservado y dentro de la gran ingenuidad que manejaba en algunos casos, le pregunté sobre qué sistema debía utilizar para conseguir la *"coca"* haciéndole la salvedad que no le mencionara a nadie sobre el tema. La sorpresa fue grande al enterarme que la orden que impartía el comandante se refería al utensilio donde se transportan los alimentos para el trabajo, según la jerga de los paisas, coca o coquita no es más que una vasija y que con esa estrategia el jefe pretendía evitar que su personal se desplazara a buscar tales alimentos con el fin de evadir las emboscadas del enemigo.

Mi amigo se burló algunos segundos por ser tan ingenuo, sin embargo, respetó la promesa de no contarlo a nadie.

Realmente ya le había cogido un profundo amor y respeto a mi institución y no dudaba en cumplir a cabalidad con mis servicios. La central de radio informaba de un 9-04 en acción a una entidad bancaria en sector de E-2 que, traducido al lenguaje de un ciudadano del común, quería decir que estaban asaltando un banco ubicado en el sector del barrio Belén. Para ese tipo de situaciones no era necesario esperar la orden de trasladarse al lugar; todas las patrullas motorizadas más cercanas acudían a apoyar a los compañeros que, en ese momento se encontraban en un fuerte enfrentamiento con los delincuentes. Se podían escuchar los gritos desesperados a través de la radio portátil donde informaban que dos de los nuestros se encontraban tendidos sobre el pavimento tal vez heridos o muertos y que habían sido alcanzados por las balas de los asaltantes.

— *"Con calma, parce, que ya cascaron a dos motorizados, ahora si nos mordió la vaca"* dijo Rendón algo temeroso.

— *"Tranquilo, papá, que aquí va es Centella"* respondí de inmediato.

Arranqué a toda velocidad, corrí lo que más pude, el resto de compañeros pasaban rápidamente por nuestro lado y sólo atinaban a mirarnos, cómo se notaba que éramos los novatos del grupo.

Al llegar al lugar de los hechos, una extraña valentía me impulsaba para hacer respetar el uniforme; algunas de las odiseas del viejo oeste, en Norte-América quedaron pequeñas al lado de lo que se estaba viviendo en ese instante, los disparos venían de ambos lados y los bandidos no cedían terreno, por el contrario, utilizando armas automáticas disparaban en todas las direcciones sin conseguir derribar otro motorizado más.

— *¡Al suelo maricas! ¿No ven que están disparando?* Con ese grito nos alertó mi teniente, como novicios era la primera intervención de ese tamaño.

— *"Más marica será usted, mi teniente"*, susurré entre mis dientes sin que el hombre de la batuta del momento oyera.

— *"En nombre de la ley tiren las armas que están rodeados y entréguense"* gritaba nuevamente el jefe, ordenándole a los bandidos rendirse.

— *¿Tiren las armas? ¡Pobre marica!* Contestó uno de los delincuentes arremetiendo con más violencia sobre lo que se moviera y que estuviera uniformado de policía.

— *¡Si ve mi teniente que el marica es usted!* Le murmuré a Rendón refiriéndome al jefe.

— *¡Silencio, güevón, que lo escucha mi teniente!* Refutó mi amigo.

Estábamos completamente atrincherados a la espera de una orden del jefe que mostraba valentía y de vez en cuando contestábamos los disparos de los delincuentes.

— *¡Vengan por nosotros si son varones, gonorreas!* Gritó otro de los bandidos.

— *"Mi teniente, cúbranos para cercarlos por la derecha"* habló uno de los motorizados que había llegado como apoyo.

Lo dicho anteriormente se ratificaba, no había necesidad que la central autorizara el desplazamiento para estar apoyando casos de tal magnitud y el nutrido grupo de uniformados superaba en cantidades a los delincuentes que no retrocedían, sino que disparaban sin descansar.

— *¡Qué ordena mi teniente! Acabo de llegar,* dijo mi amigo Zuluaga. Sentí alegría al verlo y en segundos lo puse al tanto de la situación.

— *"Cúbranos a las nueve"*, contestó mi teniente y luego se refirió a Rendón y a mí.

— *¡Ustedes van de frente conmigo, no se vayan a dejar matar!*

Una extraña sensación me invadió y me impulsó a echar hacia adelante sin ningún temor.

— *¡Mi teniente! Llegó Galiano y Corrales,* le dije al jefe para que se sintiera más protegido con el nutrido grupo de uniformados.

- *¡Muy bien, muy bien!* Replicó, en medio del intercambio de disparos.

— *"Qué hubo parce, ¡Cómo está la cosa!"* Preguntó Galiano algo agitado.

— *¡No pues! No ve que estamos rezando hombre,* contesté en forma irónica.

— *"No guevón, en serio marica, ¿Cómo está la cosa?*

— *"Otro que me dice marica... me la gané hoy pues..."* y así como a Zuluaga también en fracción de segundos lo enteré de la situación.

– *¡Yo le disparo a lo que se mueva, no voy a comer es de nada papá!* Expresó Galiano.

Era el primer enfrentamiento de ese tamaño que registraba mi corta vida y, sin vacilación, mi arma también contestaba a la ofensiva de los delincuentes, los ciudadanos habían desaparecido como por arte de magia y algunos vehículos atravesados en la vía, pues sus conductores por instinto de supervivencia los dejaron allí abandonados, lo mejor era que servían de escudo tanto a uniformados, que ya eran demasiados conmigo, como a los asaltantes; situación que fue aprovechada por ellos para darse a la fuga en sus motos.

– *¡Se volaron en motos, mi teniente!* Vociferó Zuluaga en medio del fuego cruzado.

– *¡A las motos, que no se escapen!* Ordenó mi teniente.

No sé por qué me dio la impresión que los motorizados antiguos no les interesaba coger vivos a los delincuentes y escuchaba balbucear entre ellos, comentarios no muy acordes a la ética, tales como: *"Moscas con el billete"*.

Una orden que se cumplió en un abrir y cerrar de ojos, pues esa situación fue como tocarle el ego a los motorizados antiguos y los reclutas que por primera vez participábamos de una hazaña de esas.

Se inició una persecución implacable por las calles y avenidas de la ciudad, esquivando cualquier cantidad de vehículos y sin importar los obstáculos que se presentaran, ni siquiera los semáforos fueron respetados, lo importante era atrapar a los perseguidos no sólo para capturarlos sino para demostrarles que nadie se le escapa a un hombre de la *"metro"*.

El grueso grupo de motorizados en cuestión de segundos visualizaban a los seis delincuentes que se desplazaban en tres motos y en minutos, los compañeros más versados, más tesos y más pilotos los tenían bajo buen recaudo.

Los delincuentes atrapados ya habían recibido algunas caricias, mientras Galiano y Zuluaga orgullosos daban un parte de victoria.

Al llegar al lugar de la captura, la tranquilidad pasó a un segundo plano, las docenas de motorizados saludaban a los bandidos haciendo justicia por sus propias manos, las personas civiles que presenciaban no se atrevían ni siquiera a intervenir por el miedo y respeto que infundían los hombres del metro.

— *¡Qué bien! ¡Ya atraparon a esas gonorreas!* Exclamó Rendón.

— *¡Yo te dije que llegábamos así fuera de último, pero bueno, acá estamos apoyando a nuestros compañeros!* Le respondí a Rendón.

— *¡Entonces qué era la mierda que gritaban allá, gonorreas!* Exclamaba Galiano al momento en que llegábamos a la escena.

- *¡A estos dos los apresé con Galiano, mi teniente!* Vociferaba con satisfacción a los cuatro vientos, mi amigo Zuluaga.

— *¡Bien hecho muchachos, así es que se hace, los felicito!*

Los vivas, la alegría y las victorias de los uniformados retumbaban por todo el sector. Si hubiera sido una competencia de ese tipo de vehículos me hubiera merecido el último puesto, sin embargo, llegué al lugar de los hechos con la satisfacción de un deber cumplido y quedaba más sorprendido al escuchar como una buena cantidad de uniformados casi exigían al jefe que se encontraba al mando del operativo, que les dieran de baja de una buena vez.

En horas de la noche las tertulias dentro de las instalaciones del escuadrón no tenían otro tema que el caso positivo del día. Los hombres antiguos presumiendo ante los novatos y demostrándonos cómo se trabaja comparaban esa cacería con los cientos de situaciones donde se terminaba persiguiendo a los delincuentes, y las conversaciones eran, de pronto más importantes que las heridas que recibieron los dos compañeros.

Me sentía feliz por lo realizado y me aferraba mucho más a mi profesión continuando con mis servicios y aplicando para ellos la tan mencionada por todos; malicia indígena.

Esa odisea se debía festejar en grande y el mejor lugar se encontraba a sólo unas cuadras del lugar de trabajo, la música salsa impregnaba todos los rincones de la ciudad y el sitio seleccionado nos ofrecía lo mejor de las orquestas salseras y en ese instante, cuando ingresamos dispuestos a celebrar se escuchaba un tema que por esos días ocupaba los primeros lugares en las cadenas de radio.

Era la primera salida a una rumba donde: Zuluaga, Rendón, Galiano y yo compartíamos no sólo como grandes amigos sino para alardear de los casos positivos de policía conocidos hasta el momento por cada uno. Una discoteca espectacular que se distinguía por no tener una pista de baile acabábamos de allanar, las mesas de madera rústica repletas de jóvenes como nosotros evidenciaban una noche faustuosa, la cadencia de las melodías era llevada con maestría golpeando con las palmas de la mano el borde de la mesa y al compás de la armonía musical una campana con su ti-ti-có creaba un ambiente sencillamente espectacular y contagioso que hacía que todos los presentes siguiéramos su ritmo.

"Z" rompió el hielo y, sin medir las palabras, utilizando la jerga antioqueña exclamó.

— *¡Que chimba de disco parceros! ¿Tomamos guarilaque o polas?*

— *"Más chimba está la bailarina, mire que piernas, papá"* indicó Galiano, señalando a la esbelta mujer que deleitaba al público con su acompañante, bailando música salsa.

Las miradas se cruzaron y coincidimos que los versos de la canción de ese instante, reflejaban no sólo la belleza de la ciudad sino de sus mujeres, la entonamos con las mejores notas musicales que brotaron de las cuatro gargantas *"Medellín... la Eterna Primavera, son sus mujeres rosas, que adornan el jardín..."*

Por momentos la melodía era interrumpida por los muchachos para continuar alardeando.

— *"Me quedé aterrado con ese man de Loboa y mi teniente"* señaló Zuluaga refiriéndose al caso de la mañana y en voz alta como queriendo o presumiendo para que todos los civiles alrededor escucharan lo que hablaba.

— *¿Por qué?* Le pregunté a Zuluaga.

- *¿No ve que nosotros llegamos de último?* Contestó algo irónico.

— *¡Ah! Verdad que estos "manes" llegaron cuando ya los habíamos capturado,* dijo Galiano, más presuntuoso.

— *Porque mi teniente no comió de nada cuando cogió a esos "manes" y, de una vez los levantó a pata diciéndoles.*

- *¿Ahora sí doble hijueputas que era lo que gritaban?* Y Loboa decía.

- *¡Levantemos a estos perros aquí mi teniente!* Con ese habladito de gueva que se manda y mi teniente le contestó.

- *"Quieto Loboa, no me los golpee más y menos delante de la gente"* le dijo al oído mientras gritaban como nenas.

- *¡No me mate mi guardia, no me mate mi guardia!* Y el que cogió Galiano decía.

- *"Todo bien mi guardia ya nos cazó, ya no nos casquen más a lo bien".*

- *Otros "manes" si los hubieran pelado de una,* manifestó Rendón.

Una tertulia amena y agradable cada uno narrando los mejores casos policiales conocidos y la mofa se dejaba venir cuando se quedaba en ridículo ante algún ciudadano.

Galiano nos dejó sorprendidos cuando manifestó que en un sector de la comuna Manrique hombres adultos entrenaban a los niños como sicarios para sus servicios; según comentarios de un informante amigo que participaba de esa práctica y que le ofreció esa clase de asistencia para cuando la necesitara, además, que se avecinaba algo macabro en la ciudad le había escuchado decir a Escobar, pues se jactaba de estar trabajando a su lado.

Un festejo digno de cuatro verdaderos amigos culminó pasado la medianoche, con ganas de repetir la farra para consolidar aún más nuestra amistad.

Al día siguiente las tareas en cada una de las secciones de vigilancia a las que pertenecíamos pasaron a un segundo plano al escuchar los comentarios de la noche anterior.

Durante un turno normal por sector del barrio Niquitao, detectamos a un hombre que nos inspiraba traerse algo malo entre manos, no encontrábamos la forma de conducirlo hasta las instalaciones para identificarlo mejor, se le practicó una raqueteada y en una acción poco usual, mi compañero lo único que le encontró fue billetes ajados de baja denominación y monedas en cantidad en sus bolsillos. Sabíamos que la mayoría de expendedores de bazuco de esa zona, portaban ese tipo de dinero como recaudo de las ventas de la droga y sin dejar que el hombre balbuceara algo, a pesar de no tener nada que lo incriminara, le preguntamos para qué era tal fortuna. El sujeto en su nerviosismo no pudo responder, lo que nos dio la oportunidad y la excusa de conducirlo hasta la estación, las palabras más certeras y contundentes que lo dejó frío y que salieron del cerebro en fracción de segundos es como sacada de un comic; inquirimos, *"estás ahorrando para comprarse un revólver, papito".*

El sujeto se tragó el anzuelo y una vez dentro de los calabozos, disfrutábamos en la parte externa sin dejarnos ver de él, era algo indebido y sin sentido, pero con esa retención ilegal, al menos por esa noche no podía vender su asquerosa droga quedándose en la celda; *"según nosotros",* a manera de broma por el delito de *"intento de sospecha",* a sabiendas que esa infracción no existe dentro del Código Penal Colombiano. Con la retención me estaba cobrando la mamada de gallo de aquel paisa.

Los servicios transcurrían normales y normal era durante el turno ya haber dejado a disposición varias armas de fuego o cantidades de papeletas de bazuco decomisadas a pequeños expendedores. Al incautarles la droga, pretendían escudarse en la cuota que los grandes expendedores de las casas de bazuco les pagaban a las patrullas de la vigilancia y era, entonces, cuando los nombres de algunos comandantes salían a relucir, las siglas de las patrullas y uno que otro número del chaleco de los motorizados. Esa excusa era un motivo más, para dejarlos a disposición de la justicia y para quedar aún más convencido que las enseñanzas de la escuela de formación desaparecían por completo cuando se salía a la calle a cumplir con las funciones policiales.

Ya era hora de conocer otros casos, le decía a mi compañero y no estar oliendo a esa clase de gente que, como cosa curiosa, hasta su ropa queda impregnada de ese alucinógeno. El deseo se cumplió en menos tiempo de lo esperado, pues la central de radio me reportaba incesantemente para que me trasladara al barrio Belén Rincón, con todas las medidas de seguridad a conocer un caso de 9-07 por estar dentro de mi jurisdicción, el apoyo ya iba en camino decía el radio operador.

La orden de la central me inquietó aún más al mencionar apoyo, porque supuestamente se trataba de una riña callejera, un caso de fácil manejo.

Como siempre aceleré la moto al máximo de velocidad, ya no como cuando acudí a apoyar a mis compañeros en aquel asalto bancario donde llegué de último, ahora sentía que tenía muy buena experiencia y destreza al conducir mi vehículo. Destreza que quedaba demostrada cuando se realizaban operativos gigantescos con la gran mayoría de motorizados con quienes, luego de los grandes operativos, redadas de motos y dada ya la orden de desplazarnos al escuadrón, se formaban unas verdaderas competencias, por demás irresponsables de motorizados uniformados de policía, todos con el afán de llegar primero a las instalaciones; en ellas, no se respetaban semáforos u obstáculos que se interpusieran, las avenidas eran tomadas en todo su ancho donde todos nos veíamos como un enjambre de abejas, lo importante era imponerse ante los mismos compañeros para así ganar estatus dentro del grupo y saber quién era el más "teso" en conducir una moto, hasta yo que era un hombre responsable y recatado caía en la trampa y me dejaba contagiar no sólo de la velocidad sino de los demás compañeros.

El viejo Parra era uno de los más expertos y en sus comentarios siempre le escuchaba decir.

— Moli., en esa curva yo entré fondeado ¡Papá!

Sólo lo admiraba y aunque no tenía ni idea qué me quería decir con la palabra fondeado, lo suponía.

No obstante, yo no me trasladaba a atender los casos fondeados, porque si me accidentaba *¿Quién los atendía?* Prefería utilizar la velocidad normal y exigida por el reglamento.

Así llegué al caso de 9-07 con mi compañero alerta. Los ciudadanos escandalizados al vernos llegar, afanosos nos señalaban al final de la cuadra y al observar semejante riña deduje de inmediato que allí no se acercaba un uniformado a dialogar que era mi fuerte, por más varón que fuera, el chirriar de los machetes cuando hacían contacto creaban pánico entre la gente, una gresca de buen tamaño se había formado y aún no se veía sangre, varias parejas se habían enfrascado en una riña sin control.

Los ciudadanos esperaban que actuara, además, era mi obligación y para eso estaba allí. Lo primero que pasó por mi cabeza ya que los motorizados no portábamos bastón de mando, fue cargar mi subametralladora y soltar una ráfaga al aire para acabar con los enardecidos ánimos. Mi actitud fue suficiente para acabar con la gresca. Como ratones buscando su madriguera corrieron los peleadores hacia sus casas sin darme tiempo de agarrar al menos uno.

Las informaciones después de recibir algunos elogios por parte de los ciudadanos, decían que se trataba de una familia recién llegada del municipio de Marinilla que compraban peleas a granel y allí se habían topado con otra estirpe de características similares procedente del municipio de Marulanda ubicado en el Departamento de Caldas; allí, a los bebés les cortan el cordón umbilical con un machete decía uno de los vecinos. Ya los colindantes estaban hartos con esa clase de aledaños que a diario desafiaban a los más cercanos o a quien los mirara feo.

El caso se dejó a disposición de la autoridad competente para que les aplicara el destierro, por mala convivencia como lo había aprendido en la escuela a través del Código Nacional de Policía. Fue este uno de los casos donde acerté en el procedimiento y que nunca olvidaría porque jamás en mi vida había visto en vivo y en directo, un caso de tanta destreza con el machete donde nadie salió lastimado.

Después del susto, un día de descanso era más que merecido, cupido todavía no invadía mi corazón y la mujer que me descrestaba y que veía casi a diario ya tenía dueño, por lo que el tiempo libre era empleado en el cine y nivelar los estudios secundarios.

Sin embargo, cualquier tipo de invitación llegada de labios de Valen., era una orden de cumplimiento inmediato, aunque me encantaba cuando ella lo hacía personalmente para aprovechar y mirarla sin ninguna malicia, el solo tenerla frente a mí me descontrolaba los sentidos.

Rendón fue el encargado de entregar el mensaje y no existía la más mínima posibilidad de decir no. Las cosas las planearon los dos y el fin de semana se presentó rápido, la cita era en el Parque Norte de la ciudad que reunía una gran cantidad de juegos mecánicos donde seguro la iba a tener muy cerca de mí, quizá agarrada de mi brazo cuando sintiera pánico con alguna de las atracciones, *"era lo que creía"*. Ya que para todas las salidas siempre se metía entre ambos, agarrándonos de gancho, tal vez, en medio de los dos varones, se sentía más segura.

Llegué con Rendón puntual a la cita, para esperar a Valen., se debía tener buena paciencia, pasaron algunos minutos y ya mi amigo se estaba desesperando.

– *¡Al fin llegaron!* Dijo R.

– *¿Cómo que al fin llegaron?* Le pregunté, algo extrañado.

– *"Es que Valen., viene con alguien más"* respondió sin titubear.

Mi amigo soltó la lengua expresando que me habían conseguido una amiga para que compartiera la tarde conmigo. La verdad sentí algo de desconsuelo y un poco de rabia, por un lado, quería estar al lado de Valen., y por el otro, estaba lo suficientemente grande como para que me trajeran amigas, yo sólo era capaz de conseguirlas.

La tarde a pesar de todo fue divertida acompañado de una paisita muy linda, de un cuerpo fenomenal, pero que no llenó mis expectativas y a cada instante observaba que se secreteaba con Valen., y dirigían ambas miradas hacia mí, así mismo percibí que estaban platicando sobre este pequeño comando.

Se sobrepuso el respeto quedando como un caballero y no le hice a la chica ninguna insinuación sobre mis sentimientos hacía Valentina, mucho menos hacía ella. Aunque no hubo despilfarro de dinero resultó bastante agradable la compañía.

Caso contrario de mis supuestos mejores amigos que día a día llenaban sus bolsillos de dinero de manera exagerada, de igual forma lo derrochaban y con toda la desfachatez del caso contaban sus hazañas sin preocupación, entre todos los invitados a esas tertulias o fiestas como ellos le llamaban, alardeaban y chicaneaban cual de todos podía tener más riqueza o haber malgastado más durante ese fin de semana, mi amigo Zuluaga ya había ganado respeto y estatus dentro de los mal llamados combos, entonces comenzó a narrar otra de sus hazañas, a la que atento escuchaba Galiano.

— *¡Parcero! Anoche se me apareció otra vez la virgen, ¡Güevón!* Dijo Zuluaga.

— *¡Qué bien hermano, lo felicito! Usted si es rebuenas, contá que pasó güevón,* contestó Galiano.

— *Estaba patrullando por una de las transversales del poblado, la que sale a las Palmas ¿Vos sabes cuál es?*

— *¡Sí! Güevón,* respondió mi amigo.

— *Cuando vimos un carro raro y los "manes" apenas nos vieron se tocaron y salieron en pura hijueputa de ahí pa'rriba, nosotros prendimos "mechos" con la moto y en par guevazos los teníamos detenidos, ¡Papá!* Una odisea digna para Zuluaga que hacía su narración sin prejuicio.

— *¡Y qué pasó!* Con sorpresa preguntó Galiano.

— *¿Qué pasó? que de una se bajaron y nos ofrecieron billete a la lata, parce, sin ni siquiera pedirles, ni requisarlos",* respondió Zuluaga.

— *¡Iban cargados los maricas! Cómo voy ahí zulu.,* inquirió mi amigo.

— *¡Espérate, home güevon! Quiñones, que es un águila se la pilló y de una raquetió el carro y el hijueputa iba tetiado de droga,* aseveró Zuluaga con gestos de alegría.

— *¡No jodas güevón! ¿Y cómo cuadraron?*

— *"Un M-O viejo Gali., no te voy a decir, parce, pa` no comprometerte, lo único que te digo es que me puedo retirar de esta mierda ya, y no más dígame qué necesita papito"*

— *"Yo de verdad te felicito "Z" y me da envidia de la buena, ¿Porque no le das algo a Molina y a Rendón? A mí a veces me da hasta pesar de esos güevones",* replicó Gali.

— *"No mano esos "manes" son muy zanahorios y no comen nada, por eso es que son pobretones, además donde haga eso, Moli., deja de hablarme y pa' qué parce, que a ese "man" lo quiero mucho; por ese "man" es que estoy yo en la policía"*

— *"Entonces invítalos disimuladamente o dales regalos sin que sospechen demasiado",* sugirió Galiano.

Al fin no se supo por cuánto fue el arreglo, pero como entre cielo y tierra no hay nada oculto, en los pasillos se rumoraba de una gruesa suma de dinero. Galiano pensó que iba aplaudir tal acción cuando me contó esa fechoría, siendo tajante en decirle que no me interesaba saber de sus historias.

Pasados unos meses ese turno de franquicia fue diferente, Zuluaga, alejado del grupo dejaba ver cómo le estaba yendo de bien con su nuevo compañero, mientras que, con Galiano, por tener horario trocado y pertenecer a otra sección de vigilancia las tertulias eran esporádicas y en uno de los encuentros con el "Zarco" quiso cumplir con la petición de Gali.

Y así se dieron las cosas, Zuluaga no ahorro esfuerzos para hacerme la invitación, preguntando primero que haria por la noche.

— *"Nada"*, contesté, me quedaré en el alojamiento a descansar.

— *"No, guevón, acompañáme a una fiesta que te voy a presentar unas chimbas de viejas"*, dijo.

La idea no era tan descabellada toda vez que no había asistido a una reunión de ese tipo y viniendo de parte de mi amigo no dudé en aceptarle la invitación. *"Sin saber que era un plan fraguado con anterioridad"*.

Se hicieron los ajustes necesarios para la ocasión, la mejor percha salió a relucir de la "cholata" y la loción se esparció suavemente por toda mi cara, mientras en la mente ideaba la forma que iba a utilizar para conquistar algunas chicas que estuvieran interesadas en formalizar alguna relación con un hombre de la "metro". Un plan perfecto para la noche espectacular que cubría la ciudad.

Abro un paréntesis acá para contarles la historia de la "cholata", porque más de uno se preguntará que es eso o con que se come.

Pues les cuento que los alojamientos debían permanecer perfectamente ordenados y aseados. Disciplina inculcada desde las escuelas de formación.

Para esa ocasión se anunció una revista de un señor general de la ciudad de Bogotá con el animo de inspeccionar en qué condiciones vivía el personal, las cómodas ya estaban algo deterioradas y no se encontraba la forma de organizar los elementos para que durante la revista se vieran presentables los alojamientos y en una acción rápida uno de los motorizados se traslado hasta Guayaquil; zona del comercio informal y encontró un baúl de madera perfectamente forrado por hojas de lata donde venían las galletas. El ingenio paisa vio esos tarros de aquel alimento para darle uso.

Fue tal la aceptación de este práctico cajón que de inmediato ordenó a su personal adquirir uno de ellos para que todo quedara uniforme cuando se presentara la visita.

Para el día de la revista la estación de motorizados estaba perfectamente aseada y al oficial ingresar a los alojamientos le llamó la atención el baúl preguntando de inmediato como se llamaba. El capitán sin tener una respuesta clara me miró y sin titubear le respondí al señor general que su nombre era "cholata" quedó fascinado con la respuesta que de inmediato le dijo a su conductor que se llevaría uno de esos para Bogotá.

"Cholata", si se le puede decir así, es como una especie de derivado de las lujosas maletas "Echolac". Lo que, si les contaré más adelante, es para que terminaron sirviendo estos prácticos baúles.

Ahora si volvamos a lo nuestro. Desde la parte posterior del alojamiento Zuluaga acosaba con gritos amistosos para que me apurara, según él, se estaba haciendo tarde, el acelerador de la moto hacía lo propio y a cada segundo, crujía su motor incitando a iniciar el recorrido.

– *¡Vamos marica!* Apúrese, que las nenas nos esperan.

– *¡Otro que me dice marica! ¡No joda, me la gané pues!* Yo si me lleno de odio cuando me tratan así, balbuceaba para mis adentros.

Tomamos la carrera setenta y cinco con dirección a la avenida San Juan a una velocidad inusual, de ser el piloto no superaría los treinta o cuarenta kilómetros por hora, de parrillero la cosa es diferente porque se sufre demasiado. La carrera setenta se superó en cuestión de segundos, parando frente a un parqueadero.

– "*Llegamos*", dijo Zuluaga ingresando en forma apresurada.

Observé algo fuera de lo normal al notar que mi amigo se dirigía hacia una lujosa camioneta de vidrios polarizados con la luz interior encendida y, a duras penas, se notaba que lo ocupaban otras personas.

– "*Vamos güevón*", vociferó zulu., haciendo señas con su mano. Todavía no asimilaba de que se trataba y estaba plantado en la entrada del establecimiento con algo de incertidumbre, con recelo avancé para llevarme otra sorpresa, los hombres que lo ocupaban eran Galiano y otros dos compañeros de la sección de ellos, nos dimos un saludo amistoso, aunque con algo de nerviosismo porque el automotor era conducido por Zuluaga quien me dio la tercera sorpresa de la noche, las bambas *"joyas"* de oro adornaban su cuello así como los anillos y pulseras del mismo mineral botando destellos; nada tenían que envidiarle a los secuaces de los capos de la ciudad.

–*"No le diga a nadie que esta burbuja es mía, la moto es sólo una distracción".*

El puesto delantero estaba reservado para mí, me olvidé de prejuicios y me dije; *"vamos a disfrutar de la fiesta".*

- *¡Llegamos!* Dijo Zuluaga.

La nueva maravilla era que se trataba de una farra con música "House" en una de las mejores discotecas de la ciudad y no una reunión familiar como me lo imaginaba, estaba descrestado con el ambiente y las luces multicolores que emanaban de todos los rincones mezclados con humo que brotaba del piso, los cuatro amigos nos miramos y cada uno solicitó lo mejor para su paladar en cuanto a licor; en momentos que estábamos frente a la barra, a mí, el cerebro me ordenó una limonada, era excelente para el organismo, mis amigos no se hicieron esperar para mofarse de mí, me compararon con una zanahoria, sin embargo, respetaron mi decisión dando rienda suelta al cuerpo para seguir el compás de la música.

Las horas pasaron lentamente descrestado con el espectáculo que estaba viviendo, las chicas que hacían estriptis eran espectaculares; olvidado por completo del mundo y a cada instante siendo presentado por Zuluaga a los hombres y mujeres que se le acercaban, las halagüeñas palabras me hacían sentir bien como su amigo del alma que era la frase que más repetía; personas en las que, sin necesidad de tener demasiada experiencia, fácilmente me podía dar cuenta que se trataba de narcotraficantes; hasta un hombre con acento español hablaba en voz alta para que todos se enteraran que venía del viejo continente.

Las docenas de hermosas y despampanantes paisas no me dejaban ni respirar y el "zarco", el "Mono" o "Z" como le decíamos a veces, ya había hecho lo pertinente para que cada uno de sus amigos tuviera una damisela al lado. La felicidad era tanta que hasta había degustado de algunos cocteles, especialidades de la casa, los que ya se estaban subiendo al cerebro que me colocaron a bailar como una cabra cuando nunca en mi vida había practicado una danza de esas, de seguro estaba haciendo el ridículo, pero eso no interesaba en el momento.

La muñeca que me tocó, a cada instante me pedía que la acompañara hasta la puerta del baño de damas, al regresar le notaba un estado anímico más alegre que instantes antes de ingresar, la duda me asaltaba la cabeza pensando a que se debía tanta incursión al tocador y a la próxima salida al baño le seguiría los pasos para corroborar mis sospechas. Efectivamente unos minutos después, la invitación se dejó venir; yo me hice el somnoliento, embriagado y excitado sexualmente; ella mordió el anzuelo y nos introdujimos en uno de los baños de damas, la mujer *"creo"* se sintió complacida y alagada y a toda costa quería iniciar una práctica sexual al estilo de algunas películas de hollywood, fingía y me encontraba en mis cabales y no iba a aprovechar esa situación, menos el de tener relaciones con una mujer en esas condiciones, la excitada nena notó que no le seguía el juego, diciendo.

– Yo sé que necesitas, "baby".

De su cartera extrajo lo que me imaginaba desde horas atrás, una bolsa que contenía casi un cuarto de libra de droga, jamás en la vida había visto esa sustancia, ni siquiera en la escuela de formación recibí una capacitación al respecto; desesperada se la llevaba a las ventanas de la nariz aspirando cantidades exageradas del alucinógeno en forma escalonada, dejando completamente blanca la respingada y hermosa protuberancia. El ofrecimiento no se hizo esperar, sin ser grosero y descortés rechacé la invitación, la galantería se acabó y sin pronunciar palabra la dejé algo iracunda con su mano estirada dentro del pequeño habitáculo. Yo, estaba completamente aterrado; la gallina *"sermón"* que me dio, nunca en mi vida me la habían dado. Tristemente deduje que ella se encontraba en un recinto privado donde yo no debía estar y donde no tenía moral para retenerla e imponerme como autoridad, pues de hacerlo, nadie se imagina la gazapera que hubiera armado.

En segundos, Zuluaga ya se había enterado de lo sucedido y manifestando que eso era normal en ese tipo de lugares. La fiesta terminó para mí porque me dispuse a abandonar el lugar recordando que era un policía y nada tenía que estar haciendo en ese antro, sólo me despedí de mis amigos y salí maldiciendo el lugar que estaba atestado de viejos y jóvenes enloquecidos con la música y la droga.

La bronca se aplacó porque Zuluaga intervino, pero si notaba un aire de desagrado en un grupo de personas que la chica reunió.

Una vez me hallaba en la parte externa, me abordaron varios sujetos que por su forma de caminar y actuar se encontraban en peores condiciones que la mujer, haciéndome reclamos airados por haber dejado tirada de esa manera supuestamente a su amiga, porque según ellos eso no se le hace a una hembra de su clase.

– *¡Oíste "home" gonorrea! Te vas a poner de aletoso pues, qué te estas creyendo pedazo de ¡Malparido!* Dirigiéndose a mí, en forma airada, mal encarada y bastante agresiva.

– *¿Es conmigo? ¿Es a mí a quién se refieren?* Contesté algo enfadado y sin sentirme apabullado por sus vulgaridades.

– *¡Sí! A quien más gonorrea, no vemos a más nadie,* decía uno de los bandidos porque eso era lo que demostraban en esos instantes.

– *"Creo que me están confundiendo señores porque no los conozco, ni me interesa conocerlos"* respondí envalentonado y fuera de casillas.

– *"Nos resultó chistosito el malparido éste",* rebuznó el otro delincuente.

– *"Es que no tiene que conocernos, maricona, con lo que le has hecho a mi amiga en el baño sobra y basta, ¡Piroba! Porque hasta marica debe ser este "Chichipato" ¡Hijueputa!*

Nuevamente me tildaban de marica y a esa chucha si le iba cobrar esa palabra, la situación se colocó tensa y con disimulo miré a mí alrededor, deseaba pedirle apoyo al guardaespaldas de la entrada de la discoteca, pero el hombre optó por hacerse el entelerido o hasta entongado sería, pues miraba para otro lado.

– *"No sé de qué hablan, pero si se refieren a mí, con mucho gusto los atiendo triple "hijueputas", arranquen pues a ver qué es lo saben".*

Ahora sí, totalmente iracundo se me salió el Molina.

No soy amigo de las palabras soeces, pero acá tenía que colocarme al nivel de ellos para no dejarme intimidar de entrada y sin portar una sola aguja en la cintura, sólo la valentía y la fuerza ganada a través de los ejercicios que realizaba a diario en el improvisado gimnasio que organicé en el escuadrón de las motos, sabía de mis óptimas condiciones físicas y de los pocos conocimientos en artes marciales por lo que algunos de mis compañeros me envidiaban sanamente; estaba seguro que con un sólo golpe que le asestara a una sabandija de esas le volaba la cabeza a la mierda y no me iba a dejar joder. Adopté la mejor posición de combate con plena seguridad que los derrotaría, pero la cosa tomó otro rumbo cuando comenzaron a desenfundar las armas.

— *¡Casquemos a este hijueputa ya, parce!* Gritaba uno de ellos.

— *¡Sí, sí, de una!* Dijo el otro con serias intenciones de disparar.

El ambiente se tornó más dramático al ver las armas y las actitudes dispuestas a acabar con mi vida apuntándome, miraban para ambos lados; no habían alcanzado a esgrimirlas y ya tenían cuatro armas de fuego apuntando a sus cabezas: Zuluaga, Galiano y sus dos amigos me salvaron de forma providencial pues los sujetos se vieron en desventaja.

— *¡Bajen las armas! Un movimiento en falso y les volamos la puta tapa de los sesos, malparidos, cuando las fueron bajando pues, a ver que se vea ¡Hijueputas! Las van bajando lentamente,* gritaba Zuluaga, incesantemente.

La hoja se les volteo.

- *"Casquemos a estos doble hijueputas de una vez y larguémonos"*, expresaba Ceballos totalmente transformado.

— *¿Moli., estás bien, güevón?* Preguntó Galiano sin dejar de apuntar a los hombres que por su actitud me daba cuenta que estaban empericados, mientras mis amigos insistían en saber si me encontraba bien.

— *"Sí, hermano, estoy bien, lo que no se es que quieren estos ¡Malparidos! que me están dando gallina venteada".*

Zuluaga soltó una sonrisa malévola diciendo.

- *"Molina ya está aprendiendo, ya dice vulgaridades".*

— *¡Vamos, "Z! Casquemos a estos "hijueputas" de una, parce"*, modulaba agresivamente Arismendi, con serias intenciones de hacerlo.

— *¡No! Hay demasiada gente mirando,* contestó Zuluaga.

— *¡Entonces alcémoslos!* Exclamó Ceballos que, definitivamente quería acabar con la vida de esos sujetos.

No sabía en qué momento tenía más miedo, si cuando me estaban apuntando a mí solo, o cuando mis amigos estaban a segundos de acabar con la vida de esa gente.

Los ánimos se calmaron cuando llegaron otros tres hombres, entre ellos el europeo que no modulaba una sílaba, supuestos amigos de Zuluaga, quienes le ordenaron a los sujetos guardar las pistolas y calmarse.

Allí me di cuenta que a esa clase de sujetos se les decía *"lava perros"*

— *¡Tranquilos muchachos! Todos, bajen las armas que todos somos parceros, todo bien,* inquirió uno de los hombres que miró iracundo a sus muchachos.

— *¿Cómo que parceros? Yo no conozco a estas gonorreas,* increpó Ceballos.

Zuluaga bajó el arma y seguidamente lo hizo Galiano y sus amigos.

- *"No hay problema compadre, nos llevamos a los muchachos que están empericados, no ha pasado nada viejo; todo bien como dice el Pibe"* dijeron los supuestos jefes, tranquilos y refiriéndose en forma grosera a sus hombres.

— *"Listo parceros no ha pasado nada"* respondió Zuluaga ordenándole a Galiano, Ceballos y Arismendi guardar las armas recelosamente.

— *¡Pa'dentro malparidos lava perros! Ustedes siempre metiéndome en problemas gonorreas hijueputas, no paga sino quebrarles el culo pa'que no jodan más,* reprendió de nuevo el hombre que tomó la vocería y al parecer el patrón de los sujetos.

La fiesta terminó para todos porque mis amigos no permitieron que me trasladara sólo a las instalaciones donde pernoctamos.

Durante el camino no pronuncié palabra alguna y me hice la promesa de no volver a acompañarlos a ese género de aventura, mientras mis supuestos amigos se ufanaban de la escena vivida; una vez me dejaron en la estación se retiraron, según ellos, a otra discoteca.

Días después, todavía recordaba con claridad aquella noche cuando mi vida estuvo en peligro y no sé por qué el servicio del momento también estaba impregnado de la misma incertidumbre, temor y algo de valentía, lo suficientemente fuerte como para opacar cualquier pensamiento que se cruzara por mi cabeza para dejar de cumplir con mis funciones y no atender un caso policial por más insignificante que fuera.

Los compañeros que ya habían patrullado el sector donde cumplía mi servicio en ese instante, antes de salir me advirtieron que sobre la parte alta del barrio Santo Domingo se encontraban cadáveres a la lata, especialmente en la madrugada. Lo tomé como un comentario temerario para tratar de impresionarme; impresión que se hizo efectiva un par de horas más tarde cuando un ciudadano se cruzó en nuestro camino para informar que unos metros más adelante habían dejado unos cadáveres. Por un segundo dudamos de la veracidad de la información, pero como estaban las cosas sabíamos que podía ser cierto, a diario en los boletines policiales quedaban registradas docenas de muertes violentas, homicidios de civiles que en su mayoría quedaban en la impunidad. Con toda la cautela del caso nos acercamos pensando, además, en la trampa casa-bobos que uno que otro sicario nos dejaba para hacer moñona. Para este episodio era verídico, dos hombres sin vida se encontraban amordazados sobre la maleza.

Permanentemente se conocían casos donde los levantamientos por parte de los técnicos eran normales, más nunca en mi vida había visto la forma como había quedado un ser humano después de ser asesinado de tan brutal manera, la tortura a la que fueron sometidos fue algo inhumano, sus rostros y sus cuerpos con quemaduras como si se tratara de cerdos cuando se chamusca con un soplete, los testículos inflamados de una manera descomunal y sus fisonomías totalmente desfiguradas. La impresión fue bastante fuerte a pesar de tener ya experiencia en esas situaciones.

El levantamiento se realizó en forma rápida, ya que era un sector poco confiable para estar allí demasiado tiempo, llegando a la conclusión que los posibles móviles de aquella atrocidad obedecían a una venganza, además, que los occisos eran sicarios. Tal deducción no sé de dónde la sacaban y sin dudar le pregunté a uno de los especialistas por qué llegaba a esa conclusión, el hombre sin inhibirse en nada, dijo.

- La tortura a la que fueron sometidos es para sacarles alguna información y, si detalla bien, cada uno llevaba puesta dos camisetas y dos pantalones de diferente color para poder cambiarse rápidamente después de cometer un ilícito y desviar cualquier información.

Aquella respuesta me dejó conforme, pero por más sicarios que fueran siempre se escapó de mi mente una plegaria para que Dios perdonara todos sus pecados.

Las centenas de días fueron pasando adquiriendo más experiencia de la cual me vanagloriaba, y olvidando por completo aquellos sucesos desagradables, las funciones de policía las cumplía a cabalidad, siendo ya reconocido por ser un hombre correcto y aún con la vergüenza de aquella noche donde mi vida estuvo en peligro, lo que no hacía una gran parte de compañeros de curso que pasados varios meses de estar pisando esas tierras, anonadados viendo el jardín más espectacular no sólo de flores sino de ángeles y querubines representados en las mujeres paisas, dejaban ver el fruto de una conducta donde la ética y los valores habían sido desplazados por el síndrome de la corrupción que los invadió. Ese síndrome había penetrado a mis amigos de curso y algunos de ellos se desplazaban en formidables vehículos último modelo, simulando ante los integrantes del escuadrón y ante los comandantes nada más tener una moto, como lo representaba Zuluaga, joyas esparcidas por todas partes del cuerpo, acompañados de bellas mujeres.

Entre más observaba ese derroche de dinero sucio más me aterrorizaba al escuchar una conversación indebida cuando disfrutaba de otro día de descanso en traje de civil dentro de una sala de cine. La película del momento llenaba las salas, *"Terminator",* por ser un apasionado del séptimo arte acaparaba todas mis expectativas, ese héroe de momento.

Dentro del recinto, una fila más delante de donde me encontraba sentado, varios hombres dialogaban sin medir las palabras y sin percatarse que a su alrededor todos los cineastas escuchábamos sus desatinadas palabras.

La libre expresión se encuentra dentro de los derechos fundamentales, pero cuando comienzan a lesionar la moral y la integridad de una persona o una institución, la situación es diferente. El más abierto para hablar le decía al resto de sus amigos:

— *"Si cualquiera de ustedes necesita el servicio de un sicario profesional, sólo necesita acercarse al escuadrón de motos de Laureles, allí los consigue desde cinco mil pesos en adelante".*

La sorpresa fue grande al escuchar esas palabras. Yo pertenecía al escuadrón de las motos, y hasta donde sabía, no tenía tarifa para ningún servicio y menos aún, para asesinar a la gente, estaba seguro que una gran cantidad de hombres uniformados, no sólo del escuadrón sino de otras estaciones policiales de vigilancia difícilmente se prestarían para ese tipo de servicios. La sangre comenzó a hervir lentamente sin hallar la forma de callar a los sujetos que ya no eran dignos de llamarlos ciudadanos, un combo bien nutrido que me superaban diez a uno. Los jóvenes continuaban con su conversación relatando casos aberrantes donde se veían involucrados los guardias de la Metropolitana del Valle de Aburrá (MEVAL.).

La opción que consideré más correcta fue salir del recinto y esperar a que pasara la patrulla policial de la zona y contarle lo sucedido, convencido que los uniformados se iban a sentir ofendidos por colocar en tela de juicio la ética y el prestigio de mi Policía. Además, de novato en mi oficio, tenía la certeza ingenua que con sólo mi denuncia los hombres se podían retener y mandar para la cárcel.

Al acercarme a la unidad policial que presta su servicio en el sector, después de identificarme con lujo de detalles les relaté la historia que minutos antes escuché, uno de los uniformados dejó escapar una sonrisa burlona, el otro servidor público que por encima se notaba tener más experiencia me tomó por el hombro en gesto de amistad y dijo.

— *"Váyase tranquilo para su escuadrón muchacho, que acá las cosas son así".*

La respuesta me dejó más frío y me pregunté no sin esa mezcla entre admiración y cólera; *¿O estoy siendo demasiado ingenuo o no he abierto bien los ojos a la realidad? ¿Acaso soy un bobo a toda carrera?* Apabullado me retiré, cruzando miles de cuestionamientos por mi cabeza:

*¿Será que estoy equivocado? ¿Será que lo que me enseñaron en
la escuela a través del Código de Ética Policial es sólo basura?
¿Será que debo actuar como el resto de mis compañeros?*
Pasmado, dolido, confundido, sorprendido;
colóquenle los calificativos que quieran no logré
entender tal actitud de esos compañeros.

En momentos que me trasladaba al escuadrón donde
ya me encontraba alojado, tomé la determinación de
hacer parte de la guardia de prevención y dejar a un
lado las motos, petición que fue aceptada por mi
comandante.

Era el último servicio montado en ese caballo de
acero. Me había preparado profesionalmente como
policía Carabinero y ver en esos momentos donde me
encontraba.

Durante los seis meses de instrucción que duró el
curso que ahora me tenía en la ciudad, soñaba con
prestar mis servicios en los campos, ayudando a los
campesinos y a saborear grandes tazas de café o
chocolate con arepa gigante como lo hacen en las
fincas; sin embargo, pese a lo frustrante de mi
situación, salí con la convicción de prestar bien ese
último servicio en la moto.

Las rondas por el barrio Niquitao no eran las más
agradables, un sector con gran cantidad de
delincuencia común, bien deprimida. Las requisas
permanentes con decomisos de armas de fuego y
blancas, además docenas de papeletas de bazuco eran
el pan de cada turno; el sujeto que portaba los ilícitos
era conducido en un vehículo panel encargado del
sector por parte de los uniformados de la vigilancia,
¡Para los calabozos! Gritaba el conductor descargando un
gran manotazo en la espalda del infractor, era este un

hombre veterano y curtido que, según él, de la manera en que actuaba era la forma en que se hacía valer el uniforme.

Estaba completamente seguro que al menos por esa noche se evitarían unos cuantos atracos u homicidios con esas capturas.

En uno de los recorridos un hombre me hacía guiños con su ojo derecho, algo me quería decir o advertir, no le paré bolas a esa situación y continuamos con el desplazamiento, la duda entró en mi cabeza y una cuadra más adelante, regresé por el mismo lugar para identificar al sujeto, al estar cerca, nuevamente me hacía ojeadas indicándome algo, no lo abordé en esa ocasión para no delatarlo ante la poca gente que deambulaba por el lugar o banderearlo como se le dice en el argot policial. Di la vuelta a la manzana previniendo a mi compañero para que estuviera alerta al llegarle, el sujeto seguía haciendo guiños con su ojo, al preguntarle qué era lo que pasaba, respondió:

— *Nada, mi guardia, ¿Por qué?*

— *"Porque desde hace unos instantes nos está haciendo guiños con los ojos"*, dije.

— *"No, mi guardia, es que tengo un tic nervioso en mi ojo".*

No sabía si reírme o quedarme callado, salimos del lugar para unas cuadras más adelante disfrutar de la risa, lo sucedido era otro de los osos cometidos.

El turno transcurrió luego sin novedad, dando por culminada esa primera fase de mi servicio policial como guardia motorizado, pues al día siguiente un puesto fijo me esperaba.

CAPÍTULO DOS

¡GUERRA ES GUERRA!

- "Los hombres de la nómina"

Mi nuevo servicio representaba otra modalidad de la policía, no con un casco, ni chaleco, ni brazalete, ni polainas, sino portando un fusil en un puesto fijo, cuidando el sueño de mis compañeros, además de la seguridad de las instalaciones. Fue allí donde hice la diferencia, un trabajo más ameno, conociendo a todos los vecinos del sector y organizando actividades para que mis compañeros ocuparan su tiempo libre a través del deporte, sonriéndole a la vida conociendo a los magistrales humoristas del teatro *"Águila Descalza"* que se ubicaba a unas pocas cuadras del escuadrón, hasta tuve tiempo de sembrar un árbol en la esquina de la estación policial, un obsequio de un vecino que dijo.

- *"Al plantarlo tendrá buena suerte"*.

Ese pequeño arbusto comenzó a ser mi consentido, hablándole y protegiéndolo todos los días, *"Mateo"*, cómo lo bauticé, comenzó a crecer lentamente mostrando que era un arbolito fuerte; *"tal vez"* escuchaba todas las tontas palabras que le hablaba y cada año le recordaba el día que lo sembré como si fuera su cumpleaños, la torta no era más que un buen trozo de abono que el mismo vecino me regalaba.

— *¡Cómo has crecido, "Mateo"! En dos años ya has superado a tu padre*, le susurraba.

Así mismo habían madurado una buena cantidad de compañeros.

Como si me respondiera, sintiéndose satisfecho al acercármele, se mecía al compás del viento dejando caer algunas pequeñas hojas.

El arbusto sobrepasaba los uno con ochenta de altura; *"altura"* de la cual se vanagloriaban algunos de mis compañeros. Doble R., por ejemplo, aún se mantenía firme a la promesa de hacer cumplir la Ética Policial; a Zuluaga daba miedo acercársele pues superaba a muchos antiguazos en dinero y experiencia, lentamente se convertía en un capo dentro de la institución al lado de otro experimentado uniformado al que su apelativo le hacía honor *"Tío Rico"*. Galiano todavía no se había dejado ver los pecados, pero sabía que era la sombra de *"zulu."* y Leguizamón, otro de los uniformados que sobresalía en los combos; daba la impresión que no era su monedita de oro.

La situación se repetía cada que llegaba personal nuevo al escuadrón, jóvenes que ingresaban sumisos, obedientes y dignos portadores del glorioso uniforme verde oliva y que, pasados unos días, los débiles comenzaban a dejar ver los frutos prohibidos.

La frase que más se repetía en los corrillos y que incitaba a los débiles a conseguir dinero fácil solo constaba de dos palabras: **"ESCOBAR PAGA"**, **"PLATA O PLOMO"** no entendía o me hacia el güevón al escucharla, pero sabía perfectamente a que se refería; *¡Escobar paga!* Esta tenía que ver con la nómina que el capo asumía para los uniformados fieles a él y la segunda, intimidando al uniformado que se atreviera a dejar a disposición la droga que se le incautaba a los narcotraficantes, o se dejaba sobornar, o sencillamente lo asesinaba.

En la guardia si tenía tiempo para todo, pues los turnos de centinela eran más cortos y cada dos días tenía una franquicia.

Valentina, se conocía todos los horarios de tanto frecuentar las instalaciones y a través de una llamada telefónica me hizo una invitación muy formal para el día siguiente aprovechando mi descanso. Los encuentros con ella siempre sobrepasaban lo fenomenal, encantadores y de entrada con un gran abrazo me recibía, *"estuviera con el que estuviera,"* ese gesto no fallaba y con frases mimosas me llamaba *"Mimi"* apelativo que me tenía. Por encima de todo está la amistad que era lo que yo también creía que ella manejaba, esos mimos se los devolvía engañándola cuando le señalaba algo de su pecho para seguidamente sobarle cariñosamente la respingada nariz y decirle *"papas"*. Una chanza bien común donde siempre caía.

Se organizó un improvisado paseo, ella con sutileza me cogía de gancho como lo hacían los enamorados en otrora, si algo más era digno de admirar en Valen., era el porte y su elegancia al vestir, a pesar de ser de familia humilde.

A veces la emoción era tanta, que se olvidaban las palabras y no encontraba un tema para hablarle, caso contrario con ella, pues no paraba de hacerlo, casi siempre teniéndome como su confidente. Allí confirmé los comentarios de algunos compañeros del escuadrón que de seguro también se deslumbraban y chorreaban la baba por la escultural mujer ya que decían además que la relación con Rendón venía en decaimiento; quizá todos a la expectativa para tirarle los perros a la damisela.

Otra fuerte riña había sostenido y algo angustiada me pedía consejo acerca de lo que debía hacer, ganas me sobraban de decirle que lo dejara, pero estaba siendo desleal con mi amigo, era un problema de los dos y los dos debían resolverlo.

Pasó otra tarde donde yo quedé matado con esa agradable compañía y donde sin querer, estaba sacando ventaja. Las bienvenidas y las despedidas con ella siempre me dejaban descontrolado emocionalmente. No se me escapó darle un pequeño tirón de orejas por tratar de meterme por los ojos mujeres que no me interesaban, ya que en repetidas ocasiones aparecía con una amiga para mí.

Al llegar al escuadrón, justo en la guardia me encontré de frente con Rendón, me llamó apresurado y pensé que se había enterado de dónde venía, sentí algo de susto y me dije tristemente *¡Nos pillaron!* Al mismo tiempo apareció un sobresalto que lentamente se fue desvaneciendo al darme cuenta del motivo de su apresuramiento, luego, respiré tranquilo porque era para contarme la experiencia vivida unas horas antes de encontrarnos.

Un problema familiar delicado lo había forzado a solicitar unas vacaciones obligadas, el lobby ante el comandante para que le firmara la solicitud que autorizaba su licencia, se estaba haciendo demasiado largo, más de tres horas esperando una simple firma no tenían sentido.

La "polocha" *"uniformada"*, secretaria del oficial; hermosa por demás, sentía la angustia del compañero, pues ya sabía del problema que se le presentaba en esos momentos y asumiendo toda la responsabilidad autorizó, a Doble R., para que ingresara al despacho de su jefe aduciendo haberlo hecho sin su consentimiento en caso de un llamado de atención.

La sorpresa de mi amigo fue mayúscula cuando sobre el escritorio del jefe no existía un solo espacio libre, la exagerada cantidad de fajos de billetes verdes lo habían copado todo. El oficial sin sentirse sorprendido continúo contando el dinero demostrando ser todavía más descortés con el recién llegado, las temerosas palabras salieron de los labios de Doble R., solicitando el respectivo permiso para sus vacaciones y exponiendo unos motivos contundentes que cualquier ser humano no dudaría en atender tal petición. El hombre, no tuvo ningún prejuicio en negarla y ordenarle de inmediato se retirará del lugar.

Dentro del recinto no sólo se encontraban los dos uniformados, al oficial lo acompañaba un hombre en traje de civil que al escuchar la conversación abogó para que la solicitud fuera aprobada y disimuladamente le dio gallina.

— *"No jodas guevón, autorícele las vacaciones al muchacho para que se vaya tranquilo"*, increpó el parroquiano. *¿Quién era este fulano en traje de civil que se atrevía a regañar a un jefe de tal categoría?*

El oficial levantó la cabeza, quizá era una orden directa y sin balbucear palabra alguna firmó la solicitud encima de los fajos de billete. Como ironía de la vida, Doble R., no tenía en sus bolsillos el dinero suficiente para trasladarse a su tierra natal donde era requerido con urgencia.

El derroche de dinero maldito, los vehículos último modelo y cuanto lujo existía estaban en primera fila en una gran cantidad de uniformados de todas las líneas de mando, no sólo de unos integrantes pertenecientes al escuadrón se ufanaban, sino de algunos hombres de las estaciones policiales del área metropolitana. Con lo observado reconfirmaba que me encontraba en el lugar equivocado y que la corrupción se había tomado una gran parte de la institución.

Nuevamente la despedida fraternal con mi amigo me reconfortaba porque sabía que iba por la derecha y sin hacer curvas.

Ya tenía conocimiento que en el bajo mundo los capos de la mafia realizaban millonarias cifras apostándole al fútbol, especialmente cada que se enfrentaba el verde de la montaña, Atlético Nacional contra el Independiente Medellín, el América de Cali o el recién ascendido de la segunda categoria B a la primera división del fútbol profesional; el Envigado Fútbol Club, y donde extrañamente militaban jugadores profesionales de reconocida trayectoria. De lo que no me había enterado era que se realizaban combates de artes marciales, cuerpo a cuerpo, al estilo película. Actividad bien clandestina que se llevaba a cabo en la hacienda del apostador que invitaba.

Zuluaga había tenido la oportunidad de estar en una de esas fiestas y no daba crédito a lo que sus ojos veían, dos seres humanos se destrozaban de esa manera bajo los aplausos de los presentes mostrando cada uno la mejor técnica de sus estilos de combate y, según los comentarios las sumas de dinero que se apostaba no tenían precedentes. Aparte de ello, los deportistas se ganaban grandes cantidades de dólares como pago por la contienda, cifra además insignificante porque después de esa práctica se dedicaban a la compra y venta de equinos de pura sangre, uno de esos cuadrúpedos alcanzó a valer la cifra de 500 millones de pesos, regalo con el que uno de los capos allí presentes reconquistó a su mujer.

Ese era el tipo de vida que Zuluaga anhelaba; alarde que hacía en un instante que se detuvo a saludarme en la guardia y para eso era que estaba trabajando, la farra y el derroche de dinero más los exagerados lujos que predominaban en cada uno sobre todo los fines de semana.

Se había dado el lujo de solicitar al extranjero varias prendas de vestir entre las que se destacaban gabanes de cuero de diferentes colores, más su figura atlética lo dejan ver como un galán de cine y con los que simulaba ser un gánster; figura y fisonomía que realmente me llenaban de tristeza, ver a mi amigo con esos pensamientos, actitud y deseos de pertenecer a una clase de sociedad diferente a sus valores, cuando unos años atrás rebosaba de humildad.

También allí, comenzaba a darme cuenta que determinados centinelas de la guardia de prevención no le temían a los cuadros de mando y menos cuando estos eran drásticos o unas caspas como ellos mismos murmuraban, esa palabra también era nueva para mí y jamás imaginé que fueran a desquitarse con el suboficial por ser radical con el cuidado de nuestros elementos personales y hacer cumplir con lo escrito en el Reglamento de Disciplina y Honor, además de vigilar el cumplimiento de las funciones policiales escritas en el manual del comandante de guardia.

El cabo Cáceres, sí que sabía aplicar el reglamento en forma rígida, para cada servicio exageraba su mando, a pesar que en varias ocasiones destruyeron la pintura de su vehículo roseándole ácido y perforando sus neumáticos. Así pasaban de la palabra caspa, cargada de violencia y rencor, a la obra pletórica de violencia, y, aun así, el hombre no bajaba la guardia para hacer cumplir las cosas. En la escuela de formación con una acción de esas le corría pierna arriba a todo el personal, lo que policialmente sabemos; *"Mierda Corrida"* que es resarcir los daños de otra forma aparte de pagarlos y si se descubría a los responsables, fuera del retiro, podrían tener hasta el castigo penal porque cometer tal acto pues es tener tendencias delincuenciales.

Definitivamente el hombre no gozaba del aprecio de un sector de uniformados que no estaban de acuerdo con su forma de hacer cumplir las órdenes. En una noche cualquiera le regalaron otra pilatuna, comenzaban a llegar a la guardia del escuadrón, docenas de domicilios con deliciosas comidas, según ellos solicitadas por el cabo Cáceres que se encontraba de servicio, el hombre sorprendido pasó todo el turno maldiciendo y devolviendo a los jóvenes domicilios que airados se regresaban para sus lugares de trabajo.

El Suboficial no cambiaba su posición y fue aún más enfático en sus decisiones. Aplicó las reglas con todo el rigor y debido a la rectitud en su proceder, nunca fue visitado por un personaje que, en las horas de la noche, en forma esporádica, era esperado por la gran mayoría de uniformados integrantes de la unidad, *¿O sería una coincidencia?* Así lo comentaban los hombres antiguos del escuadrón y así, de tal forma sucedió.

Las horas de la noche del fin de semana eran especiales y en una de ellas cuando me encontraba descansando, se acercó una caravana espectacular de vehículos lujosos último modelo. Cada uno transportaba una buena cantidad de hombres y hermosas mujeres adornando la despampanante caravana, deduje de inmediato que se trataba del parroquiano comentado por los motorizados.

Antes de ser detectado por los extraños visitantes ingresé a mi alojamiento y colocando el cerrojo apagué las luces, por una pequeña ventana observaba el espectáculo que acabó de certificar que estaba en el lugar equivocado. Los hombres de la ley que allí pernoctaban acudían en forma apresurada y hasta sumisa para hacer una gran fila en la parte interna de la guardia, minutos después, la sorpresa fue mayor al observar al visitante salir con la gorra de mi capitán puesta en su cabeza, el hombre del que supuestamente debía tomar todos los ejemplos, el que me orientaba con sus charlas cada que nos reunía en la formación. Esa acción no tenía calificativo, con grandes fajos de billetes a cada uno le entregaba la paga, los más listos hacían la fila de nuevo, pero eran detectados fácilmente por el hombre pagador.

- *"Nooo, marica, te estas doblando"*, hasta jerga policial utilizaba cuando les hablaba en forma jocosa sacándolos de la formación.

El festín apenas duró unos minutos hasta agotar la fila por completo, luego, dos de los nuestros pasaban alojamiento por alojamiento verificando que nadie se quedara sin su premio; colocar seguro por dentro a la puerta fue la mejor estrategia para que el supuesto compañero no pudiera ingresar al lugar donde me hallaba. En verdad me encontraba bien asustado. Además de ello, más tristeza me daba observar a Zuluaga y Galiano salir sonrientes contando los fajos de billetes que habían acabado de recibir, con una cara de satisfacción como si hubiera sido una lotería y más sorprendido ver al *"Mono"* que se jactaba de tener unos muy buenos dividendos haciendo esa maldita fila.

Menos de veinte mil pesos de sueldo que recibía mensualmente para mi eran suficientes y la meta era obtener una placentera jubilación sin ningún tipo de problema.

Mientras que, para otros hombres curtidos con una jubilación ya asegurada por llevar más de veinte años en la institución, sólo les cabía en la mente llenar los bolsillos de dinero por encima de lo que fuera, dinero maldito y si no se termina muerto, destroza la vida.

Eso mismo le sucedió a uno de los primeros oficiales que me recibió en las instalaciones del escuadrón cuando llegamos por primera vez a Medellín, la avaricia lo colmó y los bolsillos se llenaron, la fortuna le sonrió y la felicidad duró unos meses porque fue brutalmente asesinado; otro homicidio que quedaba impune ante las autoridades, pero la frase de cajón se repetía una y otra vez. *"el trabajo debía continuar".*

Debía ocupar mi tiempo libre en otra cosa para no estar expuesto a las invitaciones que a diario me hacían algunos compañeros, invitaciones por demás malas.

Las ansias de tener un cuerpo perfecto físicamente me llevaron a organizar un rudimentario y pequeño gimnasio dentro del hangar donde se parquean las motos. A diario se hacía uso de él, ocupando varias horas de la jornada para realizar los diferentes ejercicios del fisicoculturismo.

A esta disciplina se unieron varios feligreses, cada uno dejando ver sus esculturales cuerpos. Allí predominaban unos niches de gran contextura física y una estatura envidiable, resultando curioso entre los uniformados que todos eran de talla alta, viejo Guazá, por ejemplo, apellido de un *"Dado Gato"*; sigla con la se identifica un dragoneante, era uno de los hombres que infundía respeto no sólo por su alzada sino por su seriedad, a él le escuchaba con atención sus consejos para no caer en los vicios de algunos antiguos o por lo menos hasta esos momentos no se habían dejado ver sus pecados.

Siempre que los observaba me cruzaba por la mente la inquietud de saber si había algún ciudadano que los enfrentara físicamente, no solo por su condición de ser policías de la "metro", sino por su forma de ser tosca y agresiva, mientras otros, por su forma de ser noble, se ganaban el aprecio de los reclutas.

Uno de los hombres fuertes del escuadrón, no físicamente sino monetariamente ya tenía la suficiente fortuna como para retirarse y vivir holgadamente por el resto de su vida con toda la opulencia del caso, pero la ambición es más poderosa que muchas voluntades juntas. El hombre deseaba conquistar las más altas esferas en esa clase de vida social y para ello me decía que no descansaría hasta tener el nivel de algunos capos de la mafia de Medellín, quizá al nivel Pablo Escobar.

Leguizamón era un antiguazo bien admirado por una gran parte de motorizados, por eso nadie dudaba en invitarlo a un baile, ya que tenía el dinero y las armas que le daban poder. Zulu., no era de la baraja de él, porque tenían los mismos objetivos y porque cada uno tenía su combo, entonces se respetaban y más bien optaban por brindarse el saludo y nada más.

El hecho de estar prestando mis servicios como centinela de la estación me daba la oportunidad de hablar con la mayoría de hombres que lo integraban conmigo, mas no por eso estaba de acuerdo con todas las actividades ilícitas que realizaban.

El comentario de Legui., apuntaba a que toda su fortuna la invertiría en droga para enviarla al extranjero y así comenzar a ser uno de los duros, una vez cumplido ese objetivo se retiraría para continuar de manera independiente, ambición que cumplió en un abrir y cerrar de ojos. Con lo que no contó el uniformado era que a las personas a quienes les había confiado toda su fortuna transformada en droga lo traicionarían, porque fue ultimado por sicarios cuando prestaba uno de sus servicios y la duda quedó en el aire si los sicarios tenían conocimiento quien era el uniformado o sus socios ordenaron el asesinato. Lo cierto es que su fortuna, así como le llegó de rápido, así mismo se le esfumó.

Ya lo expresé, contaba con la disponibilidad para escuchar cuanto comentario se esparciera por la estación, pues el estar de vigía dentro del hangar de las motos se prestaba para dialogar con mis compañeros y fue así como el tripulante del cabo Montaño narraba sin tapujos como la noche anterior corroboró los cojones que tenía su comandante, aun así, no compartía esa valentía, pues los hubieran asesinado en un santiamén y a esa hora ya sus despojos estarían con gusanos de metro según decía.

La historia tiene que ver cuando en uno de sus patrullajes lo invitó para que hicieran una ronda por un sector del Poblado ya que por esa zona aún no habían colocado ningún carro bomba; como algo extraño se lo hizo saber a su comandante.

Y efectivamente al cruzar por el lugar se notaba lo apacible, salvo cuando observaron una situación no tan normal, pues vieron a un hombre muy bien trajeado que al detectar a los uniformados extrajo una radio y se comunicó con alguien. Con la segunda ronda aplicando las medidas de seguridad lo interceptaron sin darle tiempo a nada y al registrarlo portaba en la cintura un arma de fuego sofisticado. Éste al verse reducido se presentó como el vigilante de la zona especialmente de ese edificio.

Obviamente siendo policías no creyeron en la historia y decidieron ingresar a la edificación; bastante elegante por cierto según su narrador.

El cabo Montaño optó por ingresar por la puerta principal mientras su escolta decidió recorrer un costado.

Pasados unos minutos ingresó y observó como su comandante tenía encañonados con su subametralladora a varios hombres y una exagerada cantidad de armas sobre el piso. Al ver la situación lo recriminó sin ser irrespetuoso con su jefe diciéndole que esos hombres eran conocidos y sus armas tenían el respetivo salvoconducto para portarlas, además, al verlo lo reconocieron y le gritaban eufóricos.

- *Mi guardia nos conoce, mi guardia nos conoce*, en una acción desesperada para que el recién llegado intercediera por ellos. Salcedo algo apabullado sin mostrarse incomodo; al contrario, sonriente, lo único que le dijo a su jefe era que se trataba de unos vecinos.

Otros que bajaban por las escaleras al ver la escena se devolvieron. Solo se escuchaba la voz fuerte y templada del suboficial ordenando identificarse plenamente y alejarse de las armas; creo que le causó más curiosidad a Montaño; según contaba Salcedo en medio de un corrillo de uniformados; fue ver que su escolta no sacaba el armamento para apoyarlo por lo que le gritó desesperado para que lo hiciera y continuara con el procedimiento.

Yo seguía impávido escuchando la historia viendo como algunos disfrutaban del cuento, siendo Salcedo su protagonista quien seguía con su parlamento.

En segundos bajaron otros hombres apuntando con sus armas dispuestos a acabarse entre sí, ya que el suboficial en un descuido le arrebató la radio para pedir refuerzos a la central.

Al ver que la situación se estaba saliendo de las manos, Salcedo increpó a su jefe bajándole bruscamente la radio para que no se reportara, diciéndole que eran amigos y que estaban cuidando al doctor. Palabra que lleno no se si de valentía o miedo a Montaño porque solo respondió.

- Cual doctor, yo no veo a ningún doctor, y apaciguándolo de nuevo le explicó que se trataba del mismísimo Pablo Escobar Gaviria.

Según su relato, sus rostros palidecieron cuando en segundos bajo el doctor rodeado de los otros escoltas con sus armas amenazantes en las manos y en ese instante dedujo que los asesinarían, ya que con solo un guiño esa orden se cumpliría sin vacilación.

Montaño habló algunas palabras con el patrón, quien lo elogió por la valentía que había demostrado y diciéndole que lo invitaba para que hiciera parte de su colectivo y el saludo con Salcedo fue más cordial recordándole que ya hacia parte de su club de amigos.

Verdad o mentira no sé, solo sé que a diario escuchaba diferentes historias difíciles de creer y lo que sí creo es que el "Zar" de las drogas les perdonó la vida en esos momentos; la desventaja era obvia, quizá el famoso doctor no la impartió para no calentar su plaza; frase muy común en el argot policial.

Lo que no narró Salcedo, fue si por ese favor "entre comillas" salió a relucir la célebre frase "Plata o Plomo".

La situación se comenzó a complicar no solo en Medellín sino en todo el territorio colombino, las autoridades nacionales se dieron a la tarea de capturar y atacar de frente a todas las estructuras de los narcotraficantes tanto física como financieramente y el objetivo principal ya tenía nombre propio, su emporio lo postulaba como uno de los hombres más ricos, aparte de tener una milicia no solo armada sino bien entrenada al punto de desafiar al estado.

Fue así como en uno de los operativos a gran escala, cuando mediaba el mes de noviembre del año ochentainueve *El Zar de las drogas* logró escapar del cerco policial en momentos que departía en la hacienda el Oro, uno de los cientos de propiedades; puntualmente, está ubicada en el municipio de Cocorná dentro del departamento de Antioquia. En el cruce de disparos con las autoridades fueron abatidos dos de sus hombres más importantes y capturados medio centenar.

Con los casos positivos que se venían registrando no solo en el área metropolitana, el departamento de Antioquia y otros lugares del país, se ratificaba que la institución cumplía con sus funciones al pie de la letra. Sólo que estos operativos esporádicamente tocaban a miembros de la institución, porque los duros golpes asestados a las mafias donde destruían verdaderos complejos cocaleros, la captura de algunos capos y lugartenientes de estos, eran los resultados más destacados, para mostrar que se les estaba declarando la guerra y en los comentarios de pasillo sólo se hablaba de paños de agua tibia pues los grandes capos manipulaban varios círculos de la sociedad. Pero algo si tenía claro; la mafia se sintió acorralada tanto por las autoridades legales quienes si dejaban a disposición todo lo incautado durante grandes operativos, como por los combos de policías que allanaban sus laboratorios y se quedaban con una buena cantidad de la droga y en muchos casos la totalidad, no contentos con eso invitaban a otros grupos para que los acabaran de arreglar; comentario que en alguna ocasión hizo Zuluaga ya involucrado en ese mundo.

Una bomba de tiempo que estaba a punto de explotar y donde la copa lentamente se estaba rebosando.

Pero la vida tenía que continuar y hasta ese momento estaba al margen de toda acción que tuviera que ver con conseguir de ese dinero maldito, con unos valores y una ética policial bien definida, estaba más feliz prestando mis servicios como centinela que haciendo la vigilancia en las calles expuesto a cualquier cantidad de peligros y tentaciones. Allí, el único incentivo que tenía era la invitación de un hombre indigente que con el paso de los días se convirtió en amigo de una buena parte de motorizados, yo lo había bautizado como el *"Amisti",* ya que su saludo siempre era de esa manera, *"Amisti"* sobrevivía en las calles con lo que la humanidad le obsequiaba y alimentos de nuestro rancho.

Era este un hombre de baja estatura, carismático, charlatán, con unos centímetros menos en su pierna derecha que lo hacían caminar de manera anormal, apenas le faltaba un diente; pero para quedarse sin todas sus piezas dentales y con escasos 35 ó 40 kilogramos de peso. Cuando entablaba un diálogo con alguien había que callarlo, aparte de ello algunos motorizados lo utilizaban para que les aseara la moto por unos cuantos pesos.

Pasaron tres semanas y el "Amisti" no regresaba, algunos lo extrañábamos porque se había ganado nuestro aprecio, pero en el momento menos esperado se presentó de nuevo con un aspecto algo diferente al que nos tenía acostumbrados, mejor ataviado, su vestimenta le daba otra apariencia y de entrada me invitó a desayunar donde la "chismosa" e insistió que él cancelaba la cuenta. No sé de qué manera se estaba consiguiendo el dinero para pagar su sustento, ya que a diario invitaba a algunos compañeros a consumir; todo aquello me causó curiosidad y no dudé en iniciar un pequeño interrogatorio hasta que confesó de donde salía el dinero.

El habilidoso hombre apoyado por otro paisa disfrazado de payaso, avistaban a un grupo de personas que por sus trajes fácilmente se deducía tenían forma de vivir sin problemas económicos, una vez identificados el *"Amisti"* se llevaba a la boca con disimulo una pastilla efervescente que le producía bastante espuma de color blanco, luego ambos hacían una escena de teatro magistral, donde el payaso gritaba que a su amigo le había dado un ataque epiléptico, una combinación perfecta pues los ciudadanos se tragaban el anzuelo y entregaban cada uno, dinero con el fin de recoger lo necesario para comprar la medicina, según una fórmula médica que mostraban minutos después.

Una docena de supuestas convulsiones al día era suficiente para vivir sin demasiados afanes, pues según las cuentas, a diario recogían más dinero del que yo ganaba durante un mes. Lo tomé como una vil estafa y le prohibí volver a las instalaciones, con la amenaza de guardarlo en los calabozos si continuaba con dicha práctica, pero luego recapacité y saqué la conclusión que más imbécil era la gente que se tragaba el cuento y les daba dinero.

Valentina de tanto frecuentar el escuadrón, también se había hecho amiga del *"Amistí"* y se estaba convirtiendo en su mensajero. Apresurado brincando casi en una pierna, además, con más ganas de ganarse nuevamente mi aprecio me decía:

—*"Amisti, Amisti", su novia la mamasota lo buscó durante la mañana y le dejó un mensaje.*

La palabra novia se escuchó fenomenal, pero estaba muy distante de la realidad y afortunadamente nos encontrábamos solos, pues de haber tenido oídos alrededor se habría convertido en el chisme del mes.

Otra invitación de la dama que me hizo ilusionar, sin embargo, se sobreponía el respeto hacia mi amigo, quien en varias ocasiones me había insinuado que iba a dejar definitivamente a Valentina, pues la definía como una paisa de un temperamento extraño, ya que en cuestión de segundos pasaba de un estado anímico a otro sin ninguna explicación.

La cita terminó en una sala de cine, viendo una película que mostraba unas escenas fuertes de sexo, escenas que deseaba en mi interior estarlas realizando con ella, pero allí, también supe llevar el respeto, y no fui capaz de tocarle ni siquiera un cabello.

Tal vez me estaba pasando de bobo o de verdad se imponía la caballerosidad y quizá, ella con más deseos que la acariciara.

El traslado a su residencia después de la excitante película fue de manera apresurada para llegar luego a las instalaciones del escuadrón a tomarme una ducha de agua fría. Esa era la constante cada que veía a la bella mujer y lo único que me bajaba la fiebre por llamarlo así.

A pesar de las irregularidades que venía observando en los comportamientos de mis compañeros, el nuevo lugar de trabajo me reconfortaba, además, sin querer con más frecuencia veía a Valen., *"era éste el terreno perfecto"*, pensaba mientras recibía en la guardia a un hombre de edad mal trajeado con un vestido de paño de color verde claro, desteñido por el tiempo, *"de seguro"*. En su mano llevaba una pequeña maleta de cuero de los años setenta, las zapatillas lucían con partículas de barro, a la legua se notaba que tenían meses sin saborear el betún y un olor nauseabundo a sudor de zorrillo que no permitía que uno se le acercara.

– *"A la orden, señor"*, lo recibí en la guardia con toda la cortesía del caso.

– *¡Soy el sargento primero Ariza! Joven"*.

– "El Sargento Ariza"

Sacando su carné policial para identificarse, al darme cuenta que era uno de los nuestros, con mayor atención lo recibí, siempre con recelo porque allí laboraban en su gran mayoría jóvenes apuestos y bien vestidos. Dudaba que el individuo que tenía en frente fuera un nuevo integrante del escuadrón. Luego de presentarse ante el comandante de la estación, se dirigió donde me encontraba, con un ademán me dio a entender que lo siguiera para que lo acompañara al alojamiento del personal de suboficiales. Durante el trayecto se mostró como un hombre bien conversador, atento y humilde y en forma sonriente dijo después de identificar mi apellido:

— *Molina, ¿Eche, como están las cosas por acá, mijo?* Con un acento de costeño que no podía ocultar.

— *¡Bien, mi sargento! ¡Bien!* Respondí.

El hombre continuó haciendo preguntas sobre la unidad, pero me dejó más sorprendido la tranquilidad y seriedad con la que hizo la última consulta.

— *¿Verdad que acá hay muchas barras? ¡Porque yo vine fue a robar, vine a conseguir billete ventiado!*

Me quedé de una sola pieza, en segundos no supe responder, traté de ocultar un poco la vergüenza del instante mientras él continuaba con su hablar:

— *"Eche, no joda, veintitrés años en la policía y estoy pobre"*, dijo de nuevo.

— *"Dinero hay en cantidad mí sargento, y muertos en igual proporción"*, fue lo que le pude responder.

El nuevo integrante de la estación, llegaba como un mando medio y no dudó en trasladarme para la sección de vigilancia a la que entró a comandar, dado la forma tan cordial como fue recibido, además manifestaba no conocer absolutamente a nadie.

La salida a las calles nuevamente en la moto no iba a cambiar mi forma de ser y de pensar, con un nuevo compañero mucho más antiguo las tareas se cumplían con más facilidad. Desde que dejé la moto para pasar a la guardia de prevención el matrimonio con Rendón había acabado, aunque la amistad se mantenía intacta. La ética se conservaba firme y aún no permitía que la corrupción me tocara a pesar que las invitaciones de mis colegas para que recibiera algunos pesos eran diarias; los casos de policía en la calle donde estaba involucrada la droga, armamento y otros elementos ilícitos, en su gran mayoría se resolvían con dinero y permanentemente como resultado de ello se decomisaba de todo.

La oportunidad que esperaba el sargento Ariza, llegó más rápido de lo que imaginaba. La radio informó de un accidente que se presentaba en el sector Suroriental de la ciudad y el suboficial en su afán, ordenó el desplazamiento de los primeros hombres que estuvieran descansando dentro del alojamiento; orden directa para que yo los recogiera. Como era de inmediato cumplimiento ubiqué los que primero vi entre ellos Rendón quien dejó ver su descontento por que, según él, yo siempre lo achicharronaba *"de pronto"* era que mi amigo se estaba volviendo muérgano o *"tal vez"* de verdad estaba cansado.

– *"¡Eh mano! A usted si le encantan esos chicharrones grasosos"*, respondió a regañadientes.

En minutos nos dirigíamos a gran velocidad por las avenidas en busca del lugar del siniestro hasta llegar al sitio exacto. Un cordón gigantesco de ciudadanos curiosos a cierta distancia, observaba un automotor anclado en la espesa maleza sobre una pequeña pendiente y a veinte metros aproximadamente, una cantidad de paquetes color marrón, según el oficial que los custodiaba se trataba de droga y era la evidencia recuperada. Se refería a cientos de kilos de cocaína que transportaba el pequeño camión. Por lo visto mí sargento Ariza nunca había visto tanta cantidad junta, que, con toda la desfachatez del caso, preguntó al oficial.

— *¿Cómo vamos ahí mi mayor?* El oficial al mando mirándolo sorprendido, respondió.

— *¿Cómo es qué, sargento?*

Sin pensarlo dos veces el suboficial se lanzó sobre el cerro de paquetes y, acto seguido lo hicieron los otros uniformados emprendiendo veloz carrera con los extraños envoltorios dentro de sus chaquetas. Doble R., y yo, nos quedamos de una sola pieza viendo el festín que se organizó en unos segundos bajo la mirada atónita de centenares de personas que a la distancia observaban el desenlace del asunto. No pronunciábamos palabra alguna, estábamos asombrados viendo a mis compañeros correr a lo lejos y más aún, al observar la actitud del oficial que se quedó impávido. Acto seguido llegó otro jefe superior, quien viendo lo que había quedado sobre el húmedo pastizal, dijo a su subalterno.

- *¡El que robó, robó, y el que no, de malas! Coloque a disposición de la autoridad competente lo que hay ahí.*

Esas palabras sí que nos dejaron más sorprendidos, el hombre era un oficial superior de quien esperaba mucho más.

El sargento Ariza en pocos días se convirtió en un personaje popular dentro de todo el grupo del escuadrón de las motos, dejando ver grandes cadenas de oro pendiendo de su cuello y exageradas esclavas del mismo precioso metal, ya no se desplazaba a pie sino en un lujoso vehículo último modelo; en apenas unos meses se volvió lo bastante popular como para comenzar a tener enemigos por su conducta, esa misma que hace crecer la avaricia, la de no ser justo en la repartición de los dineros que recaudaba con sus amigos de coartada. Obviamente sin ser el único que realizaba ese tipo de acciones, si no era él, lo hacían otros uniformados.

La cifra de uniformados abatidos comenzó a aumentar paulatinamente y no importaba el grado y en esta ocasión si asestaron los del cartel un golpe contundente, pues asesinaron al señor coronel comandante del departamento de policía Antioquia, no bastó sino con pasar el comunicado por la radio para que docenas de uniformados de todas las estaciones estuviéramos desplazándonos hasta el lugar de los hechos, pero ya no había nada que hacer, solo dejar que la sangre bajara su temperatura después de ver a uno de los comandos fuertes abatido con docenas de perforaciones en su cuerpo y horas más tarde en la ciudad de Bogotá redondeaban la faena con el asesinado del candidato presidencial de más opción. Actuación que seguramente no iba a pasar desapercibida por parte del estado, dado el grado de importancia de los tres personajes asesinados, pues un mes atrás, la misma suerte corrió el gobernador del departamento, cuando fue atacado con una carga explosiva instalada cerca al estadio Atanasio Girardot y detonada justo cuando pasaba; este atentado no solo acabó con su vida sino con la de sus escoltas y otros personajes que lo acompañaban. Así mismo varios personajes de la vida pública y periodistas importantes del lenguaje hablado y escrito.

Los contundentes operativos para capturar a los responsables de los hechos, se intensificaron más aún; pero lejos de asustar a los narcotraficantes, ellos continuaban con su actuar; obviamente en menor escala.

Aun así, los uniformados sin ética, sin valores continuaban delinquiendo sin prejuicios y todos los días se presentaban situaciones donde ocurrían apariciones milagrosas y la virgen era la más apetecida, me atrevo a decir que el treinta o cuarenta por ciento de mis amigos de curso ya sabían que era gozar con un prodigio de esos y así me lo hacía saber Cardona; *"Otro amigo; entre comillas"* quien no se inhibió para relatar su hazaña, nos contaba cómo al finalizar un cuarto turno de vigilancia estacionaria en la glorieta de Aguacatala días atrás, también le llegó la mosca; *"si señores, el hombre de la maleta"* personaje éste que se desplazaba de avanzada dejando en las manos de los uniformados que encontraba a su paso un gran botín; *"obviamente eso es soborno"*. Todo porque en contados minutos pasaría la caravana del patrón y no deseaban que perturbaran su tranquilidad deteniendo los vehículos, para registrarlos quizá, en busca de antecedentes, llamar la atención, o ser incluido en su nómina, además, mi amigo era suertudo pues era la cuarta o quinta vez que resultaba favorecido con esas dádivas; lo decía expresando alegría en su rostro y eso que faltaba lo mejor del platillo de la noche para contar, así mismo, nos insinuaba le solicitáramos al jefe nos ubicara en aquella ruta, ya que frecuentemente el hombre no fallaba en transitar por dicho derrotero cuando se dirigía a su edificio Mónaco.

El apodo de *"Patrón"* ya era bien reconocido *"y perseguido"* no solo en Medellín sino en el mundo entero; ya había tenido la experiencia meses atrás de toparse con la misteriosa caravana que efectivamente instantes después de sobornarlos se paseó como Pedro por su casa con vehículos último modelo por el frente de los guardias comprados, exhibiendo el derroche de lujo jamás visto. Lo más irónico es que al hombre que muchos idolatraban en la ciudad, tanto civiles como policías no se le veía ni el bigote. Entonces vaya a saber que personaje era el que se transportaba en tales circunstancias.

- *"Pero eso no es nada güevones"*, interpeló Cardona cortando de raíz la historia del capo.

El premio mayor le llegó un par de horas después cuando su compañero tuvo la iniciativa de detener un vehículo que a su parecer observó sospechoso.

El acto de portar un uniforme infundiendo autoridad y el hombre que lo lleva puesto le haga una señal a su chofer como símbolo para que se detenga, es más que un motivo suficiente para frenar y acatar el mandato, no solo debe cumplirlo sino para evitar resultar lesionados, pues los policías más osados no tenían reparo en detener un automotor a punta de plomo como se le dice en un argot muy común dentro de las filas policiales. Ya que permanentemente se conocían casos donde sus conductores resultaban lesionados con arma de fuego o sus acompañantes cuando omitían la señal de pare; *"eso lo sabía una gran mayoría de ciudadanos especialmente el bandido"*, lo más triste es que en ningún caso conocido el policial salía incriminado por el auge de la violencia que se vivía, por el contrario, quien no se detenía era porque algún pecado llevaba encima y si no lo portaba en el momento; como por arte de magia le aparecía dentro del automotor un motivo.

Éste paisa si obedeció y lo detuvo frente a los motorizados, como un buen ciudadano sumiso y sin demostrar nervios. Por el contrario, fue el saludo cordial lo que llamó la atención de Suarez; su jefe inmediato, *"y no había necesidad de ser tan lambón para que me entiendan"* con un saludo normal quizá lo hubieran dejado seguir, pero eso lo teníamos claro los motorizados de la "metro" que cuando un ciudadano nos saludaba tan efusivamente; acá es donde sobresale la experiencia y la malicia indígena, aflora por los poros, pues en la mayoría de los casos llevan un pecado encima.

Un vehículo mortuorio a esa hora les causó gran curiosidad, más aún, cuando su conductor manifestó desplazarse para el aeropuerto a dejar un féretro; *"que llevara un difunto en su interior era lo más lógico, pero para el aeródromo la falacia estaba montada",* ya que en horas nocturnas se encuentra cerrado, no hay vuelos, no hay personal que lo reciba, no es el mejor lugar para dejar un cadáver durante la noche, lo más sensato es una sala de velación y a primera hora del día trasladarlo a esa terminal aérea para ser conducido hacia el Urabá antioqueño destino señalado.

Con esa disculpa Suárez automáticamente dedujo que el hombre faltaba a la verdad, además se desplazaba en dirección opuesta al aeropuerto, acto seguido subiendo el tono a su voz; *"Cardona no musitaba palabra"* ordenó abrir el ataúd, precepto al que el conductor se opuso rotundamente, pues, aparte de ser un sacrilegio el sarcófago estaba fuertemente sellado. Las excusas motivaron aún más al policial para increpar a su detenido y obligarlo a destaparlo, asaltándolo la duda que podía estar cometiendo un error delicado en caso de hallar en su interior el cuerpo de una persona sin vida. Sin embargo, lo respaldaban las noticias de que en alguna ocasión descubrieron un vehículo trasportando el cadáver de un individuo en cuyo interior camuflaron droga.

Cardona con su relato nos tenía desconcertados pero concentrados y con ganas de saber con celeridad el final, continuó diciendo; *"el sujeto bien sagaz en su actuar no demostró estar apabullado, por el contrario nos increpó y sin vacilar nos hizo el ofrecimiento";* sin necesidad de una larga negociación, se dio el trato, aparte de no permitir revisar su interior y utilizar el sarcasmo, cantándoles *"si te vi, no me acuerdo guardias, todo bien"* para luego retirarse del lugar dejándolos totalmente desconcertados, asustados, impresionados y atemorizados, con una sensación entre felicidad y miedo, además, demostrando tener manejo en esa clase de situaciones donde se debía sobornar a policías y siendo más osado, los desafió reiterándoles que bajo ninguna circunstancia iba a permitir que se destapara la caja mortuoria pues a ellos no les interesaba saber qué había en su interior.

Todavía les quedaba una hora de turno con más ansias de retirarse del lugar de facción, dejar el armamento, su moto y uniforme abandonado en cualquier lugar o enviarlo con un compañero, lo que fuera con tal de superar esos momentos debido al temor que los invadía; insinuaciones provenientes de su *¡Yo malo!* pues la incertidumbre de que alguien los estuviera esperando una vez terminara el turno para matarlos o se presentara un oficial de policía a detenerlos era mayor que la dicha de ser en esos momentos unos policías con una buena fortuna. Por otro lado, si abandonaban el servicio les aplicaban el código penal por evadirse y la cárcel de Belén estaba atestada de policiales por cometer ese delito, hombres poderosos y ricos que ni con su fortuna se escaparon de pagar una condena.

La incertidumbre que los embargó minutos antes, a manera de respiro los tranquilizó en algo, pues entendieron que no los iban a asesinar, ni tampoco había miembros de la institución esperándolos, que el trato se había efectuado entre varones, pues recibieron un recado por parte de unos emisarios fuertemente armados quienes los interceptaron cerca al lugar donde se efectuó la negociación; *"palabras más, palabras menos les ordenaron no entregar la información a otros combos o en cualquier momento serían asesinados"*, y más estupefactos quedaron al escuchar como los tenían plenamente identificados en tan corto tiempo.

Agudelo no aguantó las ganas y preguntó de cuanto era el botín, Cardona, no sé, si ya se sentía un capo policial, pero como toda esa ralea, jamás decían que dinero les correspondía cada que se les aparecía la virgen, lo que si no dudó en decirnos es que pronto solicitaría el retiro de la institución porque tenía suficiente para vivir como un acaudalado en su ciudad natal.

Días después Agudelo y sus compañeros sufrieron de una rara enfermedad que apodé "feretritis Aguda" pues cada que veían un entierro o un carro fúnebre movilizándose solo, lo raqueteaban sin piedad, tratando de pescar en rio revuelto.

No puedo decir si esa era una de tantas modalidades para transportar droga o tal vez dólares que era lo más complicado de trasladar por las exageradas cantidades que se movilizaban o algo ilícito, hasta yo me contagié y reconozco que le realicé requisas a cuanto carro fúnebre observaba durante el servicio, especialmente en las noches, sin contarle a mi compañero de patrulla de qué se trataba, simplemente les respondía que a manera de sospecha y rutina, de haber hallado un pecado puedo asegurar que lo dejo a disposición a regañadientes de mi tripulante, otra cosa les juro que no sabría que hacer al tener mi integridad o la de mi familia amenazada, recordando mi bella oración cuando dice: *"Seré inflexible pero justo con los delincuentes y haré observar las leyes en forma cortés y adecuada, sin temores ni favores, sin malicia o mala voluntad, sin emplear la violencia o fuerza innecesaria y sin aceptar jamás recompensas"*. Creo que ahí es cuando le da risa al caballo y les dejo esa interrogación.

Los servicios continuaron con la misma rutina, rutina de la cual me sacó un llamado de la central para apoyar unas unidades de la vigilancia que se encontraban enfrascadas en una balacera, se trabada de compañeros que así laboraran en otra estación, la verdadera vocación policial no permite quedarse impávido.

Las motos a toda velocidad no como en otrora, ya a estas alturas, esquivaba los vehículos con destreza y los semáforos no se respetaban en busca de un sector bien complicado como el barrio Antioquia, sitio donde se presentaba el atraco.

En cuestión de minutos, divisamos a lo lejos un gran corrillo de ciudadanos y patrullas de policía, motos y otros automotores en la mitad de la calle de manera desordenada, de inmediato se dedujo que allí era el problema, las patrullas más cercanas alcanzaron a tener enfrentamiento con los atracadores. En el suelo yacía el cuerpo de un hombre inerte acompañado de un río de sangre que de momento no se podía determinar si era de uno de los delincuentes o de un ciudadano desafortunado que transitaba por el lugar, al costado izquierdo un vehículo transportador de dinero con sus puertas abiertas, adornado con centenares de hendiduras de proyectil y al lado opuesto dentro de un corrillo de uniformados unos guardias de seguridad privada, cuyos rostros les delataba el miedo y desazón narrando lo que había sucedido.

El golpe fue certero, calculado, efectivo y audaz, según la información de los vigilantes el transporte llevaba más de setecientos millones de pesos en efectivo.

La interrogación era en mayúscula sostenida cuando los uniformados allí inmiscuidos se miraron al escuchar a los custodiados describir a los plagiarios y sin vacilar soltar el comentario; *"así como están vestidos ustedes, así eran los atracadores mi guardia"*, las miradas se cruzaron, otras se desviaron y mi pensamiento seguramente era exactamente lo mismo que el de mis compañeros, además portaban fusiles R-15 mencionó el otro hombre de seguridad privada, con lo que a priori se dedujo que eran delincuentes uniformados de policía, pues dentro de nuestro armamento no se tiene de dotación fusiles R-15.

Con todo lo que había visto y escuchado dentro de la institución, las probabilidades que los asaltantes fueran policías eran de casi un cincuenta por ciento y en la mejor tesis un grupo mixto.

La pregunta a que unidad policial pertenecían los hombres que habían realizado tal acto o si fueron auténticos policías, quedó en el aire, pues la investigación de los organismos de inteligencia no logró identificarlos.

Con la presencia de los altos mandos, cada que se presentaba una situación de ese tipo calificada como fuera de lo normal, cada uno de los subalternos comenzábamos paulatinamente a retirarnos para nuestros lugares de facción hasta quedar solo los directamente involucrados en el caso, ya se sabía de la arbitrariedad de algunos oficiales que al enterarse de una situación anómala donde se involucraba personal uniformado de policía, retenían y enviaban a la cárcel a todo quien estuviera cerca, así éste, estuviera en servicio, *"disque"* a manera de investigación y pasados muchos meses después de haberse cagado en un hombre quizá inocente; al no existir pruebas le daban su libertad pero con un boleto de traslado para la mierda por intento de sospecha; acá si aplica con lujo de detalles la broma que se le empleó al expendedor de drogas *"intento de sospecha"*.

Las ansias de buscar unos responsables a priori les hacía cometer tales errores, dejando a los altos mandos ante la prensa como verdaderos policías con vocación de servicio.

Vocación que sí merecía laureles cuando promediando el año noventa, en un eficaz operativo policial se dio de baja al jefe de sicarios de Escobar. Alias *"Pinina"*. El sujeto caía abatido mientras descansaba en un lujoso apartamento de la capital de la montaña, era la segunda baja más importante para el capo, lo que incitaba a trabajar con más ahínco y cuidarnos las espaldas en cada servicio y desplazamientos en traje de civil.

Durante cualquier turno normal, ya era costumbre asistir a un baile donde hubiera plomo de por medio, especialmente cuando asaltaban una entidad bancaria que entre otras cosas a diario las atracaban, la reacción era inmediata no solo por las unidades de la vigilancia a pie sino por los hombres motorizados, que por su condición y versatilidad para los desplazamientos llegábamos primero; acá hago una salvedad, *"Ay del atracador que se dejara coger con el botín en su mano, después de retenerlo el dinero por arte de magia desaparecía"*; como sucedió en algunos casos.

En la balacera que me tocó para esa tarde cayeron varios delincuentes y uno de los nuestros, algo tan normal que nadie se escandalizaba, además, al parecer se alcanzó a escapar uno de los delincuentes con el botín comentaban los primeros que llegaron.

El turno transcurrió no solo con esa novedad, pues decomisar armamento, sí que era común y en una requisa a un vehículo tuvimos la suerte de encontrar un fusil AK-47.

Tenía entendido desde la escuela de formación policial que cada actividad positiva realizada era motivo de felicitación verbal y en la hoja de vida acompañada de varios días de permiso. Me sentí feliz con el decomiso y solicité esa especie de recompensa a manera de motivación para salir con más ganas a las calles, pero, vaya sorpresa la que me llevé al escuchar la respuesta del jefe quien no dudó en decirme *"para eso sale a la calle joven, a trabajar y el decomiso hace parte de su trabajo"*. No quedé como muy satisfecho con la respuesta de mi jefe, pero *"el que manda, manda, aunque, mande mal"*. Era su punto de vista que en cierta forma tenía toda la razón, esa era una de mis funciones, el policía sale es combatir la delincuencia, a decomisar, colocar orden, mediar y ser imparcial, entre otras tantas funciones.

Con algo de pesadumbre me retiré, pues por unos instantes me ilusioné con un permiso especial.

De nuevo en la estación, en uno de los corrillos tradicionales que se armaban en las afueras de la unidad, el comentario de lo sucedido en la tarde obviamente opacó mi decomiso, dentro de la conversación que escuché relacionaban a mi sargento Ariza con el caso en mención, escuchar ese apellido era motivo de colocar atención y alinear las parabólicas para saber que hablaban del personaje. Uno de los que intervenía decía.

- *"Eso fue el sargento Ariza, fue uno de los primeros que llegó, ese "man" es una gonorrea y como es de rata se quedó con el botín y cabeceó a sus tripulantes.*

Con los antecedentes que tenía no había que dudarlo y efectivamente días después uno de sus tripulantes se retiró de su lado por no haber sido justo en la repartición de otra aparición divina.

De nuevo quedaba más sorprendido pues todos los comentarios de las actividades ilícitas que cometían los uniformados volaban por los aires dentro de las instalaciones como si nada, como si fuera un evento normal, y me atrevo a decir que la mayoría de los que allí pernoctábamos nos enterábamos de esos acontecimientos menos los comandantes, *"eso creía yo"*.

A Rufino José, como se llamaba este siniestro personaje *"Ariza"* no le auguraban nada bueno, el hombre continuó con su actuar y en una de las visitas a la mansión del fulano encargado de pagar la nómina de una buena cantidad de policías motorizados; *"el mismo al que me lo escondí dentro del alojamiento"*, ya identificado con el alias "Pelusa", se llevó la sorpresa de encontrar dentro de la residencia a un oficial de grado capitán haciéndole la visita al mafioso, la sorpresa se la llevaron ambos y el oficial en su arrogancia imponiendo su grado, dijo:

— ¿Usted qué hace acá, sargento?

El suboficial sin sentirse apabullado le respondió de manera inmediata.

— ¡Lo mismo que hace usted aquí mi capitán!

Con la desfachatez del caso ambos salieron quedando entre sí con rabo de paja.

La ambición lo tenía completamente enloquecido y no le importaba pasar por encima de los que pudiera aún a costa de su vida, fue así como en momentos que prestaba servicio en un retén policial, tuvo otra aparición divina, la virgen de nuevo se le presentaba, la verdad no tengo ni idea qué clase de virgen porque la católica no se presta para esos menesteres; en segundos ya había detectado que algunos de sus hombres habían interceptado un vehículo que transportaba algo ilícito y según su deducción no le querían informar, pasados unos minutos se acercó pausadamente hasta identificar a sus ocupantes y de inmediato se enteró de la situación.

Efectivamente el olor del alucinógeno fue descubierto por su olfato y sin esperar un segundo más les ordenó a sus hombres retirarse unos metros, según sus pobres palabras, él se encargaría de cuadrar todo. Los uniformados cumplieron la orden ilógica en ese momento con algo de desconsuelo y desconfianza, pues ya sabían que la avaricia lo carcomía, pasado un tiempo el automotor se alejó y el retén fue levantado de inmediato.

Los acompañantes del suboficial querían a toda costa preguntar qué había pasado, pero él no respondía insistiendo que más adelante organizaba las cosas. Pasadas unas horas le entregó a cada uno de sus hombres una miserable paga con la que no se alcanzaba ni siquiera a comprar un vestido.

Los reclamos no se hicieron esperar, pero de una manera respetuosa ya que se trataba del hombre al mando y que en esos instantes tenía el poder.

Los comentarios de corrillo también sin fundamento comentaban que el hombre se iba a ganar una muerte estúpida por la avaricia que lo corroía, así mismo el plan se fraguaría el día que se presentara una situación donde hubiera intercambio de disparos con la delincuencia y ese día más temprano que lejos llegó.

La radio reportaba un 9-04 a una entidad bancaria, la situación estaba complicada pues los oponentes fuertemente armados se defendían.

Ariza, se encontraba algo retirado del lugar donde se necesitaba apoyo policial y esas si eran situaciones de las buenas para acelerar la moto, pues se adquiría valentía, pericia al conducir, se hacía respetar el uniforme y los de pensamiento torcido llegaban primero. Para la situación, a Ariza quizá en su interior algo le dijo que no acudiera, todavía escuchando los comunicados de los motorizados que solicitaban apeo y la central ordenaba el desplazamiento de todas las unidades, así mismo sus tripulantes lo incitaban para que acudieran al caso, el hombre sin ofuscarse y en forma pausada hizo caso omiso a la sugerencia y les dijo a sus escoltas que él ya no se iba a exponer más para que lo matara un bandido de esos, *"vamos despacio, cuando terminemos de comer y concluya la balacera aparecemos",* balbuceó atarugado de pollo. Sus acompañantes quedaron de una sola pieza acatando de inmediato la orden, continuando con el alimento que consumían en el momento.

De ser cierta la información de corrillo, los ofendidos que deseaban acabar con el sargento no lograron su cometido en esa ocasión y el hombre ya con una buena fortuna mal habida y unos cuantos años encima hacia comentarios de retirarse muy pronto de la institución.

El que si cumplió su palabra y no lo dudó tras el primer gran botín que consiguió, fue Cardona, un par de meses después cuando le llegó su retiro, se pavoneo por los alrededores de la estación exhibiendo su vehículo último modelo y pasado otro tiempo corrió la noticia de su muerte en un accidente de tránsito en su ciudad natal, lo dicho ese dinero es maldito y si uno no las paga en la tierra, la justicia divina se encarga de pasar factura.

A pesar de esa marejada de situaciones positivas y negativas la vida el servicio tenía que continuar, conociendo casos cada día diferentes y más aberrantes que me hacían pensar que una parte de la juventud viviente de Medellín estaba totalmente trastornada y consumida por la avaricia, desquicio al que llegaron unos jóvenes quienes después de una investigación de los judiciales, descubrieron los móviles de una masacre sin sentido perpetuada a una familia que celebraba los quince años de su hija.

La escena no podía ser más dantesca, triste sin sentido y horrible, cuando una gran cantidad de uniformados hicimos presencia en el lugar de los hechos, un barrio bien deprimido donde, desde días atrás se vivía la alegría en torno a la celebración con bombos y platillos de un onomástico, para en cuestión de segundos sus seres queridos quedar marcados de por vida con tan lamentable suceso y del cual me abstengo de describir por respeto a sus familiares.

Como dice ese majestuoso artista Sandro de América, *"al final la vida sigue igual"* y tocaba seguir de frente y por la derecha, aun llegando a los siempre corrillos que se formaban tanto fuera como dentro de la estación sobre el deceso del señor suboficial, pues no alcanzó a disfrutar bien su fortuna. Éste lo más sensato que había hecho meses atrás fue solicitar su retiro jactándose de tener una cuantiosa fortuna jamás imaginada, pero más se demoró en encontrarse disfrutando de su jubilación que en caer abatido por los sicarios en sector de la comuna Castilla, desconociéndose los móviles de su homicidio.

Al llegar la noticia del asesinato del Suboficial, algunos compañeros hacían comentarios irresponsables pues decían que había durado demasiado tiempo con vida.

Con un nuevo compañero durante ese turno; ya no como comandante de la patrulla sino como copiloto, para mí era fenomenal la invitación que me hacía, pues, tratándose de visitar chicas me tenían en primera fila, tal vez ese era mi gran pecado, pero con toda la energía y la vitalidad de un joven de veintitrés años hubiera sido un sacrilegio el desatenderlo.

En cuanto a Vanegas, *"mi nuevo jefe"* era un buen amigo que tenía unos años más de experiencia que yo, y un especialista en esa clase de lides.

Abandonamos el servicio para saludar a unas bellas niñas que residían dentro de la jurisdicción a cubrir *"están solanas"*, refiriéndose a estar solas, dijo mi amigo.

El plan seguramente ya lo tenía calculado porque no vaciló en contármelo minutos después de salir para ese tercer turno de vigilancia, además, no era tan descabellada la idea; descansar un par de horas, ya que el sol estaba demasiado picante haciendo sudar exageradamente el cuerpo por el chaleco y el casco puesto.

Las damiselas se sintieron complacidas con nuestra presencia, aparte de estar espectaculares, sin embargo, ninguna de las dos, ni siquiera uniéndolas superaban la belleza de Valentina. No dudaron un segundo en mandarnos a seguir a la elegante residencia que también me llamó la atención y fui presentado como el nuevo compañero de Vanegas.

Durante la primera hora de visita se hicieron los reconocimientos necesarios, las risas y las anécdotas policiales deslumbraban a las mujeres quedando como verdaderos héroes. Cada uno con su paisa al lado se fue olvidando que estábamos cometiendo una falta gravísima contra el Reglamento de Disciplina y Honor de la institución, al abandonar el puesto de trabajo. Allí, hubo respeto dejando una buena impresión.

La estrategia mía desde el inicio daba buen resultado, un caballero no tenía nada que envidiarme y seguramente, días después, le haría la visita a la muñeca que me estaba acompañando. Soltero, sin compromiso y a la orden, tenía la ventaja sobre mi amigo.

La dicha del momento se vio interrumpida por unos golpes fuertes, bruscos y violentos contra la puerta principal casi para derribarla. Siendo uniformados de policía y en servicio corrimos hacia ella para abrirla e identificar a la persona que llamaba al portón tan desesperadamente, de momento no teníamos ni idea de quién se trataba, pues los padres de las jovencitas estaban de viaje en el exterior según dijo una de ellas, por lo que no se explicaban la actitud de ese alguien que insistía para que le abrieran. Decidimos entonces con toda la precaución del caso abrir la puerta, pero no nos percatamos de mirar por las ventanas o el mirador del segundo piso para identificar al provocador.

Fue así como la felicidad que teníamos en los rostros minutos antes se vio opacada por la figura iracunda de un oficial de policía en traje de civil que airado preguntaba que diablos hacíamos en ese lugar, el mismo que meses atrás fuera nuestro jefe en el escuadrón de las motos y que ahora cumplía con sus funciones en el F-2, *"unidad de inteligencia",* atrás de él, había un combo fuerte de hombres en traje igualmente de civil bien armados y distribuidos estratégicamente. Acto seguido nos ordenó salir de la residencia con frases fuera de tono y haciendo acusaciones graves en nuestra contra. Poco le faltó para decirnos que nos íbamos a morir.

Las palabras desaparecieron de nuestras gargantas y los rostros cambiaron automáticamente de expresión, pues el respeto hacia el oficial estaba por encima de lo que fuera, las chicas enmudecieron abrazándose en un solo temblor. Sólo agachamos las cabezas y con un pequeño gesto nos despedimos de las chiquillas. Entonces de nuevo ordenó el oficial que nos retiráramos del lugar para instantes después desplazarse con sus hombres maldiciendo.

Al día siguiente algunos compañeros afanosamente me decían que Zuluaga me andaba buscando, no fue difícil ubicarlo, le hice saber que también lo necesitaba para contarle el suceso. Zulu., al verme no me dejó ni hablar levantándose de la mesa donde departía con amigos.

— *¡Güevón! ¿Dónde andaba?* Me dijo apresuradamente y tomándome por el hombro me condujo a un extremo de la habitación dejando de momento a sus amigos.

El interrogatorio al que fui sometido por mi amigo puso a temblar mis piernas. En ese bajo mundo se sabe todo y ya se había enterado del incidente del día anterior cuando nos sorprendió el oficial, era algo que me tenía sin cuidado, pues comparado con el resto de la información eso no era nada, lo que si me causó miedo fue que me relatara con lujo de detalles el lugar donde me encontraba y lo que había dentro de la residencia. Nuevamente volvía a ser un ingenuo e inocente y eso era algo que ya me estaba cansando porque los compañeros, quizá, ya me tendrían por un idiota.

Según la información de *"Z"*, el padre de las chicas, era un narcotraficante que se estaba iniciando en el negocio y dentro de la morada se hallaba una caleta con dinero en dólares, droga lista para exportar o dicho de otra manera para ser comprada por Pablo, pues esa era la regla número uno del capo *"nadie podía exportar la droga, solo él tenía ese poder"* quien se dejara pillar lo pagaba con la muerte, además, allí se encontraban varias armas de diferentes calibres.

Una vez le conté a Vanegas, negó rotundamente tener conocimiento sobre la droga y las armas, asegurando que a las chicas las había conocido días atrás dentro de un lujoso centro comercial.

Me quedó la duda si los hombres de la ley estaban cumpliendo con un allanamiento legal bajo el mando del teniente, aunque en su paso por el escuadrón de las motos demostró cumplir a cabalidad con las funciones policiales y nosotros en esos instantes lo impedimos. Durante los siguientes días me asaltó la duda; *¿Por qué no continuaron el procedimiento?*

La historia me dejó con un temblor de pies a cabeza pensando qué represalia iba tomar el oficial cuando lo tuviera de frente o si el informe en nuestra contra ya estaba en manos del comandante del departamento.

Un tiempo después el incidente no pasó a mayores con la promesa personal de jamás acercarme a ese par de bombones; *"por Dios que sí lo eran"*.

A la guapa que si me le acercaba con frecuencia era a Valentina, sin ninguna duda estaba completamente obsesionado o enamorado de la escultural señorita, se presentaba en todos mis pensamientos, en mis sueños y en todas mis fantasías, especialmente las eróticas, lo más irónico era que no me atrevía a decirle una sola sílaba por temor a un rechazo y por ser la pareja de uno de mis amigos. Las fechas especiales eran el motivo más disimulado para obsequiarle un detalle y mis invitaciones eran a visitar el "Pueblito Paisa", ir a un cine, degustar un helado o una hamburguesa, porque el salario no era el mejor como para llenarla de lujos o derrochar dinero.

El que si se dio el lujo de invitarnos a uno de los mejores restaurantes de la ciudad fue *"Z"*, allí debían concurrir sus tres amigos que en esos instantes estábamos abiertos del parche según él: Rendón, Zuluaga, Galiano y como requisito para la inventada celebración, la grata compañía de Valen., según Zuluaga, sin la compañía de la dama se cancelaba el almuerzo.

No sé si fue un error o un acierto habérsela presentado días atrás; el "Mono" cubriría todos los gastos fuera cual fuera el monto y Valen., se iba ver tentada con tanta galantería y dinero por los aires.

Con esa salida acompañado de mis amigos especialmente de Gali., y Zulu., había faltado a la promesa que me hice de no volverle aceptar ninguna clase de invitación desde aquella amarga noche.

En torno a la lujosa mesa, en esos instantes por mi mente pasaba una idea que comenzó a martirizarme *"no debí presentarlos, no debí presentarlos"*, mientras observaba como se cruzaban sus miradas. Seguíamos degustando el delicioso almuerzo y Rendón ni se enteraba, estaba seguro que el dinero desde ese momento se iba a imponer, a Galiano también se le escapaban unas miradas impregnadas de morbo cuando las risas se escapaban recordando algunas anécdotas, risas que siempre salían desaforadas cuando nos reuníamos; *"El dios dinero, se impuso"*.

La reunión me sirvió para comenzar a colocar los pies sobre la tierra y comenzar a ingeniarme la manera de sacarme ese amor del corazón, estaba bien lejos de mi alcance tanto económico como sentimental.

Valentina *"creo"* quedó deslumbrada con Zuluaga y aunque lo disimulaba en esos hermosos ojos se le notaba el interés, Rendón por su parte optó por hacerse el desentendido hasta terminar con la grata invitación de nuestro amigo. De nuevo a las labores tomando cada uno su rumbó, Tina., no dejó de despedirse como siempre lo hacía conmigo, con mimos y caricias que me confundían y con las cuales mis amigos disfrutaban, pues eran solo para mí y a manera de burla muy respetuosa le arremedaban a Valen., *¡Hola Mimi! ¡Chao Mimi! ¡Como estas Mimi!* Eso de ser un caballero no me estaba sirviendo para nada.

De nuevo al trabajo, por primera vez me correspondía salir a un servicio con mi Dragoneante a quien cariñosamente le decíamos *"Capuleto"*, los sobrenombres estaban en primera fila y la mayoría de compañeros tenían sus apelativos creando con esto una camaradería entre el personal, allí se destacaban: *"Tis-tis, la Vaca, el Gato, Caballo, la Negra, Támesis, Tata, Colada, Don Caco, Tupé, la Yegua, Parlante viejo, el inigualable noches de Bocagrande, la Abeja Maya, el Moño, Piolín, Ratón de Agua o mi amigo el Italiano, el Toquita, el Chino bonito"* y otro resto de amigos con los que se hacía ambiente agradable, cada servicio era diferente y éste era especial al estar al lado de uno de los jefes así fuera un "Dado Gato", indicativo con el que se reportaba por radio a esa clase de comandantes.

La tarde transcurría sin novedad pasando revista a los diferentes puestos donde las patrullas cumplían con sus servicios. Era una experiencia en la que se adquirían más conocimientos sobre la ciudad y los puestos de servicio que más adelante servían para poder escoger con mayor acierto el lugar de trabajo.

El desplazamiento por la autopista sur era lento, con un calor asfixiante cumpliendo a cabalidad con lo escrito en los manuales sobre un verdadero patrullaje pues la velocidad no debe superar los 30 ó 40 kilómetros por hora, para poder identificar cualquier acción anómala que se presente. A medida que avanzábamos pudimos divisar una jaula de doble troque bastante grande que transportaba cantidades de canecas y bultos, nos causó sospecha por la actitud nerviosa que asumió el conductor y su ayudante al vernos y sin dejar a un lado un amistoso saludo.

Coincidimos que debíamos interceptar el vehículo para identificarlo, tanto a sus tripulantes como a la extraña carga que llevaban. La orden de detener y orillarse se cumplió de inmediato, su conductor algo nervioso nos dejó entrever que algo no era normal, pero según la documentación todo estaba en regla excepto algunos documentos que no eran originales sino fotocopias, los líquidos con un olor bastante fuerte y su conductor sólo atinaba a decir que él nada más tenía que transportar ese material y que desconocía de qué se trataba.

Al no estar muy convencidos de la utilización que le darían a esas sustancias y las explicaciones de los hombres no ser muy explícitas, optamos por conducirlos hasta la fábrica de donde se había levantado la carga, toda vez que estaba relativamente cerca de ella y demasiado lejos de la central de inteligencia "F-2" o el escuadrón de las motos, para llevarlos.

Una vez allí, dentro de las instalaciones de la compañía responsable de los insumos, los propietarios amablemente demostraban a través de documentos que todo estaba en regla. Dejamos el caso como resuelto y nos retiramos del lugar con algo de duda; eso es lo que no se puede dejar pasar cuando se es policía, *"la duda"*, o lo coloca en un pedestal o lo lleva al infierno y si dudamos debemos solicitar apoyo de los expertos o los comandantes para no cometer errores que después le pesen a uno o que lesionen susceptibilidades.

El turno terminó sin ningún problema, y hasta ahí, las cosas iban bien, lo que no estuvo bien fueron los gritos del comandante de la guardia a la mañana siguiente cuando nos disponíamos a comenzar el segundo turno de vigilancia, la orden era clara, presentarnos los dos de inmediato ante el jefe y así lo hicimos, en segundos nos encontrábamos parados frente a mi Carlos Tango, inmóviles como unas velas, tan sólo moviendo los músculos de la cara y las cuerdas vocales para decir en coro; *"¡Qué ordena, mi capitán!"*, Ante el buen trato y la educación que se mandaba el señor oficial para con sus subalternos; no nos cabía en la cabeza que el llamado fuera para interrogarnos por algo ilícito.

La primera consulta tenía que ver con el caso conocido el día anterior donde interceptamos un vehículo jaula cargado con diez toneladas de insumos para procesar cocaína según la información recibida por él, la sorpresa fue mayúscula, pero como no teníamos nada que ocultar y supuestamente el procedimiento fue correcto relatamos todo lo sucedido con lujo de detalles. Nuestro jefe sabía que estábamos hablando con la verdad y después de un breve jalón de orejas sugirió que le informáramos toda esa clase de casos y de regalo nos dijo que por imbéciles habíamos dejado ir de nuestras manos una exagerada fortuna.

Esa clase de fortunas no estaban dentro de mis planes, no se si en los de mi drago., lo que si estaba claro era que otra duda quedaba registrada en mi cerebro, pues no entendía como obtuvo la información el jefe, *¿Qué conocimiento tenía sobre esos insumos que describía con gran conocimiento?* Permanganato de sodio, ácido sulfúrico, clorhidrato de cocaína y en sus capciosas palabras le puede entender que hubiera sido un caso muy negociable donde él hubiera encabezado la transacción. Aparte de eso, el cuento se regó por todo el personal donde uno que otro nos tildó de *"Bobos e imbéciles"*.

Poco me importó porque ya estaba acostumbrando a que me llamaran así, pues desde mi llegada al escuadrón, era un bobo, pero un bobo que respetaba la institución y poco me interesaba conseguir dinero de esa manera. Continué con los servicios sin prestarle demasiada atención a las necias palabras y bajo el mando de otro compañero, quizá, el más habilidoso que había tenido hasta esos momentos.

Los días se estaban volviendo rutinarios al lado de ese nuevo colega más aún cuando se salía a disfrutar de la franquicia y había que dejar la moto en perfecto estado de aseo para poder disfrutarla según la orden del gran comandante del momento, que además era clara, precisa, concisa y de fácil cumplimiento.

Varias horas de descanso se invertían en esa práctica, algo desagradable por la forma como quedaba uno en medio del barro y la grasa, ese día fue alegrado nuevamente cuando apareció por los alrededores del escuadrón la figura esbelta y encantadora de Valentina, que al paso por la acera no quedaba un solo cristiano que no tratara de desvestirla con la mirada, ya me había hecho la promesa de comenzar a olvidarla pero ante esa fenomenal mujer quién se resistía, además, era el motivo perfecto para abordarla e intercambiar algunas palabras con ella mientras se presentaba Rendón, la mujer acudía en busca del hombre que le movía el piso que a la altura de esta aventura no se sabía a ciencia cierta cuál de todos era. El saludo efusivo causó envidia en el resto de uniformados que degustaban observar a Valen., algunos lo hacían en forma morbosa y hasta irrespetuosa deseando devorarla con la mirada.

— *"Hola Valen., ¿Cómo estás? Rendón no se encuentra".*

Eran las tímidas palabras que salían de mi garganta después de disfrutar de un fuerte abrazo descargando con suavidad sus delicados y tiernos pechos sobre los míos sin inhibirse de nada, descontrolándome por esos instantes, además, de un mojado beso en la mejilla como reconfirmando la bella y sincera amistad que se estaba cultivando y quizá yo, confundiéndome. *"De seguro ese pedazo de mi rostro, así estuviera algo sucio no lo iba a mojar por nada del mundo cuando entrara a la ducha".*

- *¡No! No estoy buscando a Rodrigo, vine a hablar contigo, "Mimi",* exclamó.

Palabras que me alegraron y me preocuparon en parte, deseaba todo menos que la relación de cualquiera de mis amigos con su pareja terminara por culpa mía, o tal vez estaba siendo iluso; además su mirada trataba de escudriñar para el interior de las instalaciones como en busca de alguien y ese alguien, yo si sabía quién era, pero no me atreví a recordárselo. *"¿Que ella me buscara? ese si era uno de los llamados chicharrones buenos.*

La dama no se podía dejar esperando un segundo más y la "chismosa" se convirtió en el refugio pasajero.

Nos dirigimos hacia allá, bajo la mirada malintencionada y maliciosa del resto de mis compañeros porque allí pulula el chisme; de ahí su remoquete. De mi *Valen.,* brotaron un par de lágrimas que me desnudaron el alma viendo cómo se deslizaban lentamente por sus mejillas y aun así más hermosa la veía, sacándole luego una sonrisa con la chanza de tocarle la punta de su nariz.

Su visita no obedecía a otro motivo más que contar los problemas que tenía con Rendón, pues aducía que yo, era su paño de lágrimas; luego se dejó venir la invitación para que la acompañara en las horas de la noche a la taberna donde cumplía con su trabajo deleitando al público con su angelical voz. Era la invitación que estaba esperando desde hacía tiempo, toda vez que también tenía ese talento y tal vez sintiendo algo de celos opté por no preguntarle por "Z".

Las horas del día se hicieron interminables y como en la primera salida con Zuluaga, todo lo mejor salió a relucir, aparte de esas triviales cosas como era lucir el mejor traje, acabar con la loción y la infaltable chocolatina para endulzarle la vida, pero lo más importante sin duda era su compañía.

Por fin llegó la oscuridad y sin perder un segundo más me dirigí al lugar acordado, el ambiente de la taberna no podía estar más espectacular, las luces de colores y la energía que le colocaba el hombre al tema musical que interpretaba en el escenario eran sencillamente de respeto; el canta-autor Palito Ortega, así lo había compuesto para acabar por completo con el estrés de las personas que escucharan la melodía.

Valentina estaba pendiente de mi llegada y tenía reservada una mesa cerca del escenario, desde allí se dominaba toda la parte interna del recinto, una trinchera perfecta para no darle la espalda al enemigo e identificar la entrada de los civiles. El abrazo fue más efusivo que el de la mañana sentí como sus cálidos y delicados senos se posaron de nuevo sobre mi pecho recibiendo de inmediato un corrientazo que me bajó hasta los talones, *"constante a la que no me había podido acostumbrar desde el primer momento que percibí su calor"*, fueron segundos interminables disfrutando el fogonazo de su cuerpo y su calientita respiración cerca de mi cara haciéndome erizar toda la humanidad y confundiéndose por instantes con la mía; ganas me sobraban de morderle esos bellos labios, pero algo en mi interior me decía que no lo hiciera. Por un momento degustamos del abrazo sin pronunciar una sola palabra, con las miradas penetrantes queriendo hablar y, casi seguro que ella lo disfrutaba tanto como yo, se desbordaba en ternura conmigo dejándome aún más desconcertado, ternura que le devolvía continuamente cuando caía con el chiste de la nariz; otro motivo más que suficiente para que durante el tiempo que estuviera con ella no se pronunciara una sola palabra que llevara las letras que formaran el apellido Zuluaga.

Luego nos contagió la alegría que irradiaba el intérprete del escenario. La sorpresa fue inmensa cuando con sólo un ademán y unos vocablos del artista las mujeres, algunas enloquecidas por el licor no dudaron en subir a las mesas y sillas de madera y desde allí bailar al ritmo de la música demostrando estar completamente felices. No sabía que me tenía más contagiado si la grata compañía o la música porque ganas me sobraban de subirme al escenario y acompañar al cantante, talento que tenía desde niño.

Sólo había que esperar unos minutos más a que terminara el hombre para que le correspondiera a *Valen.*, entrar al show y deleitar al público.

Desde la improvisada trinchera pude observar una figura bastante reconocida que giraba la cabeza como un suricato desesperado para todos lados en busca de alguien seguramente; nada más hubo tiempo de advertirle a Valentina de la presencia de Rendón acompañado de un amigo para que se preparara psicológicamente, y yo, en el momento no sabía qué respuesta le daría a mi compañero sobre mi presencia en el lugar acompañando a su supuesta feligresa. La damisela no deseaba ser la causa de problemas entre dos amigos y prefirió salir a su encuentro susurrándome al oído que me quedara tranquilo en el lugar por ella seleccionado, la acción no incidía para nada en el espectáculo y la bella mujer abordó a su hombre, me sentía asustado como un chiquillo cuando realiza una falta grave a pesar de no haber cometido ningún pecado, con disimulo me fui acercando resguardándome entre la multitud aprovechando la oscuridad de la taberna, además de las multicolores luces y así poder escuchar la conversación de la pareja, ya conocía la agresividad de mi amigo y no permitiría que le tocara un sólo cabello a Valentina.

Repentinamente la música se silenció, las luces fluorescentes se convirtieron en un sólo tono que iluminó por completo el lugar, automáticamente los ánimos de la gente cesaron y paulatinamente las mujeres comenzaron a bajar de las sillas y mesas; ahora sí quedaba al descubierto.

El motivo de la interrupción de la fiesta tenía nombre propio, el mismo que me hizo bajar un temblor por las piernas, cambiar el trigueño color del rostro por uno cadavérico, expulsar pequeñas gotas de sudor de mis parietales hasta casi desfallecer y que identifiqué de inmediato: *"Mazinger"* con unos cuantos uniformados más, a mi mente llegaron los recuerdos claros del héroe de la juventud, personaje este de las caricaturas que hacía su aparición envuelta en neblina dejando ver todo su poderío. Otro apelativo más certero no podía tener el suboficial de grado sargento que lideraba la policía de control de la MEVAL., el mismo que infundía terror y pánico cuando ingresaba a un establecimiento en busca de los policías que como yo, disfrutábamos de esa clase de espectáculos no sólo en las tabernas sino en bares, cantinas, prostíbulos de mala muerte y burdeles cotizados, además, tascas que comúnmente frecuentaban algunos uniformados para ingerir bebidas embriagantes o ponérselos de ruana con disparos al aire o a molestar a las prostitutas.

Al mismo *"Mazinger"* en vivo y en directo lo tenía en ese recinto a menos de tres o cuatro metros solo separados por los ciudadanos que se divertían en el sano ambiente; las historias que se tejían en torno al personaje causaban pánico entre los uniformados especialmente entre los reclutas pues su objetivo principal era atrapar a los novatos solteros que más concurrían a dichos lugares; con la diferencia que las requisas y su presencia eran sólo para detectar policías; ese mismo que ya todos los policiales comentábamos que tenía centenares de compañeros en los calabozos dando cumplimiento a la orden del comando de departamento; ese mismo que superaba los ciento ochenta centímetros de estatura, de contextura gruesa y rostro mal encarado que infundía respeto cuando se paraba frente a la entrada de uno de esos claustros, el infractor encontrado, era sometido a una severa sanción por encontrarse en esos lugares y posiblemente su traslado si era un hombre célibe; el mismo dedicado a su profesión y que mantenía el orden en las calles cuando los desobedientes eran los propios policías, porque estaba prohibido concurrir a cualquier sitio de esos, según el código de disciplina y honor para no menoscabar el prestigio y la honra de la institución civil armada.

El sargento comenzó con sus hombres a husmear lentamente entre los presentes detectando policías, la experiencia y sagacidad lo habían convertido en un buen sabueso con ojo de águila y utilizando su astucia divisó entre la multitud algo que le llamó la atención, se acercó a Rendón que se encontraba acompañado, el corte de cabello de un policía es reconocido a la legua, una chuler fácil de identificar y sin vacilar con una pregunta a quemarropa, sin dejarlos ni siquiera respirar les preguntó.

— *¿Ustedes son policías?* Rendón del susto no alcanzó ni a balbucear.

— *"¡No! No, mi sargento, yo no soy policía",* respondió sobresaltado y temeroso.

La inocente respuesta dejó ver a Rendón como un idiota siendo objeto de risas por parte de algunos hombres que se encontraban cerca, la misma que fue suficiente para ser sacado casi a rastras por el suboficial y sus secuaces que cumplían a cabalidad con lo que les ordenara ese jefe *"gigantón".*

— *A la patrulla muérgano sinvergüenza,* gritaba mi sargento; igual suerte corrió su compañero.

Ese mismo instante lo aproveché para correr donde se hallaba Valentina para que me ocultara en algún lugar. No entiendo porque infundía tanto miedo el hombre que apodaban *"Mazinger"*, lo cierto era que estaba que me cagaba del susto. Mis movimientos también fueron detectados por el suboficial que se dirigió hacia donde me refugiaba, Valentina me tomó por el brazo balbuceando.

- *¡Mimi! Quédate conmigo.* Saludando formalmente al uniformado.

– *¿Qué desea Guardia?* Susurró coquetamente.
El suboficial la admiró de arriba abajo y respondió.

–   *¿Con   usted?   Nada   señorita,   ¡Por   ahora!* Colocándole un toque de malicia a la mirada.

Valentina aún más sagaz sabía perfectamente que la cosa iba por otro lado y no permitió que el hombre se dirigiera a mí cortándole la segunda pregunta.

– *"Mi amigo es el cantante de la taberna, señor, si desea le dedicamos una canción".*

Esa penitencia fue más fuerte que la misma que se imponía en el comando del departamento a los infractores y aunque tenía afinidad con la música, ella requería de una buena práctica para salir a un escenario y no hacer el ridículo. El suboficial dudó por un instante de la aseveración de la mujer, quedó como bloqueado y sin darle más vueltas al asunto autorizó continuar la rumba con la pareja en la tarima.

No podía defraudar a Valentina despúes del coraje que mostró al enfrentar de esa manera a mi sargento y había que complacer a los guardias que se arrunchaban en un extremo de la taberna para escucharnos. Lo mejor de la garganta salió a relucir compaginando perfectamente las voces a dúo que se robaron los aplausos de todos los presentes incluidos los gendarmes, una salvada prodigiosa única y magistral de la bella mujer.

La salida del lugar sin dar tiempo a nada y sin saber para que realmente me necesitaba *Valen.,* fue segundos después que partiera el vehículo panel de la policía con mi amigo en su interior y otro resto de jóvenes acompañándolo, me alejé del lugar sintiéndome impotente por no poderlo apoyar y sabiendo que no debía contarle nada cuando me encontrara con él. Este secreto me uniría más a Valentina, no debía saberlo nadie más y a la vez feliz pues con un solo instante que lograra estar en su compañía me olvidaba del mundo y las porquerías que hacían mis colegas que no paraban de recibir visitas milagrosas.

La tasa se estaba rebosando y la corrupción de una buena parte de ellos no tenía límites, a diario se presentaban casos de atracos a bancos, secuestros, extorsiones y asaltos a vehículos de valores donde al hacer las investigaciones siempre se encontraban miembros de la institución involucrados, situaciones que no sólo se presentaban en Medellín, en otras capitales del país ya se habían registrado casos aberrantes donde se veían involucrados hombres activos de la policía y el escuadrón reunía a varios gendarmes que tranquilamente se desempeñaban en cada delito registrado, expertos en cada campo.

La osadía de algunos de ellos llegaba a tal extremo que guardaban dentro de las instalaciones, exactamente en la parte más acogedora como son los alojamientos el producto de sus ilícitos; para el caso, varias docenas de kilos de cocaína de alta pureza incautados a unos narcos pernoctaban dentro del recinto solo bajo el conocimiento de sus propietarios.

Por allá en la página 74 les había prometido contar para que terminaron sirviendo algunas de las cholatas. Pues se convirtieron en las caletas de la droga, genialidad que vio esa clase de uniformados como la parte más segura para ocultarla hasta el día que la vendieran.

La opción de guardar la mercancía dentro de las instalaciones fue tomada después que un combo de hombres fuertemente armados y sin identificar ingresó violentamente a la residencia de uno de los uniformados, supuestos o nuevos potentados de la droga, hurtando parte del cargamento que allí se encaletaba, no contentos con el hurto, asesinaron a sus moradores; quizá, los que incursionaron eran los reales dueños de la mercancía. Este fue tan solo un motivo o tal vez crearon otros para guardar sus ilícitos dentro de la estación policial, obviamente sin el consentimiento de los cuadros de mando y la mayoría de compañeros.

De esta manera la sustancia quedaba perfectamente guardada dentro de un alojamiento, pues se convirtió en el lugar más seguro y del que nadie sospecharía.

Para su comercialización no había un hombre más experto por su habilidad; el amigo *"Tío Rico"*, quien se convirtió en el mortal, que, en últimas adquirió el alcaloide sacando de verdaderos apuros a los policiales involucrados; el sagaz guardia tomó buena ventaja comprándola a un bajo precio.

Días después dentro de las instalaciones Zuluaga era nuevamente objeto de comentarios, continuaba creciendo dentro del grupo, no sé si era suerte, había desarrollado un súper olfato o su sagacidad le permitía coronar tan fácil los negocios y sin omitir detalle, sin ningún tipo de perjuicio narró como encontró un vehículo repleto de droga. La suerte no estaba del lado de los ocupantes pues habían sufrido una falla mecánica por la avenida del río debajo del puente de la Plaza Minorista, como buen policía se acercó para prestar su ayuda a los necesitados y allí la situación fue otra, la habilidad para hacer los arreglos no permitía que los narcotraficantes quedaran enojados por el contrario se sentían complacidos y el arca del "Zarco" se llenaba cada día más.

Pasó el tiempo con la firme convicción que no me dejaría tentar por la corrupción y dentro de un patrullaje normal encontré a mi amigo el *"Amisti"*, para la ocasión en las mismas condiciones que lo había conocido. Sentí algo de lástima y lo invité a un almuerzo, su carisma y gracia seguían intactos, ya había dejado atrás el negocio porque el payaso no cumplió con exactitud lo que le correspondía, narrando en forma divertida cómo se les había derrumbado el negocio.

En una de las escenas cuando el público estaba totalmente convencido de la convulsión del ciudadano, se acercó afanosamente una señora solidaria con un pequeño frasco de alcohol antiséptico para que le diera a oler, según sus creencias al inhalar reaccionaria de inmediato, pero el payaso lo que hizo fue rosearlo sobre su cara impregnándole los ojos del líquido. El ardor fue suficientemente doloroso que reaccionó con violencia, obligándolo a salir corriendo bajo la algarabía de los ciudadanos quienes descubrieron la patraña. Al payaso casi lo linchan, dijo el *"Amisti"*, mientras hacía la réplica de la escena en el suelo en medio de las risas.

De nuevo concluí que más idiotas son las personas que caen en ese tipo de engaños como el famoso *"paquete chileno"*, *"dónde está la bolita"* y el más común que es el conocimiento de toda la familia para después hacerse pasar por una autoridad judicial y así poder quitarle el dinero a los prójimos que caen. Aquel encuentro permitió que "Amisti" regresara a las instalaciones, más no con tanta confianza como antes pues ya los comandantes no permitían el acercamiento de ese tipo de personajes a las bases.

Tal vez por la situación que se vivía, con frecuencia los relevos de los comandantes del escuadrón eran permanentes y para esa ocasión llegaba un señor capitán con ganas de hacer las cosas igual o mucho mejor que los otros buenos oficiales que pasaron por la unidad, su hobby por las motos lo perfilaba como el hombre que hacía tiempo se esperaba para que de verdad liderara la estación, alejado; creo, de toda tentación que pudiera enlodar su prestigio.

De entrada, no dudó en solicitar para su dotación de servicio una moto ninja de alto cilindraje, eso jamás se había visto y menos a un comandante compartiendo momentos con su personal con respecto a lo que verdaderamente éramos; *"unos motorizados"*. La destreza al conducir dicho vehículo fue motivo de admiración por parte del personal y los ciudadanos que lo veían en acción. Para él era un placer cruzar los semáforos cuando cambian a su luz verde, con su moto en una sola llanta o un pique como se le llama en un argot muy popular, y para los transeúntes, conductores de vehículos y motos particulares todo un espectáculo pues las acrobacias eran sencillamente de circo.

Se ganó todo el afecto, la confianza del personal y sus superiores realizando operativos que demostraban lo contrario de los comentarios que en la calle circulaban acerca de los integrantes del escuadrón; ya que un determinado gremio de ciudadanos nos tildaba de ser una unidad delincuencial.

Para ganarse el aprecio de los hombres expertos en motociclismo de la ciudad, los invitó a través de su personal para que participaran en unas pruebas de equilibrio dentro de las instalaciones del abandonado aeropuerto Olaya Herrera de la ciudad.

A la cita acudieron los más expertos y el evento inició, la prueba reina era cruzarse toda la pista del campo de aterrizaje en una sola llanta, los más expertos comenzaron sus intentos por lograr su hazaña y a duras penas sobrepasaban el sesenta u ochenta por ciento de la longitud de la pista y el jefe, quien ya contaba con toda nuestra admiración no tuvo ningún inconveniente en cruzarla de punta a punta y regresar al lugar de partida ganándose los aplausos sinceros de todos los presentes.

La noticia que pululaba dentro de las instalaciones del escuadrón acerca de la llegada del hombre más experto en conducir una moto se regó por toda la ciudad y a diario los curiosos y aficionados de ese deporte hacían presencia para conocerlo.

Con unos meses de estar liderando la unidad, organizó unas competencias de motociclistas de alta velocidad en la pista de Niquía, al norte de la ciudad. A la nueva convocatoria acudieron centenares de fanáticos y un número incalculable de participantes, un espectáculo jamás visto por la multitud que se congregó. La tarde era esplendorosa y las mangas de velocidad se estaban corriendo como se planeó de acuerdo al cilindraje de las motos.

Cuando se tenía previsto el final de las competencias, en cuestión de segundos la pista en una gran extensión se encontraba rodeada de centenares de uniformados de la policía, pertenecientes a la especialidad fuerza disponible, con el ánimo de verificar la propiedad de los cientos de motos parqueadas, lo mismo que a sus propietarios; una estrategia verdaderamente magistral no sé si de parte del comando del departamento o del comando de estación. El operativo no pudo haber sido más exitoso, más de cincuenta motos fueron abandonadas las cuales registraron antecedentes por hurto y más de una veintena de jóvenes retenidos para investigación por porte ilegal de armas, algunos con antecedentes penales de homicidios y otros delitos. Los elogios por parte de los altos jefes iban y venían y la credibilidad ante los ciudadanos estaba regresando, ya se escuchaban buenos comentarios con operativos exitosos a diario.

Fueron buenos momentos los que se vivieron con la presencia del líder al frente de la unidad y las órdenes se cumplían sin dilación. Por eso el hombre en un abrir y cerrar de ojos estaba liderando otra estación policial que presentaba de pronto los mismos problemas que se vivían en el escuadrón.

Otra noticia mientras cumplía con el tercer turno de vigilancia se esparcía con rapidez, un oficial con grado teniente llegaba a la unidad y al escucharla me pareció lo más normal del mundo, aún más cuando la primicia decía que relevaría a mi jefe inmediato. Ya estaba acostumbrado a los cambios repentinos por lo que uno no debía apasionarse con los comandantes que trataban bien a su personal.

El turno culminó y el desplazamiento hacia las instalaciones fue apresurado con el ánimo de recibir al nuevo oficial según la orden del jefe saliente para hacerle entrega física y material de su personal y demás elementos. Fui de los últimos en llegar a la formación, allí estaba el nuevo comandante y un suboficial como subcomandante de la sección dirigiéndose a su gente.

— *"Permiso para ingresar a la formación, mi teniente"*, le dije al oficial saliente levantando la mano derecha con energía y elegancia.

Mi comandante, otro joven como yo, se había ganado todo mi aprecio, aún se le notaba algo de nervios al dirigirse a su personal pues estaba recién salido de la escuela y quizá por eso lo relevaban tan rápido.

La expectativa era grande esperando que el nuevo cacique saliera de la oficina de mi capitán donde seguramente estaba recibiendo las instrucciones pertinentes y de costumbre; ninguno de mis compañeros sabía de quién se trataba, pues llegó en horas en que se prestaba el servicio. Los primeros motorizados que lo vieron salir y que encabezaban la formación sintieron alegría y festejaron a su modo, pero cuando logré ver su rostro, un temblor recorrió todo mi cuerpo ya que se trataba del mismo oficial que meses atrás me trató de la peor manera, como nadie sobre la faz de la tierra me había señalado; el mismo que meses atrás iba a realizar un allanamiento con su grupo a una mansión donde supuestamente estaba atestada de droga, armas y que, según Zuluaga, la presencia de Vanegas y la mía lo impidió; el mismo que meses atrás había liderado una de las secciones del escuadrón de motos, ese mismo regresó a prestar sus servicios de nuevo, después de estar un período laborando en una unidad de inteligencia. Como coincidencia tomó el mando de la tercera sección a la que yo pertenecía y en la primera formación con su personal, ordenó me colocara firme frente al grupo, momentos después de fisgonear rápidamente cada uno de los rostros.

Mis compañeros desconocían los motivos de tal actitud, mucho menos se imaginaban lo que seguiría. En forma iracunda, la palabra de más bajo calibre que esbozó fue directamente contra mi madre, de ahí en adelante pasé a ser, un bandido, atracador, delincuente, lacra, narcotraficante, no merecer estar dentro de la institución, menoscabar el prestigio de la misma; en fin, para él, yo era lo peor de toda el área metropolitana. En los momentos que recibía el rosario, contestaba repetidamente y en voz fuerte.

- *"¡Sí mi teniente! ¡Como ordene mi teniente! ¡Usted tiene la razón mi teniente! ¡Lo que usted dice es cierto mi teniente! ¡Usted manda mi teniente! ¡Lo que usted diga mi teniente! ¡Yo soy todo lo que usted dice mi teniente!".*

De esta manera casi opacaba su palabrería y simultáneamente recordaba con alegría a mi primer comandante en la escuela de formación, un subteniente con toda la energía del mundo, hombre que se ganó todo mi aprecio y lealtad, que con su potente voz se dirigía por primera vez a todos sus alumnos después de presentar un cordial saludo diciendo.

- *"A partir de este instante y automáticamente ustedes pasan a tener dos madres, una de caucho y otra de carne y hueso: la primera, recibirá todos los madrazos e injurias que les lancen en la calle, la cual rebotará contra la persona que se las diga".*

Seguramente, esa era la madre que tenía en ese momento recibiendo esas injurias y calumnias porque nadie mejor que yo sabía sobre mi honestidad y respeto hacía la institución y mientras el oficial continuaba con sus palabras a las que nadie parpadeaba para no perderse ni una sílaba, yo continuaba recordando las palabras de mi gran comandante:

— *"La segunda madre, es la real, está en su casa preparando los alimentos y orando por ustedes para que no les pase nada".*

Esas palabras pasaron rápido por mi mente y regresé a la realidad. Después de varios minutos de semejante sermón, sin sentirme apabullado, y mucho menos culpable me dirigí a tomar mis alimentos como si no hubiera pasado nada y extrañado con aquella persona, pues lo tenía en un excelente concepto. Actitud que fue elogiada por mis compañeros pues algunos de ellos decían que con una vaciada de esas no ingerirían alimentos por varios días.

El oficial sólo duró unos días en la unidad y de nuevo salió trasladado llevándose una imagen negativa sobre mi profesionalismo, el mismo que no fui capaz de defender ante ese comandante pues la actitud arrogante del hombre no permitía un acercamiento para hacerlo.

La injusta reprimenda no iba a cambiar mi forma de ser, mucho menos la de proceder mal contra un ciudadano y mis patrullajes siempre tenían un ingrediente importante, *"la actitud"*. Lo demostraba a través de la alegría, pues estaba cumpliendo con mi deber y para eso me pagaban, contrario ocurría con otros compañeros que renegaban al salir a cada servicio y descargaban su inconformidad en contra de los ciudadanos, ultrajándolos o abusando de la autoridad, lo peor era que el maltrato aumentaba cuando de nuestro día de descanso se tomaban algunas horas para reforzar los servicios, lo que algunos no entendían es que para eso ingresa uno a la institución y si va a salir maldiciendo o denigrando el reflejo de esa actitud termina desprestigiando a la policía, lo que conlleva a realizar mal un procedimiento terminando en maltrato a los ciudadanos.

La alegría, satisfacción, júbilo, regocijo y el gusto para prestar un servicio me permitía estar atento y sospechar de todo, tanto de lo humano como de lo material. Ya lo había aprendido desde el momento en que ese paisa nos mamó gallo después de asesinar a una persona y meses más adelante con la jaula atestada de insumos para procesar cocaína.

Aquel día el patrullaje era ameno con una tarde espléndida y sin pereza decidimos verificar el contenido de un vehículo tractomula que nos dejó ver algo de sospecha. La buena educación siempre nos caracterizaba y así mismo nos trataron sus ocupantes. El contenido de la carga era sólo whisky y el cigarrillo más prestigioso y vendido del universo, carga que contaba con todos los documentos en regla, sin embargo, había algo que me inquietaba. como en la experiencia pasada, las planillas en fotocopia podían estar adulteradas.

El conductor al observar que no me había convencido optó por llamar a su jefe para que se entendiera con nosotros, yo quería hacerlo primero reportando el caso a mi comandante antes que él lo hiciera, pero insistió amablemente que permitiera que su jefe llegara en primera instancia, petición a la que accedí. Minutos después se acercó una patrulla de la policía de donde se bajó un señor oficial de grado Mayor, como no estaba haciendo nada ilegal no me sobresalté y corrí a su encuentro para informarle la novedad. Rara vez se veía tanta amabilidad en un "Mano Yuca" de esos, que, estirándome su brazo para saludar, dijo:

— *"¡Muy bien jóvenes, los felicito! Retírense a continuar con su servicio que yo me encargo del caso".*

Era una orden clara de un superior, además, un caso donde no se me pasaba por la cabeza que fuera algo ilegal.

Al llegar al escuadrón después de terminar el turno el comandante de la estación nos dio setenta y dos horas de permiso por orden del comando del departamento más una felicitación verbal, un verdadero regalo que no me esperaba, no obstante, lo bello de aquel suceso desapareció al término del permiso cuando Zuluaga que se las conocía todas y casi a manera de regaño se refería a mí como si fuera un verdadero bobo, pues el cargamento según él, era del coronel Whisky, apelativo con el que identificaban a un oficial que comercializaba con ese tipo de contrabando.

Otra vez quedaba en ridículo, yo sólo cumplí con mi deber hasta donde mi autoridad lo permitió y esos comentarios de parte de Zulu., ya me estaban cansando, siempre terminaba con dos o tres regaños encima explicando que me avispara, que no sólo era a ese tipo de contrabando a donde iba a llegar un oficial de intermediario cuando me volviera a tocar, pues a los casos donde se involucraba droga, casi siempre aparecía un oficial o un mando medio o un uniformado en cualquier grado a interceder por la carga; para que estuviera atento y en la jugada; expresión muy común en la jerga policial, me repetía incesantemente.

La rutina continuó con un reinado único, el sicariato y la droga en mejor escala dada la situación que se vivía en el momento, elementos que tenían invadido a centenares de uniformados de todos los grados y los comandantes del departamento, que, entre otras cosas, apenas duraban uno o dos años al frente de la unidad, ya que eran relevados.

Con frecuencia buscaban afanosamente mecanismos o estrategias para contrarrestar la ola de violencia y delincuencia que se estaba acrecentando en forma desmedida, tanto fuera como dentro de la institución.

Algunos con el afán de sanear toda la unidad comenzaron a solicitar traslados masivos a la Dirección General de la Policía Nacional de supuestos hombres de la ley que estaban untados de narcotráfico; se hablaba de exagerados casos de extorsión, secuestro, homicidios, asaltos a entidades bancarias y vehículos de valores con personal comprometido en casi todos los grados donde se veían seriamente involucrados miembros de la institución.

Los remesones eran de doscientos o trescientos policías que salían del Departamento de Antioquia, especialmente del Valle de Aburrá, algunos injustamente trasladados a la fuerza para los territorios nacionales que tenían el desorden público más aberrante por culpa de los grupos alzados en armas.

Por parte de algunos comandos se coartaban los derechos fundamentales sin dilación, poco se respetaba la estabilidad de los uniformados. Solo bastaba con tener la información así fuera errónea de parte de algún prestigioso civil para que estos hicieran caso a las informaciones que suministraban.

Fue así, como un respetado hombre de negocios de la ciudad quien sufrió un asalto a una de sus joyerías mencionó las características de los delincuentes, decía que eran hombres de cabello rubio, tez blanca, algunos de ojos azules y con una chuler en sus cabellos similar al de los policías.

La unidad policial más cercana al establecimiento donde se cometió el hurto era el escuadrón de las motos; *"como para variar"*. El comandante del departamento no tuvo ningún prejuicio en ordenar de inmediato la detención de todos los hombres policías con esos rasgos que se encontrarán dentro de nuestras instalaciones.

Doble R., descansaba plácidamente en su alojamiento *"disculpen, que pena, se me había olvidado mencionar que yo, de nuevo hacia parte de la guardia de prevención y me encontraba como centinela la puerta muralla en esos instantes"* y sin darle tiempo al comandante de la estación; antes que comenzara a cumplir con la arbitraria orden, sin que él se percatara me adelanté porque sabía que mi amigo se encontraba allí; entre otras cosas cumplía con los rasgos físicos enunciados por el comerciante. Casi a empellones lo saqué de la estación por la puerta trasera, las explicaciones vendrían luego ya que a un solo grito las exigía. Casi simultáneamente el oficial dio cumplimiento a su superior y apoyado por otros cuadros de mando, reunió a nueve uniformados con esa fisonomía que descansaban. Como si fueran viles delincuentes fueron colocados a lo largo del corredor para un reconocimiento de rutina por parte de los ofendidos violando todos sus derechos y a pesar que no se logró una plena identificación por parte del ciudadano, el traslado fue de inmediato para las instalaciones donde se ubica la cárcel de la policía.

Dentro del grupo de hombres, cabizbajos salían dos de mis amigos por los cuales podía colocar mis manos al fuego que nada tenían que ver en el asalto a la joyería, su honestidad y sentido de pertenencia por la institución también los hacia resaltar desde la escuela de formación.

Meses después de haber sufrido las calamidades de una prisión sin comprobarles ningún delito fueron trasladados para los departamentos que tenían los desórdenes públicos complicados, algo así, como una especie de regalo por ser inocentes; me sentía nostálgico por mis amigos y a la vez satisfecho por no haber permitido que se le destrozara la vida tan vilmente a Doble R.

Al ver tanta arbitrariedad de algunos compañeros, superiores y como la delincuencia ya tenía permeabilizada la unidad en una buena cantidad de uniformados, tomé la decisión de buscar refugio en otra unidad diferente, no quería saber absolutamente nada del escuadrón.

La especialidad fuerza disponible de la policía acantonada en la estación candelaria a la que llegaba a reforzar, también estaba invadida de algunos uniformados que actuaban fuera de la ley o quizá peor, en su mayoría estaba integrada por jóvenes solteros que poco les interesaba el respeto por la institución.

Allí, un grupo de ellos en un descuido del comandante de guardia, llevaron hasta el recinto más sagrado que tiene un cuartel policial; como es el lugar de descanso, a una joven que por su vestimenta y olor se deducía que era una habitante de la calle, nada más les interesaba algo de su belleza, su cuerpo y juventud, como buitres descargaron uno a uno toda su furia sexual hasta quedar plenamente complacidos y saciados.

Las similares situaciones, hurtos y atropellos que se cometían dentro de esa unidad se comentaban normalmente cada que se instauraba una tertulia entre el personal de agentes, algo desconocido por los cuadros de mando supongo, pues de saberlo se hubieran tomado cartas en el asunto como normalmente hablaban los oficiales comandantes.

La desfachatez sobresalió esbozando toda la felicidad del mundo, además sin ningún tipo de prejuicios comentaban las fechorías realizadas durante sus turnos, especialmente cuando se reunían en las noches a contar gruesas sumas de dinero alardeando quien había conseguido más; dinero en su mayoría producto de extorsiones y atracos a mano armada que realizaban en horas de descanso incluso portando el uniforme.

Allí, también coloqué a prueba mi capacidad de liderazgo y cumplí con uno de mis más satisfactorios servicios policiales poniendo a prueba mi sentido de solidaridad.

La naturaleza enfurecida arremetió con toda su fuerza a través de una avalancha de piedra y lodo contra un humilde barrio desapareciéndolo por completo; el barrio Villatina fue víctima de la ocasión, en su mayoría invasiones. Cantidades de hombres mujeres y niños perdieron su vida, su morada y sus enseres; una tragedia inolvidable para Medellín a la que me correspondió acudir a prestar los primeros auxilios por pertenecer a la fuerza disponible.

Definitivamente estaba en el lugar equivocado y utilizando un poco de sagacidad y algunas influencias, regrese de nuevo mi escuadrón de motos, como reza el dicho *"es mejor malo conocido que bueno por conocer"*, por lo menos ahí contaba con amigos y lo que se hablaba de otras unidades era más atroz. *"hago una salvedad, conmigo eran mucho más los uniformados buenos que los malos."*

Algo no estaba cuadrando en mi mente inquietándome a cada instante y una bomba de tiempo iba a estallar en cualquier momento; La mafia estaba siendo saqueada por policías corruptos y estos cansados de esa clase de abuso policial se reunieron con el "zar" de las drogas quien decidió colocarle punto final al asunto; obviamente sin dejar a un lado el gran conflicto que tenía ya con el estado.

Fue así como ofreció una jugosa recompensa por cada uniformado abatido sin importar su grado y entre más alto más jugosa sería la recompensa muy seguramente con el ánimo de desestabilizar el país y diezmar a las autoridades legalmente constituidas, con otra orden clara, los uniformados que venían trabajando para él y no cumplieran el mandato, serían ajusticiados con sus familias, pues se rumoraba en el bajo mundo; y ni siquiera en el bajo mundo, de meses atrás se escuchaba alardear a algunos policías pertenecer a las toldas del capo, además, ya había reclutado de tiempo atrás una buena cantidad de hombres de la ley que engrosaban sus filas.

Con tal actitud, declaraba una guerra sin cuartel, todo debido al exagerado aumento de laboratorios de cocaína extorsionados por los diferentes combos de policías que se habían formado y que aprovechando su uniforme irrumpían en esos complejos.

La orden del capo comenzó a ser efectiva. Con el paso de los días el corazón se fue sintiendo más fuerte y era normal recibir la noticia que durante ese turno de vigilancia habían abatido a uno o dos compañeros y hasta más. Ni siquiera se pensaba en acompañarlos en su última morada, del levantamiento a la morgue y de allí al comando del departamento donde se le realizaba una sencilla ceremonia acompañado de uno que otro uniformado de visita a esas instalaciones, para luego ser trasladado a su lugar de origen o dejarlo en el cementerio de la ciudad.

Con esa ofensiva en su plenitud, pues los buenos, no nos íbamos a quedar quietos; varios meses de descanso en la guardia de prevención fueron suficientes y de nuevo me encontraba en las calles, orgulloso de prestarle mis servicios a los ciudadanos y hacer quedar muy en alto el buen nombre mi institución.

Para ese turno mi Dado Gato *"Capuleto"* me dio la oportunidad de escoger lugar de facción, ya en días pasados había elegido el mismo sector y me encantaba el lugar, patrullar por el aeropuerto Olaya Herrera y el cementerio Campos de Paz era agradable y menos conflictivo que los otros lugares. La central sólo reportaba para solicitar novedades y algunos casos esporádicos.

A eso de las 17:00 horas la estación cien comenzó a reportarme, el volumen estaba en su mínimo nivel pues había aprovechado para ingresar al Huerto del Señor y echar un vistazo, no deseaba importunar a las personas que allí le rezaban a sus seres queridos por eso le había mermado el volumen a la radio, después de terminar la ronda y ya en su parte externa aumenté de nuevo el volumen para escuchar a la central que me reportaba de manera incesante, profiriendo amenazas de sanción por no contestar el llamado, la excusa de bajar el volumen no fue aceptada y la orden que emitía era de inmediato cumplimiento sin preguntar por qué.

Debía trasladarme a la carrera setentaicinco con calle cuarentaidós a conocer un caso de 9-42, algo absurdo porque para atender un accidente de vehículos existían los guardas de tránsito, una entidad totalmente ajena a la policía nacional y, como segunda medida, esa dirección era exactamente donde quedaban las instalaciones del escuadrón de motos, además ilógico pues me encontraba a más de sesenta cuadras de la mencionada dirección.

La central no aceptó ninguna de mis excusas para no atender dicho caso y le agregó que si necesitaba que esa orden me la diera personalmente el comandante del departamento. Mencionar ese nombre eran palabras mayores y no deseaba tener problemas con el "cacique pluma blanca", la cumplí recordando las palabras de Zuluaga cuando me dijo que me avispara.

Llegué al escuadrón y reporté a la central para decirle que me encontraba en el 5-20 enviado y para preguntarle que más deseaba que hiciera. De nuevo la orden fue clara, debía permanecer en el lugar hasta nueva decisión y aclarándole que en dicho 5-20 no se había presentado ningún caso con automotores.

A pesar del "Zarco" ser lo que era en esos momentos, *"un pichón de capo"*, lo tenía como una especie de escudero y la persona a la que le comentaba todas las situaciones anómalas, por eso no vacilé en narrarle con pelos y señales lo que me acababa de suceder, quien, de un sobresalto, dijo:

— Güevón, van a pasar con droga o contrabando, ¡Vamos, marica!

No acepté tal invitación porque desobedecería una orden directa del comando y eso era más delicado convirtiéndose en un delito, además, sabia de las intenciones de mi amigo completamente seguro que él no dejaría nada a disposición de las autoridades en el caso de encontrar algo.

La velocidad con la que se levantó de su cama donde descansaba no se la había visto nunca saliendo de las instalaciones en compañía de otros dos uniformados dispuestos a coronar o a frentear lo que fuera. Yo continué con mi turno que terminó en el lugar ordenado por la estación cien hasta las 19:00 horas, sin recibir comunicados de la central.

Zuluaga regresó pasadas las 22:00 horas con una cara de satisfacción que no podía con ella, sólo hizo el comentario que les había ido bien, mas no quise profundizar en el tema para no ganarme problemas. Y otra vez con la frase, *"avíspese, no sea tan bobo hermano"*

- La guerra ¡Ya era una realidad!

Ya se venía presintiendo. Una especie de guerra comenzó a desatarse y nadie daba explicación real quien la iniciaba o cual era el motivo, *"entre comillas"*, todos sospechábamos por qué se estaba iniciando. Sólo bastaba con tener la radio portátil cerca para escuchar los sucesos a través de la central de comunicaciones también llamada estación cien, por este medio en forma apresurada se les informaba a los comandos del ataque simultaneo a una patrulla policial de cualquier estación de Medellín, con hombres abatidos, los comentarios en cada formación dilucidaban teorías encontradas en cada corrillo que se organizaba.

— *"Los que están cayendo son policías que se le torcieron a quién sabe qué duro o conocen muchos secretos, por eso es que los están sicariando"*. Otros vociferaban.

— *"Eso fue que la mafia se cansó de darle plata a los policías y ahora les están cobrando la nómina, a lo mejor los están extorsionando muy seguido y se emputaron"*, este comentario era más objetivo.

— *"Yo no creo que a uno lo maten de gratis, eso, es que la deben"*, modulaba otro.

Teorías todas válidas, con una sola realidad, ya eran muchos los uniformados caídos.

Los comandos no hallaban una razón lógica a la serie de muertes de uniformados que se presentaba a diario, pero de dientes para afuera porque ellos sabían mejor que nadie de qué se trataba todo, ya que la información que daban en los círculos por parte de los agentes era que algunos policiales con grado y sin grado tenían su propio laboratorio para procesar droga. Algo difícil de comprobar por el temor que infundía una gran cantidad de jefes, también porque podía tratarse de palabras mal intencionadas de uniformados ofendidos pues dentro de mi cabeza todavía no encajaba la idea que mis comandantes estuvieran involucrados de tal manera, mucho menos existían pruebas o que personalmente yo hubiera visto algo, por eso me mantenía al margen de cualquier información de esas y prefería continuar con la buena imagen que tenía de la mayoría de mis superiores.

Lo cierto era que de la gran cantidad de combos de uniformados que se pavoneaban a lo largo y ancho de la ciudad de Medellín y su área metropolitana, resaltaban los hombres *"capo"*, liderados en muchos casos por uniformados.

Hombres intocables, excelentes amigos con aquellos uniformados que no se metieran con ellos que, además, hacíamos parte del grupo de guardias de estrato uno o dos, los de estrato tres, cuatro y cinco eran dueños del poder y en muchos casos se hacía lo que ellos dijeran infundiendo terror al que tratara de intimidarlos tuviera el grado que fuera.

Así mismo, la cárcel de uniformados de la policía ubicada dentro de las instalaciones de la estación Belén; que entre otras cosas estaba atestada de policiales privados de su libertad, gozaba de su estrato, allí se distinguían las clases sociales; los que llevaban la vocería; uniformados ricos en todo el sentido de la palabra en cuestión de dinero y armas pertenecían al estrato Poblado o Envigado; por llamarlo así; zonas éstas donde reside la crema y nata de la sociedad paisa; empresarios, comerciantes, ciudadanos poderosos y honestos; obviamente con algunos mafiosos residiendo en esos sectores por ser populoso. Los de clase baja, se asemejaban al sector Guayaquil representando una zona deprimente bien reconocida de la ciudad que reúne toda la población del comercio informal, vendedores ambulantes y delincuencia a granel, a la que ya la autoridad municipal le estaba colocando toda la atención para desalojar algunos espacios y convertir el terreno en un sitio agradable para disfrutar del comercio en toda su plenitud.

Algunos de los allí presos continuaban con su delinquir dando órdenes aun estando privados de la libertad.

Libertad o dicho de una manera jocosa permiso de respirar que le cancelaban a otro de los lugartenientes de Escobar, pues en un gran operativo las autoridades daban de baja a su primo Gustavo, quien se había convertido en algo así como su mano derecha.

"Volvamos al tema que nos concierne". La situación se tornó incontrolable y para los sicarios no existía esa clase social, nada más se necesitaba que la víctima portara un uniforme verde oliva o que perteneciera a algún organismo de inteligencia para poder actuar, luego cobrar la miserable recompensa que ofrecían por nuestra vida.

Uno de los hombres poderosos fue víctima de los sicarios, el famoso *"Tío Rico"* y lo único que se mencionaba a la prensa como sofisma de distracción para calmar los ánimos era lo siguiente: *"Los hechos son materia de investigación"*.

El sucesor se encontraba listo para reemplazar al hombre que ya respiraba fuera de este mundo que, a pesar de no tener la suficiente antigüedad como otros de sus compañeros demostraba liderazgo, cojones y agallas en ese campo. Era la oportunidad perfecta para mi amigo Zuluaga Manco, ¿Quién iba a imaginar que a su corta edad tuviera esa responsabilidad y se vanagloriara de tener cualquier cantidad de millones de pesos? El calificado fue alguien con quien, a pesar de las diferencias, siempre tuve una buena amistad, esa amistad era la que le permitía hacerme algunos comentarios en los cuales se notaba el descontento de algunos compañeros por no acompañarlos en sus fechorías, menos a pertenecer a sus combos. Aunque le demostraban aprecio también le daban a entender a Zuluaga que en algún momento bajo algún tipo de presión los delataría.

Lo que si había que elogiar dentro del escuadrón era el compañerismo cuando se trataba de apoyar a los colegas que solicitaban auxilio en momentos de estar siendo atacados, los hombres del estrato alto o bajo se olvidaban de su condición y arremetían con toda su furia contra los delincuentes y en cuestión de segundos los agresores eran capturados o en la mayoría de los casos se daban de baja, allí, no se colocaba en tela de juicio la legítima defensa.

Así fue como en uno de los cientos de casos policiales que se presentaron en la bella villa, en esta ocasión por el barrio la Maruchenga la patrulla de vigilancia del sector fue atacada inmisericordemente y apoyada de inmediato por las unidades más cercanas.

La central de radio no había terminado de reportar el caso y más de una docena de uniformados arremetían como nunca contra aquellos delincuentes.

Las armas automáticas que disparaban los bandidos no consiguieron derribar a un uniformado mientras que los legalmente constituidos si habían dado cuenta de dos de ellos.

Una situación que ya con varios años encima de estar trasegando por esas calles era normal y más aún con la violencia que se había desatado en contra de la policía. Fueron minutos de terror para los ciudadanos y de pronto para los sicarios que no pensaban que la respuesta de los uniformados fuera tan brutal y acertada. Nada más se iniciaba un candeleo en cualquier lugar de la ciudad para allí estar presente desde señores oficiales, suboficiales y los agentes que superábamos a los cuadros de mando; por ende, los que más patrullaban las calles. En esta escena también Zuluaga y otros policías de los duros hicieron presencia; para fortalecer la valentía de todos los gendarmes.

Y como caso especial y uno de los ejemplos más claros de valentía se convertía el atentado a mi amigo Sánchez, compañero que sufrió un ataque de frente por parte de los sicarios.

En una de las esporádicas visitas a la clínica con el ánimo de saludar a mi viejo amigo Salcedo, encontré que la habitación 404, que le había sido asignada, estaba ya ocupada por otro paciente, pues mi amigo desde el día anterior se encontraba trasegando los caminos que conducen al infinito para rendirle cuentas al creador. Sin embargo, la estadía allí no fue en vano porque otro de mis buenos amigos ocupaba la cama de Salcedo. *"Sánchez"* era el nuevo inquilino, no sabía que se encontraba en ese lugar ya que las noticias decían que se hallaba en pésimas condiciones y bajo cuidados intensivos, además, eran tantos los compañeros heridos y asesinados a diario que en la mayoría de casos no, nos enterábamos que policial había sido atacado.

El hombre sintió alegría al verme a pesar de estar rodeado de sus familiares a quienes me presenté muy formalmente; luego, como si su cuerpo no hubiera recibido ningún impacto y mostrando gran fortaleza, narró la forma tan providencial como se le escapó a la muerte y donde Dios lo apoyó para que pudiera lograrlo.

Cumpliendo una orden de su comandante, un "Santo Tomás", se desplazó más de cincuenta metros del lugar donde con todas las medidas de seguridad se había instalado un retén policial. En esas circunstancias era recomendable permanecer unidos o en el mejor de los casos instalar ese tipo de servicio en un lugar donde los conductores tanto de automotores como de motos no pudieran divisar el retén y obviarlo devolviéndose en veloz carrera. No obstante, la orden era clara y no debía permitir que los bandidos se devolvieran. Sí, *¡Bandidos!* Pues una persona con toda la documentación en regla y sin ningún antecedente no tenía inconveniente en permitir un registro para luego continuar con su recorrido. Fue así como su obediencia y disciplina no le permitieron ni siquiera refutar la orden del señor subteniente al mando de aquel retén policial.

Llegaron las diecinueve horas y el servicio transcurría sin ninguna novedad, uno que otro parroquiano era sorprendido cuando intentaba devolverse siendo identificado por mi amigo Sánchez, hombre de buena contextura física, callado, de mirada profunda y un gran don de respeto por la institución.

Afortunadamente otra orden se cumplía sin dilación desde meses atrás, *"el arma debe estar en las manos lista para disparar en caso de ser necesario"*; desventaja que tenía cualquier malhechor que intentara algo contra su humanidad, pese a ello, la expectativa era grande y los nervios de vez en cuando lo acompañaban. En aquel sector de Manrique y prácticamente solo, era la combinación perfecta para que los sicarios intentaran algo contra aquella presa desprotegida.

Las ideas se revolvían en su cerebro de sólo pensar cómo iba a reaccionar en caso de un ataque sorpresa, por eso afanosamente trataba de resguardarse la espalda contra una pared fuerte que lo protegiera cuando intentaran algo por la retaguardia. Su fortaleza física estaba representada en una gran caja torácica y una mirada firme que pausadamente realizaba giros de 180 grados que iban y venían; *"pilas, mosca, despabilado, atento y listo"*. Uno que otro ciudadano lo miraba algo sorprendido pues no era común ver a un uniformado prácticamente solo y con su arma en la mano casi amenazante.

No pasó mucho tiempo para que su pensamiento se hiciera realidad y en fracción de segundos, observó como en dirección hacia él se desplazaba una moto de alto cilindraje y a gran velocidad. El hombre que hacía de copiloto en una maniobra acrobática se levantaba sostenido por los calapiés del vehículo y con la misma rapidez que hacía el ejercicio, así mismo apuntaba un arma automática sobre la humanidad del uniformado. En ese instante la orden del comando se cumplía al pie de la letra porque Sánchez ya los tenía visualizados, el sicario apenas alcanzó a disparar algunas veces su arma mientras recibía varios impactos en su cuerpo que le hicieron perder totalmente el equilibrio, igual suerte tuvo el conductor que al sentirse impactado no logró controlar el vehículo cayendo bruscamente sobre el pavimento.

Durante el cruce de disparos los pocos ciudadanos desaparecieron en el acto, así como había desaparecido la veintena de alumnos y el oficial que se encontraba al mando del retén policial. Pero Sánchez más fortalecido al observar que los dos sicarios permanecían inmóviles sobre el piso y con el arma aún más firme apuntando hacia ellos, avanzó algunos metros decidido a acabar con aquellos delincuentes; el paso firme, la mirada fija sobre, al parecer los asesinos abatidos y la respiración alterada se notaban en la figura del uniformado y a sólo dos metros del objetivo, impotente porque ya no tenía munición en el arma, vio como uno de los esbirros en su último esfuerzo se levantó y disparó su pistola para caer de nuevo sobre el pavimento.

Fueron minutos de pánico controlados por mi amigo donde ningún ciudadano se atrevió a socorrerlo y más escalofrío sintió su cuerpo al darse cuenta que también lo habían impactado. Un gran coágulo de sangre se formaba en su costado izquierdo mientras veía como brotaba sangre en cantidad por tres orificios tanto de entrada como de salida, que tenía sobre esa misma parte lateral. Algo desconcertado, pero con valentía pidió ayuda, pero los ciudadanos se alejaron aterrorizados, mucho menos lo auxiliarían sus compañeros que habían desaparecido, los vehículos lo esquivaban para no atropellarlo, todos demostrando una indolencia inhumana que se hacía más reprochable en los gendarmes quienes estaban faltando al código policial al abandonar de esa manera a su compañero.

Todavía consciente decidió caminar; no solo una, sino demasiadas cuadras hasta la policlínica municipal donde si lo atendieron con celeridad. El galeno al que le correspondió prestar los primeros auxilios en el instante no sabía a qué prestarle atención si a las heridas o al arma que aún empuñaba fuertemente, pues Sánchez no deseaba soltarla y el cirujano tan sólo atinaba a decirle que la soltara, que ya estaba bien y en un lugar seguro.

Fueron pocos los meses para que mi gran amigo estuviera de nuevo enfrentado a los delincuentes en las calles de la ciudad como si por su humanidad no hubiera pasado nada.

La crueldad de los sicarios para cometer sus homicidios no tenía límite y no les interesaba sino cumplir con su trabajo fuera uniformado o ciudadano del común.

En ese instante no se detuvieron a pensar que el "Verde la Montaña" se debatía como león herido en la capital de la república contra el equipo de fútbol Olimpia del Paraguay disputando la gran final de la Copa Libertadores de América, por el contrario, aprovecharon la multitud de fanáticos que se agolpaban desde la parte externa de un bar que ofrecía el espectáculo a través de un televisor para sorprender a un hincha y asesinarlo por la espalda. Lo paradójico, pues de seguro en más de una ocasión habían aprovechado esas circunstancias para sicariar, no era la impresión del resto de fanáticos, porque sin ningún inconveniente continuaron viendo el espectáculo futbolero con el finado tendido en el piso, uno que otro se santiguaba sin perder la concentración en el partido.

Como coincidencia las autoridades encargadas del levantamiento aparecieron cuando concluyó el encuentro.

Pasados unos meses de la cruel violencia, en un encuentro casual con Rendón mientras visitaba el hermoso monumento réplica exacta de un antiguo Pueblito Paisa, instalado estratégicamente en el cerro Nutibara; recordé viejos tiempos con mi amigo, cerca de una docena de meses sin vernos pues cumplía con su servicio en otra unidad, allí, salieron a relucir los sentimientos de amistad, fue agradable verlo y entre los temas tratados no fue difícil preguntarle por Valentina, luego de manifestarme que pronto saldría trasladado del departamento, el hombre sin mostrar sorpresa o inconveniente alguno dijo :

— *¡Esa loba! Esa loba me salió con el cuento que estaba embarazada de mí y la eché para la puta mierda. Creo que ahora anda con el marica de Zuluaga, según me comentaron.*

— *¡Esa, si no me la sabía! Zuluaga no me dijo nada y pensar que yo fui quien los presentó*, respondí.

La charla continuó sin prestarle mucha atención al asunto y sin preguntarle como había pasado la noche cuando lo detuvo *"Mazinger"*, más bien nos hallábamos apesadumbrados porque la bella mujer en esos instantes se encontraba muy mal enrolada. Lo bueno para ella, moduló Doble R., era que al lado de su nuevo amor no le faltaba nada en la parte económica.

Aunque la reunión no era sólo para hablar de Valen., él deseaba a toda costa salir de la fuerza disponible donde había sido trasladado a prestar su servicio, debido a que en esa unidad la libertad no existía, el encierro al que estaban sometidos por ser hombres solteros les hacía cometer locuras que jocosamente contaba.

— *"A las veintiuna horas el oficial de servicio le coloca candados a las puertas de los alojamientos y nos deja encerrados a todos para que no salgamos a la calle -según ese marica- salimos es a robar o para evitar que nos asesinen".*

No sé quién daba la orden, pero para mí eso es un secuestro masivo y simple sólo que por ser reclutas nadie se queja.

La verdad es que, en el escuadrón la vida era un poco más amena y el personal soltero tenía autorización de estar en la calle hasta las veinticuatro horas. "R" continuaba su relato con nostalgia por haber salido de la unidad que nos recibió.

— *"Por las noches le mamamos gallo a ese marica teniente, corremos algunas tejas del techo y por ahí nos escapamos,* decía con algo de risa.

- *A veces, llegamos con unas borracheras ni las verracas, el problema es escalar los muros bien altos por donde huimos".*

Rendón continuó con sus comentarios cada uno nos resultaba más sorprendente y en muchos casos difíciles de creer, pero ya a esa altura de mi vida policial nada me sorprendía.

— *"Pero eso no es nada",* dijo mi amigo.

- *"La noche anterior no podía conciliar el sueño y como a las dos de la mañana escuché a unos compañeros de dormitorio hablar, abrí los ojos y sin dejar que me vieran asomé la cabeza y casi me voy de espaldas, tenían la cama repleta de fajos de billete, pero eran fajos grandes que tapaban todo el colchón, estaban dividiendo el botín, no tengo idea que torcido hicieron, lo que si le puedo decir es que jamás en mi vida había visto tanto dinero junto".*

Historias verdad o mentira a esa altura de esta aventura, eran más creíbles.

El encuentro con mi compañero resultó algo agradable y la despedida con él me dio a entender que todavía se mantenía firme a los principios de la ética policial. Nos deseamos suerte y cada uno cogió rumbó a sus unidades advirtiéndonos de extremar las medidas de seguridad en el desplazamiento.

La guerra ya era más que una realidad, los muertos por parte de la institución crecían en forma alarmante, con un promedio de cuatro, cinco, diez y hasta más uniformados al día asesinados, sin mencionar a los heridos o a los hombres que quedaban parapléjicos; esto en algo impresionaba a la prensa y a las autoridades políticas causando preocupación entre los comandos, pero lo más triste era la cantidad de civiles que caían abatidos en diferentes circunstancias, algunos reconocidos delincuentes que se enfrentaban a las autoridades, otros en el fuego cruzado y un sinnúmero muy alto en ajustes de cuentas, todos ellos cuadruplicando o quintuplicando a los uniformados abatidos.

Los sicarios plácidamente y a su antojo ultimaban uniformados sin que para ellos hubiera ley, la pregunta que nos hacíamos era; *"¿Si los comandos no hacen algo al respecto quien lo hará? Habrá que tomar otras determinaciones"* exclamaba uno de los hombres fuertes del combo que lideraba Zuluaga, el joven sumiso que salió de la escuela haciendo un juramento estaba ahora totalmente transformado, andaba rodeado de varios compañeros con todo tipo de armas automáticas y lujosos vehículos.

El poder lo demostraba de esa manera con la salvedad que los combos más fuertes y poderosos se pavoneaban en otras estaciones policiales, hombres con una gran fortuna que no faltaban a un solo servicio policial, turnos hartos de seis o más horas plantado en una glorieta esperando a que se presente algún requerimiento de un ciudadano para poder atenderlo y, mejor aún, donde ellos realmente salieran favorecidos. En el mejor de los casos esperar a que pasara una caravana de narcotraficantes que siempre enviaban unos hombres de avanzada repartiendo dinero para terminar el turno premiados; como en otrora cuando intentaron sobornarme, aunque en esos instantes tan violentos las malditas caravanas ya habían desaparecido.

Sin premura, así, un día tras otro algunos de los primeros comandantes que me guiaron fueron cayendo abatidos por las balas de los sicarios como en el sector de la universidad Pontificia Bolivariana.

No podía dar crédito a la información cuando llegó la noticia al escuadrón de que a tan sólo unas cuadras estuviera el señor capitán Borja, completamente bañado en sangre dentro de su vehículo, y pensar que días antes él mismo había liderado el escuadrón de las motos.

Con él eran dos exjefes que asesinaban en muy corto tiempo; los ciudadanos y autoridades civiles se escandalizaban aún más con el hallazgo sobre las aguas del río Medellín unas envolturas extrañas que al inspeccionarlas en su interior se trataba de cadáveres de policías, las bolsas de polietileno fueron su última morada, luego de ser brutalmente asesinados.

La violencia de Medellín se trasladó a otras capitales del país, los carros bomba de gran envergadura causaban destrozos no solo en lo material, cegaban la vida de centenares de personas, algo verdaderamente terrorífico con lo que daban a entender los narcotraficantes que el conflicto se expandía sin contemplación por toda la geografía colombiana.

Al inicio de mi carrera policial, la ceremonia para enterrar a un compañero asesinado se realizaba con todos los honores del caso. Una elegante bandera de Colombia siempre arropaba el féretro, ramos de flores por todas partes y el cura desenfrenaba toda su ira en la ceremonia religiosa, ahora, era normal encontrar en la capilla del comando un tendal de ataúdes tirados en el piso, sin flores, sin velas, sin acompañantes, sin que se les diera al menos un adiós y con unos cofres de madera mediocres, pues el presupuesto para ese tipo de ceremonias; *creería*, ya se había agotado.

Tener rabo de paja siempre será un adagio que se cumple al pie de la letra para aquellas personas que lo colocan en práctica especialmente cuando se quedan debiendo favores a esa parte de la sociedad enfrascada en el problema.

Algo así habían expresado varios compañeros al inicio del conflicto al decir que la mafia había comenzado a cobrar los auxilios monetarios hechos a ciertos uniformados, pues no fue uno sino varios los casos donde los compañeros fueron ultimados por los asesinos al negarse a llevar a ciertos lugares, cantidades de armas para que algunos jefes sicarios pudieran cometer sus ilícitos entre los que se destacaban: hurtos a entidades bancarias, secuestros, extorsiones, inclusive el mismo homicidio de uniformados, entre otros, pues debían convertirse en una especie de mandaderos y ese mandato no tenía dilación. Además, el "capo de capos" de nuevo ordenaba a sus lugartenientes castigar sin piedad a los uniformados de su nómina que se negaran a cumplir los preceptos emitidos por él, aumentando el pago por cada uno de ellos asesinado. Una gran cantidad de policías se negó a aceptar tal orden desafiando de frente a los combos de sicarios convirtiendo el enfrentamiento aún más sangriento.

La orden por parte de los contrarios se cumplió al pie de la letra, situación que se convirtió también en una de las causas para iniciar la mal llamada guerra. De la misma manera hombres en casi todos los grados se vieron obligados a cumplir con la demencial disposición: Alma Gato", "Carlos Santo", "Carlos Pedro", "Santo Santo", "Santo Vino", "Santo Tomás", "Tomás Elsa", "Carlos Tango", "Mano Yuca" y uno que otro "Carlos Ratón". Así mismo el conflicto enfrascó en una verdadera contienda a los dos carteles más poderosos y fuertes de la droga en Colombia; hombres solo por el poder comenzaron a destruirse entre ellos atacándose mutuamente.

En una de las incursiones entre los dos bandos, un grupo de estos sufrió una sorpresiva arremetida por parte de su enemigo mientras departían en un prestigioso club de la ciudad dejando varios hombres asesinados.

Con la situación que se vivía en la institución, unido a ese conflicto entre ellos, lo único que generaba era más caos y zozobra en la ciudad.

- El matón "Becerra"

Se produjo una pronta respuesta de los uniformados que hacían parte de los combos policiales, por llamarlos así, siendo esta inmediata; dentro de sus filas tenían hombres verdaderamente criminales y el agente Becerra, el gigantón, con un estilo de vida diferente se ufanaba de sus fechorías y sin ningún temor las comentaba a los cuatro vientos dentro del escuadrón.

Con ello le daba la razón al uniformado cuando me dijo aquella vez frente a la sala de cine que dejara las cosas así, ahora sí sabía que no solamente se encontraban dentro de mi unidad policías que se prestaban para cometer todo tipo de barbaridades, desde un secuestro hasta las más aberrantes extorsiones.

La pauta la marcaba Becerra, nada más con mirarlo a los ojos se me estremecía todo, una mirada profunda y penetrante de mal aspecto; *¡Qué mala incorporación!* Alardeaba cada que asesinaba a una persona como si se tratara de algo demasiado sencillo.

El hombre trigueño con sus uno ochenta de estatura y cuerpo escuálido, cuya figura impresionaba; y ni qué hablar de su gran pistola calibre nueve milímetros que portaba para cometer su mala acción, arma que lo posicionaba como el rey de los matones que, inclusive, sus compañeros respetaban.

Becerra, convertía la noche en algo macabro cuando llegaba con una persona retenida, el joven que acababa de entrar en su compañía era otra de sus víctimas, según él, hacía apenas unos instantes lo había capturado después de colocar un petardo de alto poder en uno de los centros de atención inmediata CAI., ubicado en el barrio Buenos Aires, era el habitáculo seleccionado para destruir esa noche; la suerte del sujeto no fue de su lado y cuando Becerra acudió a prestar apoyo al personal, se topó con un individuo que coincidía con las características que se describía desde la central de radio, el mortal cabizbajo, no respondía a las preguntas que le hacía el arrume de uniformados que como buitres se encarnizan con su presa. La actitud silenciosa del sujeto colmó la paciencia de los hombres de la ley quienes comenzaron a tomar la justicia por sus manos, una vez lo tenían bien maltratado el sujeto los dejó perplejos cuando les dijo con su particular hablado.

— *"Ustedes valen lo que vale un televisor gonorreas, ¡Sizarras! Y la cucha tiene uno nuevo de cuenta mía y lo está disfrutando manada de malparidos".*

Frases que llenaron de ira a los supuestos motorizados siendo aún más implacables con el detenido.

- *"Ahora si marcaste calavera y pegaste pelo gonorsofia",* balbuceaba otro de los presentes; el hombre no dejó de ofender a los uniformados después de la golpiza y arremetió con más palabras injuriosas.

— *¡Sizas, paguanorreas! Con cuatro peyerreas de ustedes que levanté a plomo me compré una moto; chandas hijos de la gran puta, yagas, lepras, escrotos",* repetía el detenido incesantemente mientras emanaba sangre de su boca.

El bandido continuaba cada vez con palabras más ofensivas contra los uniformados que bajo ninguna circunstancia estaban representando lo que verdaderamente es un policía con principios. Con sólo mirarlo se notaba que el sujeto tenía unos cuantos gramos de perico en el cerebro, pues con un zambapalo de esos una persona en un estado físico normal se hubiera desmayado por lo menos.

El espectáculo se paró automáticamente cuando ingresó al hangar del escuadrón donde se parquean las motos, el comandante de la estación. El hombre nada más atinó a mirar al sujeto y ordenó de inmediato su traslado a los calabozos de servicios de inteligencia para la respectiva investigación.

La fiesta terminó por el momento y el anfitrión se retiró complacido vanagloriándose por lo hecho, fue el que más golpes propinó, otro punto más que se anotó

"Becerra", ganándose aún más el respeto y ufanándose ya que tenía claro que nadie se atrevería a denunciarlo.

Para ese mortal, las ansias de asesinar sobrepasaban el límite de una persona que se encuentra muy cerca de la locura y por su aspecto no dudaba que consumiera drogas.

Cuando el sudor comenzaba a brotar y rodar en cantidad por sus mejillas y sus movimientos se hacían desesperantes dentro del alojamiento, uno a uno con sigilo nos retirábamos, al momento de quedarse solo se colocaba el traje de civil para emprender la huida de las instalaciones en veloz carrera *"como alma que lleva el diablo"*, una hora más tarde regresaba calmado alardeando haber levantado a dos o tres metros del piso a punta de plomo a una gonorrea según él.

Como una coincidencia, en la radio se reportaba el asesinato de un ciudadano en algún sector de la ciudad por un sicario en moto de características similares a las de *"Becerra"*. La constante se mantenía con ese tipo de actividad, donde no sólo era él, sino algunos motorizados y ni qué hablar de las otras estaciones policiales, orondos se escuchaban los comentarios de los guardias de la vigilancia de Manrique, Castilla, Belén, Candelaria, San Javier y otras estaciones y subestaciones, fanfarronear de situaciones similares.

Cada que ingresaba un grupo nuevo de uniformados al escuadrón me daba a la tarea de brindarles buenos consejos en momentos que se organizaba una tertulia, a estos círculos siempre llegaban los comentarios de los tiempos buenos, regulares y malos de la escuela de formación para compararlos con las anécdotas de los nuevos reclutas. Así como nos hacían corrillos, así mismo lo hicimos al inicio de nuestra aventura queriendo los pichones de policía saber los buenos trucos para subsistir dentro de la institución, especialmente en Medellín.

A los jóvenes aún se les notaba la novatada y el miedo de salir a las calles a enfrentar la delincuencia, para ellos era importante ser escuchados y contar sus anécdotas que, aunque algunas exageradas, ninguna igualaba a la vivida durante el paso por el claustro educativo y que aún podía sentir el dolor interno en mi cabeza cuando un oficial sin motivo alguno, *"pues personalmente no le había hecho nada"*, en un arranque de ira ordenó que toda la compañía se tirara al piso. Todas las noches estábamos acostumbrados al volteo o sacada de mierda como se le llama a los ejercicios físico-prácticos antes de pasar a la recogida o sea a la cama.

El oficial no tuvo reparo en colocarnos en posición de suplicio chino, algunos lo dudamos, pues ese tipo de actuación estaba prohibida porque *"es una tortura"*, de ahí su nombre, la cual consistía en colocar la parte superior de la cabeza contra el pavimento con las manos entrelazadas sobre la espalda, las nalgas levantadas y las piernas rectas sin permitir que las rodillas se apoyaran sobre el piso, además de la intimidación psicológica, la amenaza para quien se atreviera a levantarse reforzando la guardia el fin de semana, o sea, sin salida, a parte del castigo lanzó una frase ofensiva a viva voz *"si está ofendido solicite el retiro o aguántese"* y lo peor era no poder hacer absolutamente nada; todo ese conjunto de cosas era más que una tortura y si no lo era, entonces *¿Cómo se le puede llamar a ese ejercicio?*

Fueron diez largos minutos donde casi tiro la toalla maldiciendo cualquier cantidad de veces a ese comandante de mierda. Sin embargo, ya con la cabeza fría lo tomé como una manera de probar nuestra resistencia para cuando estuviéramos en situaciones reales y el golpe no fuera tan brutal, aunque no sé, si el tal suplicio chino está contemplado dentro del manual de ejercicios básicos americanos que son los autorizados para formar a un policía profesional.

Los jóvenes que estaban escuchando la historia, la compararon con algunas acciones donde también fueron víctimas de abuso por parte de algunos mandos, sin embargo, ningún ejercicio se podía confrontar con la tortura china. Pasados unos minutos de anécdotas el recreo terminó, les decía a los neófitos y cada uno continuó con sus rutinas, no sin antes desearles las mejores de las suertes.

Nuevamente llegaba a mis oídos la advertencia que me hizo Zuluaga, ahora de labios de Galiano.

— *"Molina, solicite el traslado de acá marica, no me gustan los comentarios que han hecho algunos malparidos compañeros, no quiero que le pase algo, parce".*

La petición de mi amigo la tomaba más en serio.

— *¿Luego qué dicen, hermano?* Pregunté.

— *"Que usted es muy buena persona y como no quiere integrar ningún grupo se está convirtiendo en un peligro para algunos combos".*

Aquella respuesta me causó pánico, motivo más, para exagerar las medidas de seguridad, continué con mi trabajo tratando de ser amigo de todos sin involucrarme demasiado con ellos; tal vez mi respaldo para que no me hicieran nada, era Zuluaga, que aún cumplía su servicio en el escuadrón, Galiano y Doble R., meses atrás prestaban su asistencia en la estación de Belén y la fuerza disponible, de vez en cuando intercambiábamos conversaciones donde los comentarios de verdaderos combos que existen en sus jurisdicciones daba miedo.

Las cosas no mejoraron, por el contrario, se desató una ola de violencia que no tenía nombre. La mafia organizada estaba patrocinando el feroz ataque en contra de los hombres de la ley sin distinguir grados, colores de raza o antigüedad dentro de la institución y a un mejor precio se pagaba por los cabezas visibles incluidos los *"capos"* de los combos. Ya las informaciones eran escalofriantes por parte de los organismos de inteligencia, cada policía de la ciudad de Medellín tenía un precio, las más recientes hablaban de haber contratado un sicario para cada policía, algo así como cuatro mil asesinos para los cuatro mil policías que laboraban conmigo en la metropolitana. En un tiempo récord más de doscientos hombres uniformados habían caído abatidos.

No hubo necesidad de reuniones de parte de la fuerza baja de la institución policial ni se requirió de una orden de los oficiales y suboficiales para enfrentar al enemigo. Los altos mandos siempre se reunían a puerta cerrada donde tomaban decisiones que a la larga no estaban parando la ola de asesinatos en contra de los uniformados y a través de comunicados escritos y verbales, sólo le solicitaban al personal extremar las medidas de seguridad, advertencias que me valieron un bledo pues la mujer que me trasnochaba en esos momentos, por primera vez me invitaba a su casa, según comentarios tenía *"otros"* dueños a los cuales respetaba profundamente.

La salida fue de inmediato y como volador sin palo, no medí las consecuencias en el desplazamiento, no me importó que estuviera en esos instantes cayendo compañeros abatidos por dar papaya como se decía popularmente, sólo deseaba estar frente a Valen., para admirarla de arriba abajo; el corazón me decía que todavía no la había olvidado, era mi amor platónico y me necesitaba, pero lo más importante era corroborar lo que días atrás me había dicho Rendón y si de algo me enteraba era por boca de ella, tal vez la invitación era para decirme que estaba embarazada de "R" o viviendo con Zulu.,

El taxi casi que no corona la dura cuesta del Doce de Octubre, en segundos me encontraba golpeando la entrada de la humilde vivienda, no la visitaba desde aquel día cuando conocí a Valentina, porque los encuentros siempre eran en otros lugares para evitar suspicacias de la familia o mis amigos; llegar a esa morada me trajo recuerdos gratos que nunca iba a olvidar, de seguro la suegra de Rendón, me recibiría con igual entusiasmo que la primera vez. Nadie reaccionó al llamado de la puerta y por segunda ocasión la golpeé un poco más fuerte, allí escuché a lo lejos una melodiosa voz que reconocí de inmediato.

— *"Ya vooooy, deme un momento que estoy en el bañoooo"*.

¡Esa era mi muñeca! La que me movía el piso y ella totalmente inocente de mis sentimientos. Dos o tres interminables minutos pasaron para que estuviera abriéndola y envuelta en una diminuta toalla que me dejaba ver su escultural cuerpo y algo para la imaginación. Con otra prenda de secar más corta se escurría su larga cabellera regalándome una deliciosa sonrisa de bienvenida. En ese instante no pude detectar cuál de los dos se sorprendió más.

— ¡Néstor! No pensé que fueras a venir tan pronto, te esperaba más tarde, pasa por favor.

¿Néstor? Por una milésima de segundo me confundí, pues hacía demasiado tiempo que nadie me llamaba por mi nombre, aun así, las palabras se me atragantaron que hasta sentí vergüenza, dándole un tenue saludo. Tal vez entendí mal el mensaje y por eso llegué de inmediato, de todas formas, ya estaba ahí de frente y no me iba regresar.

La muy mimosa se encontraba sola. El proceso de maquillaje y cambio de vestuario fue rápido para en el menor tiempo estar sentados frente a frente sin saber qué pronunciar, nadie se atrevía a romper el hielo, ni porque fuera la primera vez que nos viéramos, pero si la primera dónde la soledad era la única compañía y estoy seguro que ese sentimiento se iba a quedar callado; por hacer una comparación. No se escuchaba ni un zancudo ni siquiera para interrumpirnos y como si hubiéramos preparado la escena preguntamos al mismo tiempo.

— ¿Cómo estás?

La risa nerviosa se escapó en ambos siendo esa la frase que inició una agradable conversación al son de la suave música. A mi memoria llegaron todos los recuerdos de las ocasiones donde pudimos intercambiar algunas palabras, anécdotas y con más ahínco la situación vivida en la taberna cuando atraparon a Rendón; que entre otras cosas ya se había alejado de aquella vida.

Con disimulo le observaba detenidamente su abdomen, pero no le notaba un cambio y por su forma alegre de hablarme no se notaba que estuviera atravesando por una crisis de esas que sabemos dónde las mujeres se sumen en una incertidumbre si no están casadas.

No deseaba preguntarle por "Z" y me hice un juramento de no hacerlo, pero ella no se contuvo y uno, a uno relató la docena de veces que el "Mono" la había llamado haciéndole toda clase de invitaciones *"no deseo hacer parte de su vida"*, refiriéndose a mi amigo, fue la última frase que pronunció Valen., pues de inmediato le cambié el tema por uno más agradable.

El ambiente fue contagiando todo, hasta nuestros cuerpos, ya Valentina se encontraba a mi lado mostrando el álbum de su parentela con fotografías de mediados del siglo que, como costumbre de las familias se les muestra a todas las visitas y uno sin conocer a nadie disimula con una sonrisa.

Siendo éste el mejor pretexto para tenerla tan cerca lo iba a provechar al máximo y no como al inicio de la aventura algo distante, las caricias, risas y susurros se hicieron más frecuentes terminando con otro mojado beso donde los labios se mezclaron, que no entiendo por qué se dio y donde quedé totalmente petrificado, las caricias se hicieron más profundas, después de sentir otra vez sus espectaculares pechos sobre el mío lentamente los fui acariciando plagado de deseos, nervios, un leve temblor y completamente decidido a hacerla mía de una vez.

Valentina, demostró tener mucha más experiencia y sin dudarlo casi que exigió la despojara de su suave y diminuta blusa, pues su vestimenta excitaba a cualquier mortal que se vanagloriara de ser un varón. Me encontraba como en las nubes y de nuevo algo dentro de mi pecho me dijo que me quedara quieto, sin ser brusco y sin ofenderla reaccione de inmediato.

Valen., no entendía lo que pasaba; yo, si, su relación con Rendón todavía estaba en veremos y al parecer Zuluaga le estaba coqueteando. Lo más sensato era esperar algunos meses hasta que el destino nos colocara de nuevo en esa posición y la mejor opción del momento fue salir en busca de otro duchazo con agua fría para bajar la presión que estaba al máximo, al quedarme no resistiría otra tentación de esas, con mi actitud, el pensamiento que se debe haber cruzado por su mente quizá la obligó calificarme de marica.

La muñeca no quedó como muy satisfecha con la excusa, sin embargo, fue aceptada y me despidió con algo de tristeza, la sonrisa le volvió cuando le toque esa bella nariz y por segunda ocasión sin poder saber para qué me necesitaba.

Durante el traslado a la estación me asaltó una duda *¿Será que Valentina si está embarazada y me quiere comprometer a mí?* De esa manera no deseaba tener nada con ella y yo mismo me di las gracias por haberme negado a hacerle el amor.

- La Eterna verraquera, ¡Un Campo de batalla!

Medellín, la ciudad de la "Eterna Primavera" y la que desde el inicio de esta aventura la tildaba como la ciudad de la *"Eterna Verraquera",* estaba convertida en un verdadero campo de batalla, así una que otra prensa le informara al resto del país, incluso al mundo entero noticias tergiversadas de lo que realmente sucedía *"un auténtico infierno se vivía".*

Los ciudadanos inocentes y castos estaban en el medio, amparados sólo por Dios, pues las fuerzas del orden se preocuparon más por proteger sus vidas y las instalaciones que a los mismos civiles.

Así como asesinaban uniformados, así mismo caían civiles. Posiblemente eran estos, hombres buenos como también lo fueron los policías más antiguos del país quienes laboraban en la gran ciudad, hombres nacidos al inicio del siglo diecinueve que le entregaron a la institución policial más de cuarenta años de servicio cada uno y que ahora alargaban la lista de gendarmes abatidos.

Los refuerzos de contraguerrillas llamados grupos de operaciones especiales GOES., Bloque de Búsqueda y grupos de inteligencia de la capital de la república, comenzaron a hacer presencia en forma masiva a realizar trabajos específicos con una planeación estratégica importante, pero ante el factor sorpresa poco se podía hacer.

Las cosas para mis supuestos amigos no estaban muy claras. Ya dentro de la misma institución se tenían hombres de contrainteligencia investigando a los propios uniformados con el ánimo de erradicar el problema desde el interior con altos resultados positivos para la Policía Nacional.

De esa misma manera debía erradicar de mi corazón aquel amor si se le puede llamar platónico, pues la razón, ya había entendido y ese vital órgano aún se resistía a olvidarla; además, el juicio, me dijo que existían miles de paisitas esperando tan solo un guiño, una sonrisa o un verdadero flechazo de "cupido" para caer en las redes de una dama sin tanto compromiso. Así fue, la casería se inició sin mucho apresuramiento dándole tiempo al tiempo, pues este, también me dijo que fuera con calma, que ella llegaba solita.

El patrullaje de esa mañana no pudo haber sido más faustuoso, porque justo frente a una boutique, la moto se apagó intempestivamente, con la serenidad que me caracteriza me bajé de ella para revisar la parte de la bujía que es el elemento que le da la chispa al motor y que más molesta en esos casos. Mientras realizaba aquella maniobra, sentí que alguien me observaba, seguí aquel presentimiento y dirigí la mirada hacia el interior del establecimiento de donde deduje provenía aquella sensación, para llevarme la sorpresa que era una pequeña damisela que no se perdía detalle de lo que hacía; lentamente bajé los lentes oscuros que estrenaba precisamente ese día y las miradas de ambos quedaron flechadas. Una espectacular trigueña, de cabello negro ensortijado, de ojos con visos marrón oscuro, no fueron esquivos a los míos, y creo, que la acabó de conquistar un guiño muy sutil que le hice. El amor a primera vista si existe y se presentó de esa manera, de ahí en adelante yo debía tomar la iniciativa si de verdad deseaba conquistarla. *"María o la Flaca"* como fue identificada; a partir de ese instante se convirtió en lo mejor cambiándole totalmente el rumbo y un significado muy especial a mi vida, pues como un pretexto o una coincidencia media docena de veces frente a ese mismo lugar la moto se apagaba.

"Pero volvamos a lo que nos interesa". Los comentarios de no querer pertenecer a ningún combo delincuencial tomaron proporciones que me dejaban en desventaja con respecto al resto de compañeros, ya que no faltaban las miradas que se clavaban por la espalda y en un sano criterio, era hora de buscar otros horizontes, cumplir con mis servicios en otra unidad,

lagartearme una estación nueva, huir sano y salvo de la unidad que me recibió.

La idea de salir del departamento comenzó a tomar fuerza y en el momento menos esperado, contra mi voluntad, me vi obligado a cumplir el traslado para la estación de Manrique, la unidad que más estaba siendo golpeada por esa absurda guerra, la unidad que colocaba el índice más alto de uniformados caídos y donde el sicariato tenía su nido.

Con algo de pesadumbre y desconcierto me correspondió organizar la *"cholata"*, la policía era nacional y había que cumplir el servicio para donde lo mandaran a uno, allí también se camellaba como en otras unidades; así, algunos compañeros me despidieran manifestando ser un lagarto de cola larga; otra de las frases más populares dentro de las filas de la institución.

La entrada a la nueva unidad me dejó más desconcertado, el comandante de la estación me recibió de manera formal y atenta; de pronto, ya se había enterado que yo no era ni un malazo ni un muérgano, pues entre oficiales se comunican indagando por el personal nuevo que les llega:

— *"Usted viene recomendado por mi coronel Pataquiva Roncancio Afanador Leuterio Filemón"*, que nombrecito; pensé para mis adentros; *¡Para que lo maten o se vuelva malo!*   Palabras más palabras menos sin gaguear — expresó el señor Mayor.

Cuando escuché los primeros vocablos sentí satisfacción, pues pensé que llegaba bien recomendado, pero al escuchar la segunda parte de la frase, un temblor comenzó a bajar por mis piernas, lo curioso era que jamás en mi vida había intercambiado una sola palabra con ese señor como para que me tuviera en tan horrible concepto.

El hombre continuó con su hablar, diciendo:

— *"Pero tranquilo que usted viene bien recomendado por el comandante de distrito y yo no le voy a dar gusto a ese hijo de puta coronel".*

— Esas palabras que en parte recobraron mi aliento, reconociendo que sencillamente estaba achicopalado por el miedo, pero a la vez feliz porque Dios estaba conmigo; una cosa era trabajar en otra unidad policial de la ciudad de Medellín y otra muy diferente en la estación Manrique, la comuna más grande de la ciudad, la que más violencia presentaba y donde se anidaban la mayoría de sicarios.

En un gesto de bienvenida el nuevo comandante con una actitud atípica me dio la oportunidad de trabajar en el lugar que deseara. Por unos instantes, ese jefe se olvidó de la ética para referirse a su superior de tal manera, porque no consideraba justo lo que estaba haciendo conmigo.

El recorrido conociendo las instalaciones no fue el más agradable; era una edificación bastante vieja y deteriorada que no inspiraba sino terror. Mientras reconocía el lugar la mirada de los hombres que a partir de ese momento serían mis nuevos compañeros de trabajo se clavaba también sobre mi espalda, algunas con recelo y otras con desagrado.

Tenía conocimiento que un grupo de hombres llegados de la ciudad de Bogotá, tenían infiltradas a todas las unidades policiales haciendo inteligencia al personal uniformado y quizá pensaban que hacía parte de ellos.

De pronto esa era una razón lógica para de entrada recibir varias advertencias de personajes integrantes de combos, donde prácticamente me incitaban a pertenecer a ellos; sin embargo, hice caso omiso a las sugerencias planteadas, demostré no estar apabullado y contar con buena experiencia.

Los cuarteles siempre están compuestos por hombres de diferentes razas y jergas de la geografía colombiana. Allí se encontraban reunidos: paisas, rolos, boyacos, vallunos, costeños, santandereanos, llaneros, del eje cafetero, opitas, tolimenses y un combo temido de sureños; en fin, toda una gama de gustos y costumbres, culturas, mañas, cerebros débiles que desde hacía tiempo se habían dejado corroer por la delincuencia; también hombres trabajadores en todo el sentido de la palabra y laborar al lado del jefe me hacía mucho más vulnerable si era de mente débil.

Inicié mi trabajo como si estuviera comenzando una nueva vida, la moral subió a lo más alto y me hice la promesa de seguir por la derecha sin curvas como se decía; *¡El motivo!* Tenía un nombre *"María"*.

Las cosas con mi pequeña no podían estar mejor y paulatinamente se encargaba de borrar de mi corazón a Valen., aunque la *"Flaca"* no tenía ni idea quien era la mujer a la que estaba desplazando.

"Y disculpen me vuelo un ratito para donde ella" Durante la primera salida como un par de enamorados imperó el respeto a pesar que ya le había declarado todos mis sentimientos. Como cosa extraña en varios años no pude hacerlo con Valentina y con María solo bastaron

tres meses. Esa fructífera relación me motivaba aún más a continuar con tesón en mi trabajo. El día de descanso con tan grata compañía pasó demasiado rápido y de nuevo en busca del trabajo, *"tranquilos que después les cuento que pasó; déjenme les sigo contando"*.

Para ese turno los ánimos no estaban bien, un presentimiento negro me invadía pues el sector a cubrir no era el mejor, *"Villatina"* un lugar bien deteriorado y plagado por la delincuencia por esos días. El mismo que unos años atrás la naturaleza arremetiera con todo desapareciéndolo casi por completo.

Como coincidencia, en esos momentos y después de meses y algo reconstruido me correspondía patrullarlo, le dije a mi compañero.

Ya eran cientos los policías asesinados desde una moto, pero que dispararan desde los hogares de la parte alta de la comuna era una modalidad *"para mí, nueva"*, solamente por estar patrullando; no bastaba, sino que una unidad motorizada o en vehículo se acercara, para que desde diferentes flancos atacaran sin misericordia, algo sin sentido y donde la hora era lo de menos pues de día o de noche disparaban para evitar un acercamiento de la fuerza pública. *"hago una observación, eran mucho más las familias buenas que poblaban el lugar, que los bandidos que disparaban"*.

El patrullaje con desplazamiento lento y con todos los sentidos puestos quizá impedían que un ataque sorpresa se presentara, sin embargo, en un pequeño descuido de la guardia, desde la parte alta de los ranchos de un sector desolado nos recibieron con disparos de diferentes calibres. La única ventaja era la distancia a la que nos encontrábamos y la desventaja era no poder disparar, pues el enemigo se atrincheraba bien, además, estaba completamente seguro que de todas las viviendas no era el sorpresivo ataque y al contraatacar los disparos nuestros podrían impactar sobre la humanidad de una persona inocente. Nos correspondió entonces soportar los diferentes disparos agazapados hasta que llegaron los grupos de apoyo; allí también hizo presencia nuestros primos; los soldados del batallón instalado en el sector del barrio Villa Hermosa quienes impusieron el orden en ese desorden que se armó.

Pero no todos los uniformados pensaban como yo, entraron al baile disparando para todas partes sin importarles si había niños, mujeres, abuelos con tal de sacarnos de la emboscada.

El enemigo se sintió en desventaja y dejaron de atacar. A lo lejos sólo se podían observar sobre las debiluchas paredes las perforaciones de las balas y una que otra persona gritando desesperados para que dejáramos de disparar.

Con un grupo mixto de policías y soldados logramos incursionar en ese sector, mi temor era encontrar algún inocente herido o en el peor de los casos muerto, pero afortunadamente todos sus habitantes salieron ilesos, salvo el terror especialmente de mujeres y niños.

Como siempre, nadie vio nada, los más atrevidos culpaban a los integrantes de las milicias y todas las acusaciones carecían de fundamentos. Otro ataque inmisericorde con resultado final negativo para nosotros, pues uno de mis compañeros dispuesto a apoyarnos no contó con nuestra suerte y terminó asesinado miserablemente.

¡Qué recibimiento el que me hacían! Y aun así no dudaría en hacer un trabajo social en el sector, que, entre otras cosas, desde tiempo atrás venía desarrollando esa habilidad cada que había oportunidad en las comunidades más vulnerables.

La violencia no cesó, por el contrario, se recrudeció y ya la orden de patrullar las calles se realizaba en grupos grandes de uniformados fuertemente armados, se volvió normal escuchar en la radio el reporte de los hombres caídos, hasta el punto que ya nadie se preocupaba por los nombres sino por las cifras para saber que estación estaba colocando más uniformados asesinados.

Los helicópteros en las noches sobrevolaban toda la ciudad lo que le daba más dramatismo a la situación, la aeronave con su potente reflector iluminaba los sectores que presentaban más violencia y obviamente la comuna Manrique cada día elevaba más su estadística, ya que se hablaba de albergar verdaderas escuelas de sicarios donde se les daba instrucción a jóvenes menores de edad. Pero la osadía de los sicarios no tenía límites pues le disparaban a la aeronave sin lograr impactarla por la distancia a la que sobrevolaba.

Me encontraba parado en una comuna con los problemas sociales de todas las clases, la invasión de miles y miles de familias desplazadas por la violencia del país, lentamente escarpaban la tierra apoderándose de un pedazo de terruño para en el menor tiempo posible levantar una choza y refugiar en su interior todo un núcleo familiar. A través de esta práctica los centenares de habitantes coronaban la cima de la gran montaña, la droga en su máxima expresión de igual manera los permeaba y como para variar el domicilio de cientos de sicarios.

Todo este conjunto de adversidades por momentos revolvía mis pensamientos al punto de optar por retirarme de la institución ya que el traslado para otra ciudad no iba ser nada fácil, pues viéndolo de una forma, a manera de castigo un jefe al que nunca había visto en la MEVAL., por un capricho o informaciones malintencionadas me tenía prestando mis servicios a la patria en semejante lugar, sin embargo, mi otro yo, me decía que siguiera adelante que el conflicto que se desarrollaba en esos instantes era de igual proporción en toda la capital y sus alrededores especialmente el vivido durante el paso por el barrio Laureles, asiento de los hombres de la "metro"; obviamente, con una diferencia abismal en su estrato.

Cualquier rincón, espacio, área o sitio era aprovechado por los bandidos para atacar las patrullas y era así como apostados sobre el puente del "Mico" que conduce a la terminal del Norte de la ciudad esperaban pacientemente el paso de una patrulla policial o un uniformado para atacarlo en una emboscada perfecta y mortal.

Como si se tratara de una cacería de animales, a manera de expertos francotiradores no fallaban cuando su presa hacia presencia.

La situación se volvió tan fructífera y acertada para esa clase de criminales que eran exagerados los casos presentados sin que la institución hiciera algo al respecto. Fue necesario que se diera una orden para que los servicios de inteligencia les realizaran una contraemboscada ocasionando cruentos enfrentamientos con algunos sicarios que fueron abatidos. De esta manera al menos por varios meses no se volvió a tener conocimiento de homicidios a uniformados en dicho lugar, por otro lado, se evitaba cruzar el puente.

Sin embargo, la intrepidez del contrario disfrazada de valor por conseguir dinero fácil lo incitaba a realizar acciones donde se debía tener unos cojones bien puestos, permanentemente se tenían enfrentamientos con delincuentes y en su mayoría caían abatidos o eran capturados, así los grupos encargados de realizar los patrullajes sobrepasaran las veinte unidades con suficiente munición, granadas, subametralladoras y fusil de asalto galil, aparte de las armas personales de cada uno.

El barrio Aranjuez sí que sabía de esas tácticas pues algunos de sus jóvenes integraban las escuelas de sicarios, quienes sin pensarlo demasiado organizaron una perfecta emboscada para acabar con la vida de la patrulla de uniformados encargada del sector.

La acción se planeó aprovechando las horas del mediodía justo cuando el reloj marcaba las trece y treinta de la tarde con un sol espléndido que ayudó a que sus calles se convirtieran en un infierno, pues dos grupos en igual proporción de delincuentes portando armas automáticas apostados en cada esquina, desencadenaron un feroz ataque. Los hombres de la ley no se desplazaban desprevenidos y en segundos contrarrestaron la embestida, el cruce de disparos duró varios minutos bajo el aterrador grito de los transeúntes que por allí circulaban, la arremetida de la fuerza pública también fue brutal a pesar de tener dos de sus hombres sobre el pavimento supuestamente muertos.

Pasó media hora para que todo volviera a la normalidad. Las centenas de uniformados ya se habían tomado todo el barrio en busca de los sicarios.

El guardia Palacio y el guardia Buriticá; refuerzos que apoyaron la contraemboscada lamentaban la muerte de sus dos compañeros a los que le habían otorgado el grado de parceros y con tristeza se referían a ellos de la siguiente manera.

- ¡Malparidos! Como es que matan a Bernal como era de buena gente y a Castro, un alma de Dios; Mientras se inclinaban para hablarles de cerca mostrándose verdaderamente adoloridos.

Los hombres sin bajar la guardia y atentos no se alejaban de los cuerpos que emanaban sangre en cantidad, sangre que lentamente se esparcía sobre el ardiente pavimento coagulándose de inmediato alrededor de los despojos mortales.

Bernal tenía un agujero de proyectil en el rostro con entrada por la parte inferior de su maxilar del lado derecho y un orificio de salida sobre el cráneo en la parte inferior, un segundo agujero todavía más letal a la altura del corazón. Con esa evidencia y viéndolo totalmente inmóvil la conclusión era obvia, el amigo Bernal ya estaba trasegando los caminos que conducen a las puertas de la corte celestial o quizá, descansando en el reino de Dios. Por su parte, Castro había recibido un sinnúmero de proyectiles los cuales le destrozaron todo su rostro y tórax, tristemente se dedujo que acompañó a su amigo.

Las lamentaciones y palabras injuriosas continuaron hasta que hizo presencia la unidad encargada del levantamiento.

La lentitud de los especialistas en criminalística no merecía reproche. Durante el día ese ejercicio lo realizaban docenas de veces exponiendo sus vidas realizando levantamientos no sólo de uniformados, sino de civiles que también caían abatidos en el intercambio de disparos porque a diario se frustraban ataques de los delincuentes, inclusive una mascota canina también había sido víctima de los sicarios al defender a su amo, comentaban los hombres.

Uno de los camilleros por intuición se inclinó a tomar los signos vitales de alguno de los supuestos occisos, seleccionó a Bernal, para realizar el ejercicio, para en cuestión de segundos levantarse desesperado gritando a sus compañeros. *¡Este, está vivo, está vivo!*

La parsimonia con la que llegaron se transformó en velocidad porque en segundos, al agente Bernal lo estaban ingresando a la Policlínica Municipal algo distante del lugar de los hechos. Allí también se observó lo paquidérmico que resultó el camillero encargado de llevarlo a la sala de urgencias; algunos compañeros desesperados viendo la actitud de los enfermeros, ratificaron las informaciones que circulaban en las estaciones policiales; ninguno deseaba que cuando estuviera herido fuera llevado a esa unidad hospitalaria, pues allí, lo acababan de asesinar. Con el paso de los minutos Bernal fue atendido por los galenos que con su comportamiento y celeridad desvirtuaron los comentarios.

Otro lamentable caso que se quedaba registrado en la minuta de población *"libro policial de anotaciones".*

La prensa, noticias y con más ahínco en los corrillos policiales ya era más que normal este tipo de casos y la vida y el servicio tenía que continuar.

Cómo en la Estación Laureles y el resto de estaciones de la "metro", la fuerza pública estaba bien organizada para repeler los ataques demenciales del enemigo, los descarriados hacían sus fechorías sin la complacencia de algunos superiores y la orden de las personas que estaban patrocinando la guerra se mantenía firme con el contrato de los cuatro mil sicarios, no contentos con ese mandato, la cifra la habían subido a cinco millones por cada guardia asesinado. Lo curioso era que las labores de inteligencia infiltrada donde se procuraba encontrar el enemigo, habían dado un dato sobre las mal llamadas escuelas de sicarios. Allí se decía que los asesinos encargados de apretar el gatillo eran los que menos dinero recibían y se comentaba que tan sólo cobraban entre cincuenta y cien mil pesos; que entre otras cosas era demasiado dinero, dependiendo obviamente del grado que tuviera el uniformado contra el que se disparara.

- Zuluaga "El Zarco o El Capo"

El "Mono" continuó convirtiéndose en un hombre respetado y temido, sin embargo, aún no alcanzaba el estatus de otros uniformados de la metropolitana, un motivo más para estar alejado de él.

En un encuentro casual dentro de las instalaciones del comando del departamento donde el cuadro era sencillamente espeluznante, observaba la cantidad de féretros de compañeros en paupérrimos ataúdes y lo escuchaba dentro de la capilla balbucear en forma alegre y descarada cómo la noche anterior había logrado atrapar a un sicario después de dar muerte a dos guardias motorizados, narraba como hizo justicia con sus propias manos pues la Ética Policial había desaparecido desde años atrás para un grupo de gendarmes fuera de la línea. No dejó a disposición de la justicia al capturado, lo condujo a un paraje solitario con el resto de sus compinches, el sujeto sabía perfectamente para que lo llevaban al lugar y dejándolos completamente asombrados, les dijo:

— *"¿Saben qué gonorreas? A lo que vinimos, hoy me toco perder a mí, dispare hijo de la gran puta que en la quinta paila del infierno nos vemos pa'que cuadremos cuentas, ¡Hágale gonorrea!",* Les gritó el delincuente.

Zuluaga quedó realmente sorprendido al observar la osadía, tranquilidad y serenidad con las que el malhechor les habló encontrándose a fracciones de segundos de la muerte, las mismas que utilizó de nuevo para decirles.

— *"A lo bien, hágale pues gonorrea, que no le tiemble la mano, porque a mí no me tembló para voléale chumbimba a la docena de "Tombos" que tengo encima, a esas gonorreas si les vi la cara de terror".*

No se sabía qué era más triste, si la muerte de todos los seres humanos que se encontraban al margen de la ley, o la forma como lo narraba Zuluaga, quien no dudó en asesinar al sujeto en medio de risas y aplausos de sus secuaces; según comentaba. Pero más sorprendido quedé al ver con la desfachatez que lo refirió, inclusive colocándole humor a la cosa como si se tratara de una fiesta.

La dignidad, la moral y todos los calificativos que se le puedan agregar a esas actitudes, definitivamente se habían perdido. Por mi parte yo seguí aferrado a Dios para que no me tocara presenciar una acción de esas y mucho menos participar. Las veces que accioné mi arma de dotación contra alguien fue en defensa propia y amparado por la ley.

Durante la misa dominical exhibí mi arma de fuego al párroco para que le impusiera la bendición; sobresalto que se le notó al clérigo al observar que la desenfundé, quizá pensando que la iba a utilizar contra su humanidad. Ello lo hice con el ánimo de que mi defensa nunca fuera a ser utilizada como instrumento con el cual se le pudiera quitar la vida a un ser humano. El ministro de Dios con delicadeza respondió que las armas no se bendecían, en cambio lo hizo conmigo para alejar cualquier mal pensamiento de mi alma que, entre otras cosas, de ver tanta barbaridad estaban tratando de rondar mi cabeza, sin embargo, la ética policial me mantenía firme.

La visita de Zuluaga a las instalaciones del comando donde se encontraban más de una docena de cuerpos inertes de uniformados tenía un objetivo, observar por última vez el cuerpo inactivo de un hombre que hasta la noche anterior fue parte de su combo.

El "gigantón" Becerra, el mismo que alardeaba cada que asesinaba a un ser humano, según Zuluaga, fue el caso de la noche anterior que causó revuelo a través de los comunicados de la central de radio, Becerra descuidó la guardia cuando más lo exigía, pues instantes en que degustaba de una comida junto a otro compañero fue atacado, al hombre habilidoso no le dieron tiempo ni de respirar, los más de quince impactos que su cuerpo recibió se anidaron en su espalda.

Tal vez Dios lo mandó a llamar para que rindiera cuentas porque la balanza la tenía bien recargada hacía el lado oscuro. Tengo que reconocer que no sentí un solo instante de tristeza, le recé un padrenuestro y le pedí al creador le perdonara todos sus pecados.

Este sentimiento de tristeza sí se generó al observar el tendido de féretros apenas identificados por un pequeño pedazo de papel pegado a un lado de la caja mortuoria en donde se anotaba los datos personales del occiso, un cuadro sencillamente dantesco y espeluznante, algunos ataúdes se encontraban herméticamente sellados, lo que se le entregaba a la mayoría de familias eran sólo trozos de carne dentro de una bolsa de polietileno comentaba el oficial de servicio, ya que los cuerpos quedaban irreconocibles o destrozados cuando eran impactados por las bombas. Un escalofrío se apoderó de mi cuerpo al escuchar esas palabras.

Allí, entre los cadáveres se encontraba el cuerpo de González, un agente veterano asesinado en la sala de su casa frente a toda su familia, infamia que no tiene perdón, pues los sicarios no respetaron la presencia de menores para descargar sus armas automáticas y acabar con la vida del gendarme. Los vecinos que presenciaron el homicidio manifestaron que los plagiarios no tuvieron ningún problema en hacer a un lado a los hijos y mujer para atacar a su víctima y una vez obligado a arrodillarse lo acribillaron.

El sicariato no es que estuviera pasando de moda, sino que el enemigo incursionó con otro estilo de combate más contundente y aterrador como una nueva modalidad del conflicto.

- "Los Carros Bomba"

Los carros bomba comenzaron a hacer verdaderos destrozos no sólo en las instalaciones policiales, patrullas y todos aquellos organismos de seguridad del estado que estuvieran enfrascados en la guerra, sino con la población civil.

La tensión aumentó, las autoridades civiles, militares y de policía se reunían afanados en las instalaciones de la alcaldía con el ánimo de crear estrategias para frenar la ola de violencia que continuaba haciendo estragos.

Horas antes, el comando del departamento en una decisión magistral, intrépida y única les ordenó a todos los comandantes de las unidades policiales acuartelar en primer grado a todos los uniformados de Policía del área metropolitana.

La orden era clara, una especie muy disimulada de paro por parte de la policía. Debíamos pernoctar dentro de las instalaciones, se levantaban sin excepción los servicios policiales. Algunos aplaudíamos la decisión por lo intrépida, mientras otros pensábamos que eran más los ciudadanos honestos que estarían en esos momentos necesitando el apoyo de un uniformado, sin embargo, dentro de los cuarteles se esperaba la nueva orden de salir a la calle a combatir al enemigo, tal vez con esa actitud los comandos querían llamar la atención de las autoridades políticas del lugar, decirles que se necesitaba un acompañamiento más decidido y eficaz, actitud esta que les haría entender que el problema no era sólo de la Policía.

Algo más de seis, siete u ocho horas, quizá más, duró la reunión de la cúpula, allí en las conversaciones de pasillo se decía que el alcalde y el gobernador respaldaban totalmente las decisiones que el comando del departamento tomara para frenar la ola de violencia, obviamente apoyados por la Dirección General de la Policía Nacional.

Durante las horas que la policía estuvo acuartelada, los atracos callejeros que se registraron en el centro de la ciudad quedaron filmados por algunas cámaras de aficionados, imágenes que se las hicieron llegar a los noticieros regionales.

La verdad es que nunca se supo o de pronto por ser subalterno sin rango no me enteré qué fue lo que obligó a tal acción, quién dio la orden o si venía de la ciudad de Bogotá para acuartelarnos de tan acertada manera. Así lo vimos desde abajo, sin embargo, en la cabeza de la gran mayoría de uniformados que le colocamos el pecho a la brisa no estaba el quedarse escondido, por encima de lo que fuera estaba el salir a las calles a proteger a los millones de ciudadanos inocentes que sufrían en medio del conflicto.

Dentro del paquete de órdenes que se dictaron después de la extensa reunión, se tomó la determinación de reducir los desplazamientos innecesarios, las armas debían permanecer en las manos y no en las cartucheras sin su seguro y listas para disparar, los casos de policía debían ser atendidos por grupos de uniformados fuertemente armados, los patrullajes se realizarían a pie, las mujeres de los gendarmes se verían obligadas a llevar los alimentos a sus esposos a las instalaciones y estos, a su vez, debían entrar y salir de los cuarteles en traje de civil.

Los que hacíamos parte del grupo de solteros pernoctábamos dentro de las instalaciones en las pocas horas de descanso ya que estas se redujeron al máximo. Pese a ello, había otro paquete de órdenes que a diario se repetían a través de la radio como consignas permanentes aunque la medida que más se adoptó fue la de entrar y salir de las instalaciones disfrazados, algo gracioso por los atuendos y bigotes que salieron a relucir, la medida dio poco resultado pues el personal del centro de atención inmediata CAI., ubicado en el sector *"del Picacho"* dentro de la comuna Castilla; *que en otrora se llamaba COC.,* sufrió el peor de los ataques en momentos que sus hombres hacían el relevo, a pesar que la entrada y salida de sus integrantes se realizaba completamente disfrazados, la estrategia fue descubierta por los delincuentes o la información fue vendida a los sicarios por personal propio, ya que no lo dudaron y aprovecharon esos instantes para colocarles una fuerte carga explosiva que acabó con la vida de todo el personal, tanto el que salía como el que llegaba de relevo, un golpe exitoso para los del cartel.

Algunos compañeros; *"creería"* todavía no asimilaban que se estaba viviendo un conflicto interno y que el enemigo se valía de cualquier medio para atacar a las patrullas policiales.

El sector del barrio Santo Domingo ubicado en la parte alta de la comuna Manrique se prestaba como el lugar perfecto para emboscadas por su topografía; sin embargo, la disposición sobrepasaba el cien por ciento y contaba con un patrullaje ameno manteniendo las pilas puestas.

Para la ocasión, por sus estrechas calles una llamada a la central de radio informó del asalto al vehículo repartidor de leche. Los uniformados encargados de vigilar el sector con todo el sigilo del caso se trasladaron al lugar, una vez allí, una mujer de avanzada edad desesperadamente se cruzó haciendo señas a la patrulla policial del sector para que no continuara su recorrido, pues les habían dejado una trampa. La advertencia de la abuela fue acatada y justo unos metros más adelante unos cables regados sobre el piso le dieron a entender a los uniformados que la información era verídica, estaban entrando a una poderosa emboscada con explosivos; la reacción de los plagiarios al ver que su objetivo no mordió el anzuelo, fue dar inicio a un feroz ataque con ráfagas de fusil y subametralladora; en esas zonas se hablaba fuertemente de unas milicias urbanas que dominaban todo el sector.

A penas hubo tiempo de buscar el mejor refugio para atrincherarse y repeler el ataque, sin embargo, no quedaron satisfechos y activaron la carga explosiva, la bomba retumbó estruendosamente causando daños materiales en todo su alrededor. Una salvada milagrosa gracias a una heroica mujer que no permitió atentar tan vilmente contra la fuerza pública.

Suerte que no tuvo la subestación de policía del barrio Campo Valdez de la misma comuna debido a que esa unidad sí fue destruida con explosivos aún con su personal dentro de las instalaciones.

Con ese estilo de combate estábamos perdiendo el año, como se dice vulgarmente dentro de la institución, pues con cada triunfo del enemigo al hacer detonar una carga explosiva contra una patrulla o una de las infraestructuras policiales, dentro de las ruinas siempre quedan incrustados los cuerpos destrozados de los uniformados o los ciudadanos del común.

Los servicios de inteligencia especialmente el F-2, judiciales o rayas como los llamaba vulgarmente la delincuencia, continuaban entregando reportes aterradores y realizaban operativos exitosos con los grupos de reacción donde vitoreaban la desarticulación de varias escuclas de sicarios, la captura de sus cabecillas que en su mayoría eran dados de baja como el que se destacaba en ese momento; dos de los hermanos Prisco Lopera; *"hombres exageradamente peligrosos"* caían abatidos por los organismos de seguridad del estado.

Esa clase de noticias motivaba al personal para continuar su lucha.

¡Bueno...! A todos no, la contrainteligencia también tenía bajo buen recaudo algunos uniformados de policía que habían vendido a sus propios compañeros quienes estaban totalmente comprometidos con la causa del enemigo y no les importaba asesinar a un policía a sangre fría *¡Y a fría que estaba la sangre!*

Mi compañero el guardia Morales confió en los uniformados hasta el último segundo de su vida, que a la luz de la realidad debían ser las personas más honestas en medio de la situación tan desesperante que se vivía, pues con solo escuchar la detonación de una bomba por más corajudo que fuera a uno le temblaban hasta los cojones, la incertidumbre también se presentaba acompañada de una rara valentía que incitaba a correr para el lugar de los hechos a repeler el ataque y prestarle los primeros auxilios a los sobrevivientes.

En este particular caso presentarse un supuesto uniformado así fuera de otra unidad, que traía consigo algo de apoyo y creaba una sensación de seguridad, así fuera la compañía por unos instantes; era bienvenida, sin embargo, con la situación del momento se tenía que desconfiar de todo ser viviente que se acercara.

A mi amigo, estando en su servicio normal dentro de los pocos centros de atención inmediata que quedaban en pie, se le presentó un uniformado de una estación del área, quien muy formalmente comenzó un diálogo con su colega, donde no podía faltar hacer mofa de sus comandantes y relatar los casos más recientes en que cayeron abatidos compañeros.

El visitante admirado por el arma de fuego que portaba Morales, se dejó vencer por la curiosidad y le preguntó por su revólver, los elogios no se hicieron esperar, Morales, sin ningún recelo la desenfundó y se la exhibió, diciendo: *"es un fierro muy bueno, un mágnum calibre tres cincuenta y siete es un elemento muy poderoso"* su acompañante de momento la tomó con suavidad contestando con gestos de exclamación y sorpresa.

- *¡No parce, esta arma es mala!* Mientras la revisaba con técnica.

Morales se sorprendió debido a que nunca le habían hablado así de su arma y refutó de inmediato la aseveración.

— *"¡No papá! Esto es una chimba de fierro".*

El hombre de nuevo contradijo a Morales con toda la tranquilidad acercándose un poco más y diciendo.

- *"A lo bien parce, esta arma es mala porque mata".*

El agente Morales pensó que era una broma del recién llegado, pero éste, sin darle tiempo de reaccionar se la disparó en varias ocasiones a quema ropa; *"término éste refiriéndose a que los disparos fueron muy cerca de su cuerpo".*

El uniformado cayó bruscamente dentro del habitáculo quedando mortalmente herido. Con toda la serenidad del caso el policía sicario salió caminando del lugar.

La acción ratificaba aún más la desconfianza que se estaba generando entre los uniformados de la institución, sentimiento evidente desde hacía varios años, inclusive las mujeres de algunos uniformados se habían prestado como carnada para asesinar a sus esposos, y algunas sirvieron de parrilleras de los sicarios según las labores de inteligencia.

Por ello el comando del departamento tomó la determinación de llamar a rendir una versión libre y espontánea ante el juzgado penal militar a las esposas de aquellos hombres que caían abatidos en situaciones dudosas, no interesando el dolor que estuvieran sintiendo en ese momento.

La perversidad de los sicarios rebasaba cualquier límite. El guardia Arévalo del antiguo escuadrón de motos desarticulado meses atrás y ahora convertido en la estación de policía Laureles en la modalidad de vigilancia, casi simultáneamente caía abatido por los plagiarios y de la manera más simple porque la intención de buscar amparo para su familia le hizo pensar que el vivir con sus padres le ofrecía una mayor seguridad. Cambió su lugar de residencia cien metros más adelante buscando también el calor de hogar, sólo que cuando trasportaba en sus hombros el último elemento para dar por terminada la dura jornada de trastear sus enseres, fue acribillado por los sicarios faltándole escasos diez metros para lograr el objetivo. Mayor tristeza causó el enterarnos que lo único que le faltaba por llevar a su nuevo hogar era la cuna de su bebe recién nacido. Otro caso que causó revuelo en la ciudad e indignación entre el gremio de hombres de la ley que no bajábamos la guardia repeliendo todos los ataques, pues los comandos lentamente se estaban convirtiendo en verdaderos fortines de guerra con trincheras por todas partes.

La arremetida del enemigo no paró, por el contrario, fue más brutal, ya eran cientos de hombres muertos de ambos lados, aunque la cifra fácilmente la quintuplicaba el contrario.

Los uniformados del área metropolitana éramos conscientes que si descuidábamos la guardia seríamos vulnerables, por ende, dejábamos de respirar en este mundo, de ahí que, durante los desplazamientos, los patrullajes con las pilas puestas era más que una orden y los que caían era porque Dios ya los necesitaba.

Es así como Blandón, un hombre muy cercano a mí y transparente en su actuar se convirtió también en protagonista de una situación que no tenía explicación lógica.

Después de revolcarse apasionadamente con su esposa, acto en donde salió a relucir la magia del placer sexual, según evidencias y resultado de la investigación, la mujer dejó a su compañero solo en su lecho mientras ella preparaba algunos alimentos; supuestamente, "*sólo*" que antes de dirigirse a la cocina entreabrió la puerta de su residencia ocultándose de inmediato en su parte trasera, los sicarios no tuvieron inconveniente en entrar y asesinar al gendarme, el cuerpo totalmente desnudo sobre la cama dedujo a los hombres de inteligencia que la práctica homicida había sido en mancomunado acuerdo con su esposa.

Con todo ello se reconfirmó que la ambición por el dinero estaba fuera de control, y que los uniformados de policía eran el blanco perfecto, la carnada más endeble para cosechar unos buenos pesos sin hacer demasiado esfuerzo por parte de los sicarios. No bastaba más que apostarse en cualquier lugar de la ciudad y esperar unos minutos o en el mejor de los casos unas horas a que pasara cualquier hombre vestido de verde oliva portando insignias de una autoridad de policía para atacarlo. Si se transportaba dentro de un vehículo policial la recompensa era mucho mayor que, en últimas eran las más apetecidas.

La situación de violencia del momento no fue impedimento para desechar una invitación de la *"Flaca"*, estábamos cumpliendo varios meses de novios y había que celebrar por lo alto, mis pensamientos apuntaban a otra cosa, no era invitarla a un refresco a un helado o a caminar, *"nos teníamos que manejar mal para pasar bien bueno"*.

El plan fraguado durante el traslado a sabiendas que salir a la calle desprotegido era un suicidio estaba saliendo a la perfección. Por esa tarde iba a dejar de ser un caballero, ya había detectado un rincón especial algo distante de su lugar de residencia, allí, algunos compañeros me lo habían señalado como un lugar reservado para los enamorados y bien disimulado para los ojos de los curiosos. La fachada se mostraba agradable y tomándole la mano a María, que también estaba ya decidida a darle rienda suelta a la pasión, ingresamos mientras le percibí un leve temblor en su cuerpo. Le demostraba que tenía buena experiencia, *"sin tenerla"*, yo me encontraba más asustado que ella, era mi primera práctica y no se lo iba a hacer saber.

La mujer que nos atendió se dio cuenta de lo inexperto en esas lides y con delicadeza nos condujo hasta una lujosa habitación, nos invitó a ingresar a ella cerrando la puerta para dejarnos parados allí mirándonos la cara como quien dice que sigue o quien toma la iniciativa. Era increíble que ese rito sexual fuera con la mujer que en esos momentos acaparaba todos mis sentimientos.

La *"Flaca"* no pronunciaba palabra y se dejó llevar por mis instintos dejándose caer suavemente sobre la blanda cama en medio de unos exagerados besos y caricias, mis manos la fueron despojando con sutileza de su vestimenta viéndola a cada segundo más hermosa y radiante, sus cálidos senos aplanados por mi pecho me estaban dando en esos instantes la autoridad suficiente para decir sin temor a equivocarme que esa pequeña alma ya era mía. El temblor fue desapareciendo de ambos y sin medir las consecuencias nos enfrascamos en el placer sexual más espectacular que haya tenido, hicimos el amor y lo disfrutamos como nunca demostrando que éramos un par de jóvenes con toda la vitalidad y fortaleza para tener varios orgasmos seguidos.

¿No les dije que más adelante les contaba? Ese día quedó registrado en nuestros cerebros como una fecha inolvidable y a partir de ese instante irresponsablemente lo disfrutábamos cada que esa sensación se apoderaba de nuestros cuerpos y sin medir las consecuencias, aparte de eso, me sentía realizado como todo un varón y difícilmente volvería a utilizar no solo la ducha de agua fría después de estar cerca a una mujer, ni tampoco saludar al mejor amigo con tanta frecuencia.

CAPÍTULO TRES

EL SICARIATO

- Los sicarios son menores de edad

El sicariato era más que una realidad, había que estar mucho más pendiente cuando se acercaban menores y jóvenes a un uniformado que hombres adultos; se comprobó a través de las capturas que se realizaban a diario, así como el decomiso exagerado de armamento y los distintos levantamientos de cadáveres de enemigos abatidos que en un sesenta por ciento aproximadamente, los delitos que se cometían especialmente el homicidio de policías eran realizados por jóvenes menores de edad.

La sorpresa fue mayúscula cuando en uno de los recorridos una mujer de edad desde una ventana casi a escondidas nos hacía señas para que detuviéramos el patrullaje. El gesto desesperado de la abuela nos dio a entender que algo fuera de lo normal sucedía en la cuadra del barrio más populacho de la ciudad, *"el Popular Uno"*.

Sin realizar movimientos bruscos para no mostrar las intenciones que teníamos, realizamos otro giro a la manzana pasando de nuevo por el sector y así, observar con más detenimiento lo que sucedía, nuevamente divisamos a la mujer con todo el sigilo del caso aún con más nervios señalar a tres pequeños niños sentados sobre el antejardín, la calle estaba plagada de chiquillos que alegres correteaban; sin entender qué quería decir la señora con sus escondidos gestos.

Algunos vehículos viejos que adornaban el lugar dejaban ver el abandono a que los tenían sometidos sus dueños, el moho los estaba carcomiendo y pasaban a ser los juguetes predilectos de los chicos, el sol calentaba duramente y como siempre, no faltaban los curiosos que no dejan de seguir con su mirada el paso de los guardias.

Desde la residencia contigua, escondida detrás de una ventana se observaba a otra mujer mucho más joven que la anterior haciendo los mismos gestos y señalando a los mismos menores, al ver esa nueva acción comprendimos que algo sucedía. Con toda la precaución del caso nos acercamos a identificar a los niños; jamás se pasó por mi cabeza que algún día tendría que requisar *"párvulos"*, pero ante la insistencia de los ciudadanos y cómo estaban las cosas no podíamos dejar pasar por alto la situación.

— *"A la orden mi Guardia"*.

Preguntó el más pequeño que no superaba los diez años según mi intuición, a su lado se encontraba una mochila y los otros dos menores observaban atentos, cada uno con morrales de colegio. El arma en la mano era la ventaja para defenderme en caso de ser atacado y mis compañeros pilosos miraban para todos los lados previniendo un ataque por la espalda, todos estábamos esparcidos a lo largo de la cuadra. La tranquilidad de los hombrecillos no me daba para pensar que pudieran ser peligrosos.

— *¿Qué hay de nuevo por acá, parceritos?*

Les pregunté entablando una amistad de momento y hablándoles en su propio léxico.

— *Todo bien mi Guardia ¿Por qué?* Dijo uno de ellos con una tranquilidad asombrosa.

— *¡Noo, por nada! Por acá paseando, mirando cómo está la situación,* contesté demostrando ser un hombre amigable y acercándome sigilosamente.

— *¡Normal! No se ve nada raro, mi guardia.*

— *¿Qué tienen en los morrales?*

— *¡Los útiles! Hoy no hubo clase,* contestó el pequeño que tomó la vocería en el instante.

— *O caparon clase, ¡Déjame verlos!* Preguntó mi compañero.

— *"Todo bien, mi guardia, no hay nada",* respondió el mayor de los infantes.

— *¡Fresas mi guardia!* Contestó el otro chiquillo que por intuición suponía tenía un poco más edad que el primero al que le dirigí la palabra.

— *¡Ningunas fresas! ¿Qué esconden ahí?* Le contestó mi compañero algo receloso mientras los otros estaban expectantes.

— *¡Nada mi guardia, nada de nervios!*

El que nada no se ahoga, ¡Mijo! Volvió a refutar mi camarada.

Seguía mirando para todos los lados disimuladamente y las mujeres desesperadas me señalaban a los chiquillos, con esa tercera advertencia revisé la mochila que se encontraba en el suelo y la sorpresa que me llevé no tenía nombre. Dentro de ella, una subametralladora mini uzi calibre nueve milímetros, una pistola calibre siete sesenta y cinco, junto a un par de granadas de fragmentación tipo piña descansando en su interior, un pasamontaña color verde de los que utilizan las fuerzas milicianas de la parte alta de la Sierra completaba el decomiso.

La reacción fue inmediata con los otros dos menores, a cada uno de ellos se les encontró dentro de su morral armas de fuego.

— ¿Y esto qué? Los nuevos juguetes ¿O qué mariconcitos?

— ¡Fresas mi guardia! Todo bien, no ha pasado nada.

Lo más desconcertante, es que ni siquiera palidecieron ni se mostraron nerviosos, se veían menos agresivos de lo que un hombre adulto hubiera reaccionado. De inmediato un bandido mayor nos hubiera atacado al hacer la primera aparición o en el mejor de los casos utilizaría el soborno ofreciendo cantidades de dinero por su libertad, aparte de la devolución de las armas.

Nadie en la estación daba credibilidad al hallazgo que se les hizo a los menores de diez, once y doce años respectivamente. Para mayor sorpresa, la cantidad de llamadas telefónicas a la guardia de la estación de parte de los vecinos del lugar donde se retuvo a los chiquillos, decían que el menor era el jefe de la pequeña bandola delincuencial, además, infundían terror en todo el vecindario. Algunos ciudadanos que no deseaban ser identificados los sindicaban de homicidios atroces perpetrados en la misma zona.

En un abrir y cerrar de ojos, ya en las afueras de la unidad policial cerca de diez menores preguntando por sus parceritos rondaban la unidad, de ellos también se hicieron afirmaciones de pertenecer al combo de niños, que en el momento sólo pretendían entregar comestibles y abrigo a sus amigos.

La justicia es débil en esos casos y lo único que se pudo hacer en la parte legal, fue dejarlos a disposición del Instituto de Bienestar Familiar, para que esa entidad a través de un acta los entregara a sus padres con el compromiso de no volverlo a hacer. Daba risa semejante castigo para individuos con delitos de homicidio encima, utilizar los menores por parte de los adultos era la mejor estrategia para realizar cualquier tipo de fechoría, sin embargo, se comprobó que una gran cantidad de menores eran autónomos en su actuar.

- Mi amigo Galiano

Las cosas no mejoraban, por el contrario, la tensión y la incertidumbre invadió la valentía de todos los uniformados, la mía se vio reforzada con la llegada de Galiano; *"o se había lagarteado el traslado a mi estación o también lo habían castigado"*.

Pacientemente esperaba en la guardia de la estación el arribo del comandante para presentarse, todavía lo tenía como un policía que no se había dejado corroer el alma *¡Tanto!* como Zuluaga; *"eso creía"*.

El saludo fraternal y sincero le llamó la atención a otros compañeros que se encontraban en la entrada al recinto policial comenzando a escucharse murmullos como siempre sucedía cuando llegaba alguien nuevo.

— *¡Qué bien Brother! ¿Ya habló con mi mayor?* Pregunté entusiasmado al ver la presencia de mi amigo.

— *¡No, güevón! Ayúdame para que no me manden a una olla, mire esa cantidad de compañeros que han asesinado,* dijo mostrándose más sumiso y asustado, la arrogancia que siempre lo había acompañado no sé dónde había quedado y aún con ese defecto mi amigo iba a tener mi apoyo.

— *"Hable con él antes de yo hacerlo, ¡Molina! Porque lo estoy esperando para presentarme".*

Así como ellos presumían y alardeaban de sus fechorías cuando hacíamos parte del escuadrón, deseaba chicanearle con la captura realizada preguntándole si había observado a los chiquillos.

- *Claro Moli., ya pillé esas gonorreitas,* respondió.

No sólo los había visto, sino que se encontraba aterrado según sus pobres palabras.

"El más pequeño es el jefe de la bandola, según una llamada que hicieron", le dije para impresionarlo más.

— *¿Y porque los soltaron? Debieron haberlos levantado a plomo, así se evitaría quien sabe cuántos homicidios,* exclamó Galiano.

— *"Son menores de edad y según la ley se les entregan a los padres con un acta de compromiso para que no lo vuelvan hacer y lo de asesinar me extraña compañero o es que me ve cara de sicario",* respondí.

Galiano deducía que eran los futuros sicarios, sin saber que según informaciones recibidas ya tenían crímenes encima y aterrorizaban a todo el vecindario.

El interrogatorio de Galiano no debía ser para mí sino para los jovencitos y no encontraba la forma de callarlo para preguntarle mejor por la mujer que me trasnochó por un largo tiempo y que aún se mantenía en un rincón especial de mi corazón *"quizá"* con el anhelo que algún día se fijara en mi para finalizar lo que habíamos dejado iniciado y para responderle como ella se lo merecía. Pero mi amigo quería saber más de los pequeños bandidos y continuaba con el interrogatorio.

— *"No creo que tengan más de doce años estas gonorreitas ¡Yo si los hubiera levantado!*

— *"Adivinó"*, contesté sin muchos deseos de seguir la conversación cambiándole el tema, pues estaba como alardeando y presumiendo demasiado: diez, once y doce años.

- *¡Pero bueno! De verdad diga que quiere hacer, que yo le ayudo con el jefe,* le presumí.

— *¡Seguro güevón!* Contestó más animado.

— *¡No más diga que necesita!* Respondí con un gesto de amistad.

Mi amigo sólo deseaba trabajar al lado de un oficial, esa era la mejor oportunidad que se le había presentado y teniendo mi apoyo no iba a desperdiciar la ocasión, aprovechando la cercanía con el jefe y la confianza brindada, otra vez me hice el importante para ver su reacción diciéndole que le hablaría después de presentarse, la reacción de Gali., fue inmediata.

— *¡No, parce! Hágalo usted primero, yo a esos manes les tengo miedo y respeto.*

Por un instante puse a sufrir a mi amigo para luego enfrascarnos en los recuerdos de los compañeros abatidos hasta ese momento. Según sus comentarios eran demasiados los hombres conocidos caídos y abatidos que compartieron con nosotros desde el primer día mientras pertenecíamos al escuadrón de las motos.

No pude contener las ansias de preguntarle con discreción por Valentina y a manera de curiosidad, nadie sabía que esa loca, *"por mencionarla cariñosamente"*, me encantó y todavía guardaba el secreto; no hice comentarios al respecto por consideración a mis amigos menos los iba a hacer al saber que había pasado por las manos de dos compañeros; *"suponía"*.

– *"A los que no volví a ver fue al "Zarco" y a Rendón"*, expresó.

La conversación se estaba volviendo tediosa y no encontraba la forma correcta de callarlo, pues para él, era una proeza contar sus hazañas con un tono de voz fuera de lo normal, como si la intensión fuera ser escuchado por uno que otro uniformado que pasaba frente a nosotros; recordando la última pregunta respondiendo sin dilación.

 – *Con Zuluaga he hablado en algunas ocasiones y a Rendón hace varios meses que no lo veo; ¡A propósito! hablando de ellos ¿Qué pasó con Valentina? hace bastante tiempo que no se nada de ella.*

Esa fue la oportunidad perfecta para preguntar por la muñeca. Bajo ninguna circunstancia iba a hacer el comentario de lo sucedido la última vez que la vi cuando no tuve la valentía de hacerle el amor o tal vez me pasé de caballero como me tildaba la mayoría de amigas.

— *¡Esa loba!* Contestó Galiano con sorpresa.

— *¡Sí, la misma! Aunque no sé si será loba*, refuté sin poder ocultar el gesto de indignación que me produjo ese apelativo, sin embargo, mi amigo no se contuvo para expresarse mal de Valen., y continuó con la palabrería.

— *"A esa nena le hice el amor varias veces detrás de la guardia cuando hacía primer turno ¡Güevón! Le pegué unos fierrazos"*; término éste de mal gusto cuando se expresa de una mujer aduciendo que le hizo el amor.

De inmediato objeté la respuesta de Galiano, ya sabía del sartal de mentiras en las que vivía mi amigo por eso dudé, según él, aprovechaba la oscuridad de la noche cuando visitaba la unidad policial después de terminar la relación con Rendón, sin embargo, sentí como si me hubieran clavado un puñal en el pecho al oír esas palabras para mí difíciles de creer y obviamente él, no tenía la más mínima idea de los sentimientos que afloraron hacía la bella mujer, de ser así, no se expresaría con tanta desfachatez. Afortunadamente María ya se había metido en mi vida. Gali., continuó con sus injurias.

- *"Esa nena estaba solterita por esos días y sin compromiso"*, dijo luego refiriéndose a Zuluaga tratándolo de bobo, porque según él, en esos instantes Valentina convivía con Zulu., y hacía la salvedad que el "Mono" sólo era bueno para los negocios, pero pésimo en las relaciones de pareja.

El hombre sin ningún prejuicio se derramó en prosa contra la humanidad de la hermosa chica. Las insultantes frases en contra de *"Tina"* no me gustaron, fuera lo que fuera era mi amiga y mejor le cambie de tema acabándome de enterar que no eran dos sino tres los amigos que conocían sin ropa a Valentina. A pesar de sus comentarios, él seguía siendo mi amigo y me reconfortaba tenerlo en la temida estación Manrique conmigo.

— *"Menos mal no se enteró de lo nuestro o sino Zulu., me quiebra el culo, marica"*. Palabras textuales a las que Galiano le colocaba sentido.

La charla no era tan amena y sorprendido quedé cuando hizo un comentario del hermano de Tina., el asombro fue grande pues en varias ocasiones intercambié palabras con él cuando comenzaba a ser un adolescente, precisamente el día que conocí a su hermana. Galiano no omitió detalle al contar que el joven que ya superaba los dieciséis años se había convertido en uno de los sicarios más reconocidos del sector; además, no intentaba atacar a ninguno de los amigos de Valentina por el acercamiento de ella con los uniformados, pues la mujer le merecía todo su respeto por el amor de hermano que le tenía. Galiano continuó su relato dejándome más estupefacto.

Mi amigo prosiguió con un comentario para mí, aún más aterrador que el anterior y sin ningún tipo de preocupación relataba como sus amigos habían acabado con la vida de un ser humano.

"A lo bien, parce, yo si no comí de cuñado y, en la parte seria, nunca fui monedita de oro de ese maricón, los que lo llevaban en la buena era el Zarco y Rendón", dijo en forma sin tumbarse a la bartola.

Al escuchar ese comentario sentí algo extraño dentro de mí. Era increíble saber que tenía al frente el hombre responsable del dolor que sufrió Valentina, porque después del asesinato de su hermano, sufrió varios colapsos nerviosos que la llevaron al hospital.

Todos los días aparecían casos más aberrantes y este era otro que no tenía doble, ya que, después de la muerte del joven, Galiano, dialogaba tranquilamente con Valen., y dentro de sus comentarios, la acompañó durante el tiempo que duró el entierro; el hombre siguió contando el relato dándose cuenta que no me gustó para nada la noticia.

— *"El hijo de puta tenía una bandola con la que se coronó a varios policías; no le hablo mierda güevón, me tocó escuchar una vez que visitaba a la nena, cómo uno de sus parceros planeó el asesinato de un compañero y después cobró la plata para hacerle la fiesta de primera comunión a su hermanito menor".*

Me sobaba la cabeza escuchando la historia difícil de creer, preguntándome *¡Cómo hace una persona para asesinar con el ánimo de recoger un dinero para poder realizar una fiesta infantil!*

Luego dijo Galiano.

- *"Y eso no es nada, se reían los malparidos contando cómo la mamá del pelado estaba inocente de donde esa gonorrea había sacado el billete. ¡La cucha disfrutó la fiesta! Invitando a todos los amiguitos de la cuadra; cincuenta mil lucas costo esa vuelta parce".*

No me aguanté y me hice el desentendido pues la sangre me estaba comenzando a hervir, tampoco estaba seguro del comentario de Galí., desde la escuela de formación lo teníamos identificado como un joven mentiroso y fantasioso que siempre deseaba ser el importante del grupo, constantemente alardeaba y con la seriedad que modulaba dudaba si era realidad o no, lo cierto es que de tantos casos insólitos uno más no se me hizo extraño, luego dijo Galiano.

— *"Valentina no sabe nada de eso, ¡Güevón! Para que no vaya a decir"*, continuando el hombre con sus varoniles hazañas.

— *¿Te "acordás" de esa noche que fuimos a "rumbiar" con Zuluaga?*

Galiano no solo con esas historias me tenía aterrado, pues con un par de palabras me hizo recordar aquella acción en la supuesta fiesta a la que fui invitado por Zuluaga y donde casi me asesinan. El relato de mi amigo con pelos y señales apuntaba a que ese tipo de deuda no se puede dejar sin cancelar y menos donde se involucra armas y droga.

Una vez me dejaron en el escuadrón se regresaron apoyados por otros dos parceros decía Galiano, y a sólo unos metros de la discoteca esperaron pacientemente la salida de los hombres que me agredieron. Uno a uno de los aparentes jefes salió casi colgado de los brazos por sus escoltas, el extranjero cómo que se encontraba en su salsa y con su escándalo llamaba la atención sobresaliendo en el grupo.

La espera no fue demasiada hasta que en medio de risas y escándalos aparecieron los objetivos, los hombres caminaban como si lo hicieran sobre nubes, la droga y el licor estaban dentro de los cerebros de los pobres diablos que no tenían ni idea lo que les esperaba.

Abordaron el automotor sin percatarse del vehículo de la muerte que los seguía a cierta distancia. El fuerte aguacero ya había cesado desde la media noche haciendo de las suyas, una de las canalizaciones de las quebradas de la ciudad con su turbulenta agua bajaba a su máximo nivel, el lugar estaba algo desolado y el vehículo de los drogados muchachos se detuvo.

La necesidad fisiológica de evacuar los líquidos del cuerpo fue la excusa perfecta para obligarlos a descargar el orín sobre la enfurecida quebrada, las risas continuaban formándose una pequeña apuesta de quien tenía más potencia para expulsar el amarillento líquido. Otra oportunidad para los nuevos amigos de Zuluaga no se presentaría y sin dudar, con todo el sigilo que se necesita se acercaron a los desprevenidos mortales cada uno con un mini uzi disparando sobre sus espaldas. Solo dos alcanzaron a reaccionar colocando en práctica su instinto de supervivencia, el tiempo de lanzarse desesperados a la canalización fue justo antes de ser rematados, lo que si garantizo Galiano fue que si nos los mataron todos los proyectiles que tenían en su cuerpo, la torrentosa agua si acabó con sus vidas, pues el fuerte arroyo desemboca al rio Medellín que en esos instantes bajaba con más turbulencia. El otro mortal si rodó hasta caer de igualmente al agua, pero por su forma de desplomarse dedujeron lo peor, aun así, continuaron disparando sobre el mugriento mineral y en una rápida acción tomaron el vehículo de los mortales y ambos automotores salieron del lugar antes de ser vistos por algún vigilante de la cuadra.

Aun no comprendo como hacía para contar semejante atrocidad con tal desfachatez y sintiéndose satisfecho.

Según Galiano, los civiles que cometieron el criminal acto de disparar, con esa acción quedaban a paz y salvo con Zuluaga y era mejor tenerlos de amigos, pues las historias que el "Zarco" contó de los serviles era producto de asombro y respeto.

Siempre que se iniciaban esas conversaciones con cualquiera de mis amigos prefería salir sin decir una palabra y antes de retirarme escuché la petición de Galí.

Su anhelo era conducir una gran moto para prestar su servicio como escolta del jefe, y para cumplir ese anhelo se necesitaba poder, "yo" era la persona más cercana al poder y el poder lo tenía por la cercanía con el comandante, por lo que apliqué mis influencias para que lo aceptara como su escolta, toda vez que lo recomendé; hasta en esos menesteres eran recelosos los oficiales con el ánimo de que sus hombres no los traicionaran, pues debían ser los policías de más confianza.

Mi amigo recibió toda mi complacencia y en una gestión rápida de pocos días, tenía a su disposición una moto de alto cilindraje y enaltecido por ser el nuevo escolta del jefe. La advertencia de no dejarse asesinar, mucho menos torcérsele a nuestro jefe no se hicieron esperar, era su hombre de confianza en esos momentos y ese sentimiento se estaba colocando a prueba al recomendar a mi amigo.

Con una tarde calurosa siendo su subalterno de confiar, el jefe me informó a qué lugar se dirigía en traje de civil, haciendo la acotación que nadie más debía saberlo. A través de la línea telefónica me informaría de su ubicación para enviarle el vehículo de comando que lo recogiera horas más tarde. La tensión era tanta que para alejarse sólo un par de horas de la estación debió solicitarlo por escrito a su jefe inmediato.

- La muerte de Galiano

Galiano pasó toda la tarde organizando su nuevo juguete para hacer su primera salida cuando el jefe llegara, le hizo ajustes después de asearla y darle brillo tratando afanosamente de prenderla, pero la moto no respondía, la hora de salir a recoger al comandante se acercó y afanosos intentábamos de nuevo prenderla.

El teléfono por fin sonó y a través de la línea telefónica el jefe ordenó que lo recogiera en veinte minutos; no mencionó más nada, el resto del mensaje ya lo conocía.

Las amenazas contra su vida eran el pan de cada día, amenazas ya confirmadas por los organismos de inteligencia dando a entender que debía extremar las medidas de seguridad. El grado de mayor es un manjar apetecido para los sicarios y aún más siendo el comandante de la estación Manrique, unidad que había reaccionado fuertemente en contra de los delincuentes.

Galiano se desesperó, su automotor no encendía, el vehículo patrulla si lo hizo y el resto de escoltas se alistó para salir. Viéndolo en esa situación monté la moto diciéndole que yo personalmente lo recogería y empujándola dejé que rodara varios metros para encenderla de forma directa, en la pendiente logré avanzar unos quince metros aproximadamente prendiendo de inmediato y le hice señas a Galiano para que se acercara.

Un raro pálpito me decía que mejor no condujera el vehículo; el joven feliz aceptó mi petición y montó su nave, por fin iba a disfrutar del viaje, era su primera salida a prestar el servicio que le apetecía, escoltar a su jefe, la patrulla también inició su desplazamiento con sus tripulantes despreocupados.

Mi regreso a la estación fue en forma apresurada, duró unos cuantos segundos, no había alcanzado a tocar la entrada de la guardia cuando una estrepitosa explosión sacudió todo el lugar arrumándome contra una de las paredes quedando algo aturdido; todo colapsó, en esos segundos la confusión se apoderó de los presentes y el apagón de la energía fue general. Se había entrado la noche con una luna espectacular como para los enamorados.

Los cercanos a la explosión quedamos atolondrados sin saber que pasaba, sólo se escucharon ráfagas de fusil sin ningún control, gritos de pánico y terror desde la parte externa y baja de la estación, unos diez minutos duró el caos y las armas se silenciaron, los hombres centinelas en medio del desespero disparaban en todas las direcciones.

Después de esa breve calma la carrera fue para el lugar donde había sido el siniestro, la oscuridad cubría todo y con algunas linternas que aparecieron en el acto solo se veían cadáveres mutilados por todos lados, de las motos escoltas no quedó ni las placas y la patrulla totalmente incinerada con varios cuerpos en su interior, entre ellos el cuerpo de una mujer que le había llevado la comida a su hermano quien era el hombre que conducía la patrulla.

Del desconcierto no recordaba que Galiano, era uno de los que conducía moto, hasta que caí en cuenta que se trataba de mi amigo. Lo busqué por todas partes y solo encontré trozos pequeños de carne humana, un desespero absoluto se apoderó de mí, los ciudadanos desconcertados recogían a los heridos y como podían los mandaban en vehículos para la policlínica de la ciudad; con el apoyo del resto de uniformados de las patrullas que se encontraban en la vigilancia las cosas volvieron a su normalidad, con un saldo trágico de varios compañeros muertos totalmente desintegrados y civiles que nada tienen que ver en el conflicto.

Al llegar a la estación nuevamente en medio de la penumbra escuché al radio-operador transmitir los datos personales de la única víctima reconocida hasta ese momento; un M-O, *"5-5 central"* respondió el radio-operador de la estación Manrique, *"5-15 del 5-39 reconocido hasta el momento"* contestó la central. Al pronunciar esas claves sólo deseaban saber el nombre del uniformado muerto identificado hasta ese momento y con suma tranquilidad recibieron el mensaje; esos hombres son los primeros en recibir todas las noticias y ya nada los impresionaba.

Pero más que una sorpresa fue el miedo que me embargó cuando escuché mi nombre y datos en la transmisión, yo mismo me asusté y me sobresalté diciéndole en voz fuerte.

— *¡No hermano, yo estoy vivo, el muerto es el agente Galiano!*

El comandante de guardia que enviaba el mensaje, también quedó de una sola pieza, porque fue el primero que me vio salir en la moto, por ello de inmediato dedujo que yo era la víctima.

Cuando regresó la calma y reunidos con el jefe lamentando lo acontecido timbró el teléfono, el hombre lo tomó despreocupado y en su rostro pudimos notar que la llamada no era nada agradable, una nueva amenaza más contundente en contra de su vida le estaban ofreciendo en esos instantes. De inmediato dedujo que dentro de sus filas tenía el informante o siendo más atrevido, los policías sicarios autores materiales e intelectuales de tan vil ataque. La suma ofrecida por la vida de él, ascendía a quinientos millones de pesos según el intimidante.

La solidaridad con el jefe se manifestó de inmediato pues todos los presentes le reiteramos nuestro apoyo total. Ahí me daba cuenta que todavía quedaban muchos policías conmigo, no sólo en Manrique sino en otras unidades policiales del Valle de Aburrá, buenos, honestos, leales, con vocación de servicio y trabajadores que le estábamos colocando el pecho de frente al conflicto.

La tragedia y amenazas ratificaban las informaciones de inteligencia que decían el valor tan incalculable que tenía la estación Manrique para el enemigo, algo más de mil millones de pesos estaban sobre la mesa para el que se atreviera a destruir la estación, incluido su personal. Así mismo, se hablaba de dejar caer sobre la infraestructura un vehículo de transporte aéreo, como un helicóptero o algo por el estilo cargado de explosivos.

La arremetida por parte de la institución no tuvo precedentes, ya que esa misma noche en otros lugares de la MEVAL., docenas de uniformados caían abatidos por los sicarios y de parte del enemigo la cuota era sencillamente espeluznante donde se destacaba el operativo que acabó con la vida de *"Tyson"*, alias con él se identificaba quizá el lugarteniente más tenebroso de Escobar, el mismo que centenares de uniformados en sus comentarios manifestaban jamás querer caer en sus garras por lo sanguinario.

Al día siguiente de esa nefasta noche, Zuluaga hizo presencia para darme apoyo moral y lamentar la perdida de nuestro amigo Galiano; por la situación que se vivía en esos instantes no me atreví a preguntarle si era verdad que simpatizaba con Valentina, el tampoco deseo hacer comentarios al respecto y más bien optó por decir que esa cuenta ya estaba saldada, no sólo en Manrique sino en muchos sectores de la ciudad y, acto seguido comenzó a narrar lo que para él era saldar una cuenta.

Una vez se enteraron de los atentados porque no sólo ese era el perpetrado la noche anterior, tomaron a manera de investigación un vehículo camioneta manifestándole a su conductor que el automotor tenía antecedentes por hurto. El hombre asustado e inocente accedió a entregarla toda vez que se trataba de una orden directa de un uniformado de la policía, acto seguido lo dejaron esperando en una de las estaciones policiales a que regresarán con su transporte después de verificar su A-Z en las instalaciones de los servicios de inteligencia; un plan perfecto, en segundos la camioneta tenía placas diferentes y adornos con los cuales fácilmente distaba a ser reconocida en su forma original.

Cuando terminaron el subjetivo camuflaje, lo abordaron varios hombres del combo fuertemente armados para salir a realizar la vuelta como dicen ellos en lugares plenamente identificados; minutos más tarde regresaron con el automotor en perfectas condiciones manifestándole a su propietario que todo estaba en regla. Casi simultáneamente la central informaba de una masacre en sector del barrio San Javier, Castilla y el propio Manrique por parte de unos hombres fuertemente armados.

No hallaba la forma de distanciar a mi amigo de mí para que no me contara sus hazañas, aventuras de las cuales ni me sentía orgulloso ni participé; pero el hombre pese a las adversidades que se le presentaban para narrarme sus andanzas, insistía con sus comentarios como si para él fueran estos un trofeo.

Esa misma noche un carro bomba destrozó por completo una patrulla de la vigilancia incluido el personal uniformado por el sector del Estadio Atanasio Girardot, destruyendo todo a su paso, otras dos bombas cumplían con su deber en sectores del Poblado causando muchos más estragos y dejando una mayor cantidad de víctimas. Otra vez los ciudadanos quedaron en medio del conflicto colocando su cuota, tanto en muertos como en heridos, las medidas de seguridad tanto de personal como de instalaciones se extremaron al máximo con barricadas al estilo película de guerra.

Como algo a lo que no se le encontraba explicación, una fuerza extraña cada que explotaba una carrobomba con más ganas incitaba y se salía a trabajar. Nadie bajaba la guardia y las retenciones eran permanentes y como bichos se reproducían, pues entre más bandidos se capturaban o se daban de baja más aparecían, confirmando con esto los resultados de las labores de inteligencia y que trasmitían los altos mandos alertando a su personal. En ellos, comunicaban que las escuelas de sicarios se estaban proliferando de manera exagerada especialmente en nuestra comuna, por lo que había que extremar las medidas de seguridad y permanentemente obtener información de los buenos ciudadanos que en su mayoría residían en tan conflictiva zona, para así desarticularlas a como diera lugar.

Ya lo había narrado unas paginas atrás, que la orden era patrullar en grupos de 15 y 20 hombres fuertemente armados lo que no era impedimento para el enemigo atacar. Y así fue, estratégicamente ubicados desencadenaron una fuerte balacera en momentos que ingresamos a una emboscada.

Los disparos de fisil R-15 se distinguían de nuestros fusiles galil y subametralladoras, pistola y revólver que portaban algunos de mis compañeros. Allí ratifiqué que no me temblaban las manos para disparar cuando mi vida estuviera en peligro. Lo mismo *"creo"* estaban sintiendo mis otros compañeros y el hombre al mando del grupo.

Perfectamente atrincherados respondimos el ataque a pesar de tener la desventaja, pues la ventaja la tenía el enemigo que atacó primero, tampoco hubo tiempo de preguntar cuántos bandidos nos disparaban; a lo mejor hasta los hubiera invitado a dialogar que era mi fuerte, pues siempre tenía en mi mente realizar labores comunitarias y evitar lesionar un ciudadano así fuera un delincuente.

Apostado en un montículo de tierra disparaba a donde veía los fogonazos de arma de fuego que no era uno, eran demasiados desde diferentes puntos, que, a pesar del frío, la noche estaba espectacular en esa parte alta de la comuna.

Por mi inexperiencia o ingenuidad en esa clase de confrontaciones, no caía en cuenta que pequeñas proporciones de tierra se levantaban a mi lado hasta que un compañero a grito alzado y empujándome hacia un costado me sacó de aquella improvisada; pero para mí perfecta trinchera, pues las partículas de tierra que se levantaban a mis lados no los había detectado. Eran los disparos del enemigo que apuntaban hacia mí y me tenían alineado ya que me encontraba totalmente expuesto.

- *¡Quitáte de ahí marica que te están disparando!* Por segunda ocasión gritó mi amigo.

Con esa prodigiosa salvada si le iba a perdonar al camarada el haberme llamado *¡Marica!*

Los proveedores se descargaron y los del enemigo como que eran armas de una película de guerra porque difícilmente se les agotaba la munición.

Nos salvó la rápida acción de otros grupos en tierra que si entraron al baile como dios manda.

- *Que plomacera tan "hijueputa"* decía uno de los compañeros en medio de una alegría inusitada.

Las arengas de parte del enemigo y respondidas por nosotros iban y venían acompañadas de vulgaridades de todos los calibres, hasta las más nobles de parte mía como era la de rendirse en nombre de la ley; *¡Eso pensaba yo!* Pero otro en el pensamiento de mis colegas que disfrutaban la acción queriendo a toda costa acabar con los sicarios.

Como era de esperarse los ciudadanos desaparecieron, obviamente el instinto de supervivencia los obligó a esconderse.

Nuevamente la comuna Manrique quedaba ignota ante aquel bestial ataque que dio cuenta de varios sicarios caídos en combate, de parte nuestra ninguna baja, tampoco heridos, salvo el terror mezclado con valentía pues ninguno se arrugó como contaban algunos compañeros en horas de la madrugada cuando se entregaba el turno de vigilancia y donde resaltaban mi ingenuidad a la hora de combatir y a la vez me enaltecían por demostrar arrojo y valentía.

Esa acción para mí fue magistral, espectacular y apoteósica. Para mis compañeros el pan de cada día, ya que permanentemente se registraban no solo enfrentamientos en la ciudad sino casos donde se involucraban armas, retenciones etc., especialmente en las comunas.

Una de las patrullas al mando de un "Santo Santo, trasladó hasta las instalaciones del cuartel a un hombre que en su poder tenía una pistola sin su respectivo salvoconducto, varios proveedores, tres camisetas puestas, un morral con un pantalón de diferente color, así mismo, tres gorras diferentes, aparte de conducir una moto de alto cilindraje sin sus respectivos documentos, elemento este fundamental para huir después de cometer un ilícito.

La situación estaba candente, este joven por su apariencia, silencio, malicia indígena y elementos decomisados indispensables para cambiar de aspecto en fracción de segundos cuando se va perpetrar un delito especialmente el homicidio, hurto o instalar una carrobomba, con facilidad y sin temor a equivocarnos, se deducía que era un sicario. Una vez dentro de los calabozos, las llamadas de algunos ciudadanos ratificaron las presunciones de los uniformados, se trataba de un reconocido sicario de la comuna Castilla.

La noticia fue causa de alegría para algunos policiales mientras otros deducían que allí estaba la plata y las sospechas aumentaron, durante el resto de tarde un mercado persa quedó pequeño al lado de la cantidad de ofertas millonarias que se ventilaron a través de algunos policiales especialmente la temida bandola de los sureños, esa misma que por allá en la página; *"si mal no estoy, ciento noventa les mencioné";* mensajes maquiavélicos y amenazantes por la liberación del bandido.

La subasta comenzó a tornarse interesante pues con el paso de las horas, valga la redundancia y a solo unas horas de ser trasladado a los calabozos de los organismos de inteligencia, fue subiendo de precio a través de los centinelas, la moto más diez millones de pesos en efectivo por su libertad. En ese caso, con tanto ofrecimiento era más importante estar atento con los centinelas; *"los sureños"* pues en un abrir y cerrar de ojos lo dejarían escapar de los calabozos para ganarse el botín.

La orden del comandante se cumplió y en las horas de la noche fue trasladado para las instalaciones de los judiciales o rayas; *singular apelativo pues se decía en los corrillos del bajo mundo que estos si borraban del mapa al malhechor que cayera en sus manos,* fue así, como sin pruebas contundentes, tan sólo sospechas, porte ilegal de arma que era lo más normal y una que otra llamada, el recibimiento en la unidad de inteligencia no fue posible, además, manifestaron tener los calabozos repletos de delincuentes más importantes con delitos más graves. Esas razones fueron suficientes para que de nuevo fuera conducido hasta los calabozos del cuartel donde la cifra por su libertad fue aumentando a medida que avanzaba la noche.

Los jóvenes centinelas estaban desesperados como lobos acechando a su presa y merodeaban continuamente los calabozos llevando y trayendo razones, la cifra aumentaba a quince millones más la moto y el arma por la libertad; precio que estaba tentando no solo a los uniformados encargados de la custodia, sino a una buena cantidad de guardias de la vigilancia, así mismo llegaron mensajes desesperados de algunos miembros de la institución de la vecina comuna Castilla.

Al día siguiente mi jefe debido a la exagerada demanda por la libertad del sujeto y en vista que debía ser un delincuente muy importante para su organización, enterado ya de la situación y que se estaba convirtiendo en un manjar que llamaba fuertemente la atención de una buena parte de su personal, además, que no lo recibían en ninguna unidad, optó por dejarlo a disposición de la inspección de policía, entidad ésta, que nada tenía que ver con ese tipo de casos, pues allí, solo se resuelven delitos menores, querellas, conciliaciones y faltas contra el manual de convivencia.

La orden se cumplió y en horas de la tarde fue remitido a las instalaciones donde su estadía sólo fue de un par de horas. En aquel lugar si aceptaron el ofrecimiento por su libertad beneficiándose el alma gato que más intercedió por su liberación. Así quedaba más desconcertado pensando cual era el verdadero procedimiento que debía seguir y en quien realmente se podía confiar. Con el procedimiento me convertí en un uniformado no muy apreciado por un numeroso grupo de policiales ya que no accedí a sus pretensiones dejando escapar un botín de esos y de nuevo me tildaron de bobo por que otros si aprovecharon esa aparición divina.

Las grandes barricadas con canecas repletas de arena y cemento, bultos de sílice a manera de trincheras se asemejaban a verdaderos fortines de guerra, una o dos cuadras a la redonda de cada unidad policial se cerraba impidiendo incluso en muchos casos el paso de los transeúntes. Por eso en la estación Laureles, antiguo escuadrón de motos desarticulado por completo años atrás, el comandante se vio obligado a imponer el servicio de policía más repudiable de toda la historia policial. En turnos de vigilancia de unas horas, varios uniformados de policía debían introducirse por las cloacas que se encontraban instaladas debajo de la estación sobre la carrera setenta y cinco, utilizando cascos protectores de mineros con potentes lámparas, buena munición y su fusil.

Las informaciones de inteligencia hablaban del plan macabro y terrorista que tenía el enemigo: colocar una carga suficiente de explosivos de alto poder destructivo y levantar por los aires a la codiciada unidad policial, ofreciendo una cifra en pesos similar a la de Manrique, dinero en efectivo contante y sonante que tentaba a cualquier mortal; esa era la recompensa para el osado hombre que lo lograra.

Los olores nauseabundos acompañados de todos los excrementos humanos de miles de ciudadanos del sector, insectos, roedores de todas clases donde sobresalían ratas de casi tres libras de peso, y los túneles que debían recorrer los policiales para proteger sus vidas y las instalaciones, acompañaban las horas de vigilancia. Al tiempo, la incomodidad del punto de vigía estaba causando enfermedades virales en los uniformados que debían cumplir con esos servicios, rotados a diario; decía el comandante.

Causaba gran curiosidad observar a los hombres de la ley levantar las tapas de la alcantarilla y como topos bien abrigados perderse en la oscuridad.

Acá abajo si se debían tener dobles los cojones, era como estar enterrado vivo bajo los olores más asquerosos y repugnantes, con una incertidumbre jamás vivida y con los sentidos en máxima alerta; sin embargo, los sentidos de una buena cantidad de hombres de la ley estaban puestos en otros menesteres, donde no les importaba la vida de los uniformados que confiados realizaban las labores dentro de las instalaciones o descansaban en sus alojamientos después de un agotador día de trabajo.

Ni siquiera la propia vida importaba, la desfachatez y el desaforado amor por el sexo les hacía olvidar sus obligaciones para que en las horas nocturnas a escondidas de sus comandantes ingresaran a los túneles mujeres con el remoquete de guarnición y revolcarse apasionadamente con las damiselas en esas cloacas, verdaderas mujeres campeonas en ese aspecto, porque eso no lo hacían sino ellas. Terminada la fiesta salían de las alcantarillas sacudiéndose como una gallina cuando la pisa el gallo *¿Cuántas de ellas quedarían embarazadas en esas prácticas sexuales?* En algunos casos eran los tres uniformados los que organizaban el festín, cada uno con su meretriz y en otras oportunidades se rotaban a la dama mientras los otros dos cumplían a cabalidad con el servicio, *"Cuenta la historia"*.

A mi mente llegaron las palabras de Galiano cuando se refirió de esa manera tan vulgar de mi Valen., a pesar del poco conocimiento que tenía de ella no creo que se hubiera prestado para tal acción dentro de esas en las cloacas.

Estaba de visita en la unidad que me inició como policía con un objetivo, saludar a los pocos amigos de curso que aún se mantenía en ese bloque y dialogar con mi amigo *"Mateo"*, a quien se le estaba torciendo el tronco a medida que crecía, viendo el árbol de esa manera, me pregunté si el refrán era verdadero, quedé con la duda porque hasta ese momento no había realizado acciones que enlodaran mi dignidad y que menoscabaran el prestigio de la institución policial, salvo el conocimiento de los comentarios que hacían mis amigos que, a veces eran difíciles de creer.

El hecho de ser un hombre soltero me obligaba a desplazarme bajo estrictas medidas de seguridad y a escondidas de mi jefe, porque con mayor rigor   se mantenía el acuartelamiento de primer grado del personal célibe, evitando que éste deambulara innecesariamente por la calle, aparte de cumplir con los servicios asignados, obviamente. El corazón ya se había dejado invadir de amor por una hermosa "paisita" que le había corrido totalmente el piso a Valentina.

La noche llegó demasiado rápido y el romance salió a flor de piel como dice la canción. El desplazamiento hasta el barrio Santa Fe donde residía la hermosa muñeca se realizó sin problemas, la mujer acaparaba todos   mis   sentimientos y las horas se pasaron volando, las once de la noche era demasiado tarde para tomar un vehículo que me desplazara hasta las instalaciones de la estación Manrique y menos con la situación de inseguridad que se tenía, tan solo dos horas antes habían caído acribillados por varios sicarios otros dos compañeros en un sector de Manrique, exactamente sobre la carrera cuarentaicinco, cerca al lugar donde vino a descansar ese gran personaje mundial del Tango y que una exagerada cantidad de ciudadanos del sector le rinden todavía tributo. Con solo mencionar *"Cuesta Abajo" o "Mi Buenos Aires Querido"*, la piel se le coloca de gallina a esa multitud de fanáticos que aún lo veneran; allí mismo donde cayó Carlitos Gardel, cayeron dos compañeros más, el monumento del ídolo quedó impávido con la acción de los sicarios.

Esa situación fue aprovechada por la princesita para sugerir que me quedara a pernoctar esa noche en su casa.

— *¡Papi quédate! Mira que es muy peligroso que te vayas a esta hora*, insistió María con una sonrisa maliciosa.

— *No, mi amor, la madrugada es más arriesgada, además, si a uno lo van a levantar lo hacen a cualquier hora*, dije, pero por dentro con más ganas de cumplir la petición.

— *¡Pues no te voy a dejar ir! ¡Le voy a contar a mi mamá!* Replicó María imponiendo su temperamento.

— *¡No mi vida! Me da pena y de verdad es mejor a esta hora*, insistí nuevamente haciéndome de rogar.

— *Que no te voy a dejar ir y punto*, dijo María en voz baja.

— *De verdad debo irme mi vida*, otra vez haciéndome rogar esperando que fuera la tercera petición, como dice el dicho, la tercera es la vencida.

— *¡Mami!* Gritó la muy mimosa, cada gesto, cada palabra me hacían enamorar mucho más de la princesa.

— *¡Qué pasa mi amor!* Contestó doña Laura, mujer que se había ganado todo mi aprecio.

— *¡Néstor dice que se va a ir a esta hora, mamá, "porfis" no lo deje!* Y tomando el mando e imponiéndolo sin vacilar, dijo la suegra.

— *¡No señor! te quedas a amanecer acá y punto, la calle está muy peligrosa para que salgas a esta hora mijo.*

— *¡Si ves! Muy bueno te regañaron*, respondió María en gestos mimosos y colocándole melodía a las palabras.

Dos mujeres contra uno y bien especiales para mí, llevaba todas las de perder y a regañadientes accedí como el súbdito más obediente a semejante orden. Sin embargo, las amenazas para mi chica no se hicieron esperar.

— *Esta te las cobro y vos sabes cómo princesita. ¡Qué sapita home!* Le refuté en voz baja y de una vez respondiéndole a doña Laura que aceptaba su gentil ofrecimiento.

El tigre sale pintado y María de igual temperamento que su madre no se podía quedar amenazada, menos una paisa que se caracteriza por ser de carácter fuerte.

— *¡Mami Néstor me está diciendo sapa!* Le gritó a la matrona de la casa.

— *¡Shisss sapilia!* Tratando de apaciguar los ánimos y tapándole suavemente la boca con un beso, fue lo que primero se me vino a la cabeza, pero ella en ese instante lo único que deseaba era aventarme.

— *¡Mami me volvió a decir sapa!* Se formó un juego placentero terminando con besos deliciosos que desde hacía bastante tiempo habíamos aprendido a fabricar.

— A dormir jóvenes que hay que madrugar a la universidad, acuérdense que hay apagón. Apareció de improviso la suegra acabando la fiesta y con algo atorado en la garganta como coincidencia.

Ya la decisión de toda la familia era unánime.

- ¡Te quedas a amanecer aquí!

La complacencia de la bella y hermosa damisela se reflejó en su rostro, por fin iba a tener a su hombre tan cerca, amaneciendo con ella, aunque fuera en diferentes cuartos, *¡Entre comillas!*

La madrugada se presentó demasiado rápido y la oscuridad se mantuvo firme. Se cumplía con la conocida hora Gaviria impuesta por el señor presidente de la República de la época, quien, por superar los problemas de energía presentados en aquel tiempo, decidió que la hora fuera adelantada y que hubiera apagón en todas las ciudades y no permitía que el alumbrado público iluminara las calles; una estrategia implantada para ahorrar energía. Así hablar de las cinco de la mañana en las horas normales era hablar de las cuatro de la madrugada en esos instantes y la levantada temprano tenía un objetivo, acompañar a la mujer de mis sueños a la universidad.

La salida debía ser en forma apresurada, con toda la cautela y exagerando los protocolos de seguridad. Entreabrí la puerta primero para revisar que no se encontraran objetos extraños que pudieran contener petardos o bombas, luego inspeccioné el perímetro desde la entrada por si se encontraba a alguien husmeando o camuflado entre la oscuridad y por último, recordarle a María la actitud que debía tomar si se presentaba un atentado; el arma que le había obsequiado era para ser utilizada única y exclusivamente en defensa personal, cuando la vida mía o la de ella estuviera en inminente peligro de muerte. Una pequeña pistola calibre veinticinco milímetros diseñada especialmente para mujeres.

Ella tenía conocimiento pleno de la situación y demostraba ser una excelente alumna cada que se le daba una instrucción. Después de cumplir con esos cánones habíamos avanzado veinte metros desde la salida de la residencia, cuando nos iluminó por completo las luces de un vehículo que prendió su motor en ese lapso de tiempo; una penumbra perfecta para cualquier tipo de emboscada, la reacción fue inmediata presumiendo saber de qué se trataba, no dudé en extenderle mis dos armas al vehículo levantándolo a física candela o chumbimba como dicen los malevos. Luego de arrojar hacia un costado a la flaca, no iba a dudar una milésima de segundo al instante de tener el vehículo más cerca para no fallar; los hombres que lo ocupaban se sintieron en desventaja y en un movimiento brusco viraron hacia un lado alejándose a toda velocidad; no sé si los impacté cuando accioné mis armas, sólo sé del susto que se llevó mi chica y a mí me quedó la sensación que se trataba de uniformados que de pronto me habían seguido en horas de la noche hasta el apartamento donde amanecí.

La idea de acudir a estudiar fracasó por el momento, después del susto le pregunté a María por qué no había sacado su arma, la inocencia y delicadeza de su respuesta me dieron a entender que no estaba preparada para utilizar un artefacto de esos, por el contrario, se podía hacer daño.

— *Se me olvidó sacarla*, respondió de manera graciosa.

En la tarde, una llamada de Zuluaga ratificó mis sospechas dando un parte de tranquilidad como se habla dentro de la institución. Según él, ya había cuadrado las cosas, los hombres que iban a realizar el atentado no tenían conocimiento de quien era yo, por lo que se disculparon con el capo policial. De igual manera, las advertencias por parte de mi supuesto protector les sobraron para que me dejaran tranquilo.

- ¡Los carros bomba! Un enemigo infernal

Las bombas continuaban haciendo estragos por toda la ciudad y eran tantas que ya se me había perdido la cuenta, contra ese enemigo tan poderoso poco se podía hacer, pues era el factor sorpresa el que nos desfavorecía. El terrorismo se apoderaba de la capital y no éramos magos para saber dónde se encontraba un carro bomba ubicado esperando el paso de una patrulla policial.

Dos elegantes edificios del Poblado otra vez quedaban totalmente destruidos por las poderosas cargas explosivas que le colocaron y días antes una había hecho estragos dentro de una sala de velación en Campos de Paz, un lugar que supuestamente era el único espacio donde la crueldad no entraría. Sin embargo, la acertada actuación de la Policía y el organismo de inteligencia daban resultados positivos magistrales donde le estaban propinando duros golpes a la mafia. Pablo estaba bien acorralado, ya su estructura militar y económica estaba golpeada, a varios lugartenientes importantes los habían dado de baja, otros capturados que hacían parte del cartel de extraditables que por lo poco que entendía eran los que estaban al frente del conflicto.

Los refuerzos de la ciudad de Bogotá y otras capitales del país hacían presencia todos los días, tanto en cuadros de mando como en suboficiales y agentes. Lo más desconcertante es que no se tenía conocimiento de quien entregaba las informaciones tan certeras para atacar a una patrulla y los Centros de Atención Inmediata, que eran los más vulnerables, casi en su totalidad habían sido destruidos, siempre que volaban un habitáculo de esos lo acompañaban varios uniformados en su interior, pero los hombres que permanecían en movimiento eran más difíciles de cazar o tal vez ni tan difícil.

Un señor Capitán, que tan sólo llevaba unas horas de haber llegado trasladado a la ciudad de Medellín, se desplazaba a iniciar su servicio como comandante de la estación Barbosa ubicada al norte del Valle de Aburrá, al paso por el sector de la Plaza de Ferias, una poderosa carga de explosivos destrozó su vehículo por completo. La acción causó indignación en toda la unidad pues el oficial ni siquiera alcanzó a conocer la estación que le entregaron para proteger y orientar bajo su responsabilidad. El caso sobrepasó todos los límites ratificando que dentro de la institución se encontraban traidores entregando información precisa al enemigo.

La tranquilidad de la ciudad definitivamente había desaparecido, en cualquier momento perturbaban e irrumpían en los aires, las explosiones más tenebrosas con su resonante eco provenientes de cualquier sector de la ciudad haciendo estremecer la humanidad de todo ser viviente. Al escuchar el estallido más espantoso, la piel se erizaba, sólo restaba correr a un extremo de la estación donde por primera vez divisé la ciudad en su plenitud; *"la gran urbe de Medellín"*, para identificar el lugar exacto de la tragedia por la gran humareda de color negro que se elevaba al firmamento.

De seguro en ese desplazamiento se transportan las almas de compañeros y civiles, luego correr para hacer un corrillo a la radio de la guardia y escuchar a la central informar lo sucedido. La moñona por parte del enemigo no podía ser más escalofriante, a la altura del sector llamado el Puente del Pandequeso ubicado en la zona sur del casco urbano de la ciudad, una jaula que transportaba un grupo especializado de contraguerrilla Elite sufrió el peor de los ataques, algo más de treinta jóvenes, incluidos sus comandantes cayeron vilmente asesinados; un golpe bastante fuerte para la Policía Nacional que, a pesar de la tensión y la zozobra los ánimos de salir a combatir al enemigo no decaían para nada en los hombres comprometidos.

Uno que otro uniformado solicitaba traslado de la metrópoli y en muchos casos fueron negados desde la Dirección General de la Policía ubicada en Santa Fe de Bogotá, desconociéndose los motivos como si en el resto del país no quisieran tener en sus filas hombres policías que laboraran en Medellín, quedando confinados a vivir en la bella pero en esos momentos, triste ciudad que sobrevivía gracias a ciudadanos valerosos que colocaban en riesgo sus vidas, informando en muchos casos acerca de atentados con carros bomba o asesinatos a los miembros de la institución que se pudieron frenar a tiempo y que ayudaron a que la contienda no hubiera sido más sangrienta.

Entre más compañeros asesinaban, con más ganas se salía a trabajar con resultados operativos exitosos. Por esta razón la estación Manrique era una de las más apetecidas por los sicarios, aunque, a decir verdad, todas las estaciones de la MEVAL., estaban colocando altas cuotas de sacrificio de sus hombres.

Sin embargo, eso no era impedimento para refugiarme en unos brazos que me brindaban calor y tranquilidad, sobre todo cuando llegaba el descanso para correr a buscar a María. Al llegar a su residencia esos recibimientos no podían ser más faustuosos, los besos y abrazos eran por montón, pues cada encuentro con ella era una verdadera fiesta como si lleváramos años sin vernos. La microscópica ropa que llevaba puesta incitaba a cualquier mortal a tener malos pensamientos, los míos eran buenos, pues de cierto modo yo era el propietario de esa alma y ese cuerpecito, por esos instantes contuve todas las ganas de invitarla a nuestro refugio y decidí darle rienda suelta a otra de mis facetas, con papel y lápiz en mano comencé a dibujar su rostro, la satisfacción fue grande varias horas después al terminar la obra y saber que Dios me había dado ese talento, el mismo que combinaba con escribirle poemas, letras de canciones y varias novelas con las que soñaba algún día pertenecer al círculo de escritores famosos o al menos reconocidos en mi tierra.

Además, era agradable sentir que en medio de ese conflicto que estaba viviendo todavía me quedaban ganas de darme el lujo de pintar y escribir olvidándome por completo de la realidad social que había afuera. El arte, la música, la escritura y el amor de María se encargaban de disipar esas penas por algunos momentos, lo más triste era saber que después debía regresar a un mundo plagado de zozobra e incertidumbre.

La felicidad se opacaba cuando se ingresaba a la estación y escuchar las diferentes noticias y esta, era aún más triste, pues a los sicarios no les importó las condiciones anímicas en las que se encontraba un ser humano y mucho menos una familia que orgullosa se sentía por tener dentro de sus miembros un integrante de la policía para cumplir con ese requisito social de tener un empleo. Lo único que les interesaba a los asesinos, lejos de los dilemas personales y familiares, era cobrar su paga por cegar vidas. En esa ocasión no les importó que dentro de una humilde vivienda estuvieran velando el cuerpo de un hombre que hasta las horas de la tarde había sido un miembro activo de la Policía Nacional, allí, en medio del velorio descargaron toda su maquiavélica furia y lanzaron varias granadas de fragmentación en su interior.

El desconcierto, el terror y el pánico la de la gente fue total al instante del estallido de los artefactos explosivos mientras recogían heridos, algunas personas quedaron tendidas sobre el piso, la ira de los ciudadanos que acudieron a socorrer a las víctimas mientras llegaba las fuerzas del orden no podía ser mayor; se escuchaba el clamor y la solidaridad de la gente diciendo que apoyaban rotundamente a la Policía Nacional. Las llamadas a la central se incrementaron dando informaciones certeras del escondite de los enemigos.

Posiblemente los sicarios pudieron pensar que con esa acción asesinarían dentro del lugar a cantidades de uniformados y tristemente se dedujo que no se encontraba ni uno.

Las medidas de seguridad se siguieron extremando al máximo. Las grandes barricadas no permitían que ningún vehículo extraño se acercara a una instalación policial salvo los propios, ya se tenía pleno conocimiento de las exageradas sumas de dinero que se ofrecían por destruir una guarnición policial, especialmente Manrique, por eso se ordenó fortalecer y redoblar la seguridad de la estación; pero lo más irónico *"pensaba a cada instante"* era tener la sospecha que dentro de mi estación laboraba un buen porcentaje de personajes que se hacían llamar hombres de la ley, y aun así tenían las agallas de combatir a los delincuentes utilizando el sagrado uniforme para cometer cualquier clase de fechorías. Para este párrafo se ajusta perfectamente el viejo adagio, pero a la inversa *"entre bomberos si se pisaban la manguera"*

La hora del personal consumir el tercer plato del día dentro de las instalaciones, con facilidad se reunían el setenta u ochenta por ciento del personal uniformado a tomarlo, el total del grupo superaban conmigo los cuatrocientos hombres haciendo parte del cuartel policial.

La tarde fue sencillamente macabra, porque el personal de inteligencia había capturado a dos mujeres esposas de uniformados llevando a los sicarios hasta el lugar exacto donde sus cónyuges servían a la patria. Una vez ubicaron el lugar, entregaron a sus hombres para que éstos fueran vilmente asesinados; era esta una información difícil de creer, pero cuando se confirmó la noticia nos parecía absurdo que eso estuviera sucediendo.

Los comentarios continuaron en los comedores siendo cada uno más escalofriante que el anterior. Ni siquiera la casa de Dios se había escapado, pues en ellos, no uno sino a varios uniformados que escuchaban los oficios religiosos, justo en el momento que inclinan la cabeza para recibir la bendición impartida por el sacerdote, los sicarios aprovechaban el instante para impartírselas, pero a través de un arma de fuego descargándola sobre la humanidad de los policiales, de igual manera realizaban su cometido cuando se disponían a recibir la ostia sagrada.

Uno de los uniformados que hacía parte del temible combo de los sureños, con toda la desfachatez y tranquilidad del caso narraba en su típico acento lo que le sucedió en una de las estaciones donde había laborado, pues allí, había tomado la justicia por sus manos. Su relato tenía que ver con la forma que utilizó para acabar por completo con varios hombres que, según informantes, habían cometido varios homicidios a uniformados de policía. *"El trabajo fue sencillo"*, balbuceaba el diminuto hombre que de diminuto sólo tenía su físico, su temperamento y crueldad lo hacían sobresalir dentro de la estación por el terror que infundía.

Los compañeros de mesa no fueron ajenos a la charla y disfrutaban de la noticia, el hombre seguía con su relato que hizo estremecer a unos y a otros los alegró. La información obtenida era de primera mano suministrada por un supuesto sicario que capturaron, una vez le sacaron la información lo golpearon brutalmente hasta quedar inconsciente; los compinches decían que estaba muerto, pues el sujeto se encontraba totalmente desvanecido sobre el piso.

La escaramuza se armó cuando ingresó otro supuesto *"hombre de la ley"* desesperado porque habían llegado funcionarios del ministerio público a pasarle revista a la estación. El desespero se apoderó de los victimarios que hacían justicia según su opinión, pues no tenían donde esconder el supuesto cadáver, el más hábil, vio como alternativa derramar una caneca grande atestada de basura ubicada en la parte trasera del habitáculo y entre varios introducir el cuerpo de aquel joven dentro del recipiente, luego lo rosearon de inmundicia que en su mayoría eran papeles y sobras de comida tapándolo completamente, después de esa acción se ubicaron cada uno en sus alojamientos fingiendo estar descansando mientras llegaron los hombres a pasar la revista, un saludo muy cordial se dejó venir de ambas partes dando por terminada la visita, los funcionarios rápidamente abordaron sus vehículos alejándose de la unidad.

Pasado el susto y cuando regresaron a terminar con su trabajo el sicario había recobrado los sentidos y escapado por la parte trasera saltando por los tejados vecinos en condiciones físicas lamentables.

Mientras el hombre narraba su historia los cubiertos se dejaron quietos para luego soltar una gran carcajada.

— *"Ahora lo están buscando, marica"*, vociferó otro de los uniformados.

— *¡Eso no es nada! Un M-O, un M-O, a mí me mordió el marrano feo*, dijo López levantando su mano desesperado para pedir la palabra.

— *"Lo que hizo la gonorrea de ¡Gordillo! Conmigo cuando yo era un recluta en la estación donde trabajaba ¡A lo bien, que en paz descanse! Pero no tiene perdón de Dios"*.

Haciéndose la señal de la cruz entre la cara y el pecho y diciendo la frase de cajón *"toco madera"*, acción ésta que creó expectativa entre el diabólico grupo que esperaba el relato, nadie se quiso perder detalle de lo que el hombre iba a decir, parpadear era inhibirse de la narración, tomó aire y empezó a narrar lo más espeluznante que jamás haya escuchado sin preocuparse que todo el personal a su alrededor paraba las orejas.

Es algo bien difícil de creer que un ser humano tenga esa capacidad, tendría que ser una persona ya totalmente desquiciada con una mente perversa, maquiavélica, atrofiada y retorcida para hacer esas barbaridades. Luego López, sin titubear dijo.

- *"En varias ocasiones me tocó patrullar con esa gonorrea y en un recorrido que hacíamos por la autopista cerca del río comenzó a preguntarme que yo a cuántos había matado hasta ese momento, me encontraba algo asustado porque todavía no tenía ni la experiencia, ni la valentía, estaba virgo güevones".*

Todo el grupo soltó la carcajada nuevamente y López prosiguió con su cuento.

— *"Y el "man" con su palabrería me explicaba que como policía tenía que hacerlo y que él sabía de muchos métodos silenciosos".*

Nadie quería perderse la historia y atentos escuchaban al uniformado quien siguió con el relato.

— *Luego dijo el hijo de puta, "mi primer muñeco fue a punta de piedra".*

Yo no me imaginaba nada y cuando menos pensé frenó la moto y dijo en voz baja que lo acompañara; caminamos varios metros por debajo de uno de los puentes de la autopista, tomó una roca grandísima y acercándose a un indigente que dormía totalmente despreocupado la levantó y se la descargó con toda la fuerza sobre la cabeza.

El silencio se tomó el comedor por un momento y algunos hombres se miraron entre sí. Estoy casi seguro que algunos dentro de sus cerebros estaban viendo a López como un fanfarrón y otros dudaron que alguien pudiera hacer esa atrocidad; el mancebo siguió con su cuento bajo un silencio sepulcral.

- *"El desechable chapaleó varias veces sin ni siquiera gemir hasta quedar quieto. ¡Estaba que me cagaba del miedo! Pero él tranquilamente miró para todos los lados,* diciendo.

- *Larguémonos antes de que alguna gonorrea de sapo nos vea y nos caliente la plaza por este desechable, ¡Aprenda, aprenda que así es que se mata! Güevón".*

No volví a pronunciar ni una sola palabra durante el resto del turno muerto del miedo y al otro día le pedí el favor a mi teniente que me cambiara de pareja y que lo hiciera como cosa de él, nunca conocí a un hombre tan perverso y decidí no volver a acercármele.

A pesar que los otros uniformados ya tenían más de una fechoría encima según sus comentarios, se sorprendieron con la narración, la comida no se suspendió por el contrario con más ganas la devoraron.

Esa historia sí que estremeció mi cuerpo, dudé que fuera realidad, ya sabía que la mayoría eran tramadores culos, como se tildaba en un argot muy popular a un policía fantasioso.

Me preguntaba si era que realmente estaba siendo demasiado ingenuo o quizá, en realidad me encontraba en un lugar totalmente equivocado, porque no era solamente en Manrique donde existían supuestos policías así para repeler el ataque tan macabro que tenía el enemigo, sino en una gran cantidad de estaciones y *"creo"* que en algunos organismos de seguridad.

Nadie se atrevía a comentar ni a denunciar por temor a las represalias de quien o quienes lideraban esas acciones, mucho menos a involucrar a los comandantes. Opté por levantarme y retirarme de la mesa en donde se encontraban los supuestos varones, los supuestos héroes que pasaban de ser una trémula de fanfarrones muérganos.

No dude en retirarme sin caer en cuenta de los comentarios que circulaban por lo bajo, silenciosos, malintencionados, perversos y malignos sintiendo como las miradas se clavaban en mi espalda de parte de los uniformados que dialogaban plácidamente, no sé por qué tenía la extraña sensación que no era del agrado de muchos uniformados.

Con sólo escuchar los comentarios y no hacer nada, estaba siendo *"tal vez"* algo así como cómplice, pero *¡Qué hacía! ¡A quién denunciaba sin una sola prueba!* Sólo comentarios escuchados sin evidencias fehacientes y contundentes, sin saber si eran verdad, tramadera o mierda que hablan para impresionarse entre ellos mismos, solo frases que se lleva el viento eran con lo único que contaba, en caso de adelantarse una investigación, además, existía demasiada gente de todos los estamentos y grados untados, comenzando por algunos de arriba. Lo único que me iba a ganar era una asesinada absurda; conclusiones a las que llegaba mi cerebro, aparte de eso le estaba fallando a mi código de ética policial cuando dice: *"Todo lo que observe de naturaleza confidencial o que se me confíe en el ejercicio de mis funciones oficiales, lo guardaré en secreto, a menos que su revelación sea necesaria en cumplimiento de mi deber"*.

Ténganlo por seguro que de haber revelado al menos una de las hazañas, quizá nunca en la vida mi familia, amigos o público en general hubiera conocido algunos apartes, anécdotas, recopilación de historias de muchos amigos que también estuvieron presentes en esa mal llamada guerra y que en su mayoría ya descansan en paz; vivencias de los medellinenses de los años ochenta y noventa que dejaron miles de cicatrices en los miles de hogares.

Todo parecía normal y se creía que las instalaciones eran el lugar más seguro para ingerir la comida, creencia que se tenía porque cantidades de compañeros fueron asesinados mientras consumía los alimentos en restaurantes y cafeterías, entre ellos el *"matón Becerra"*.

Los ánimos se bajaron cuando se escuchó un gran estruendo proveniente de la guardia de la estación, varios hombres uniformados entraron despavoridos gritando, *¡Un carro bomba! ¡Un carro bomba!* En un escándalo y una algarabía aterradora.

La fiesta se dañó y todos corrimos aterrorizados buscando el mejor refugio derribando mesas sin importar lo repletas de platos, tazas y todos los elementos que se necesitan en un comedor al momento de sentarse, el plan defensa que se tenía de las instalaciones no sirvió para mierda.

Tras minutos de zozobra, alguien entró diciendo *"Todo está bien, todo está bien, hay que salir de las instalaciones con calma"*, los supuestos varones del comedor casi se cagan del miedo y yo, me encontraba en las mismas condiciones.

Efectivamente un carro bomba atestado de explosivos yacía anclado y destrozado frente a la guardia del cuartel policial, los sicarios lo dejaron rodar desde la parte alta de la estación, por suerte divina el mecanismo que activa la gran carga explosiva no funcionó al estropearse por colisionar contra el poste de la luz, Dios así lo quiso porque si no, otro hubiera sido el cuento, el poder destructivo de la carga instalada en el automotor hubiera destrozado por lo menos dos cuadras a la redonda según los especialistas; hombres éstos a los que había que hacerles un monumento porque aparte de la zozobra que se vivía, eran los encargados de desactivar todos los artefactos explosivos de bajo y alto poder que se lograban detectar o que los ciudadanos denunciaban.

No entiendo por qué la genialidad de los altos mandos ordenaba desactivarlos colocando en riesgo la vida de esos personajes, cuando era más fácil activarlo desalojando todo ser viviente de su alrededor y después el estado resarcir los daños materiales que, a la final, son los únicos que tienen reparación. Esa estrategia es la que utilizan los grandes países del mundo y nosotros todavía con esos procedimientos tan rudimentarios.

Ya era normal que cada que se le frustraba un atentado al enemigo, por parte de éste se dejaba venir una andanada de acciones bélicas, las respuestas por parte de la institución eran más contundentes y las noches venideras se convertían en un verdadero infierno para ambos actores del conflicto. Para la ocasión, los organismos de seguridad cumplieron al pie de la letra con un operativo que dejó resultados exitosos, es así, como días después caía abatido otro de los lugartenientes fuerte de Escobar, Johny Rivera Acosta, alias *"el palomo"* y sus escoltas fueron abatidos en un sector del municipio de Itagüí

Definitivamente, Manrique era un manjar exquisito y perseguido por una gran cantidad de enemigos. Todos los días buscaban la manera de destruirla por completo utilizando cualquier medio; una vez más las informaciones daban resultado y en esa ocasión, se hablaba de un mortal atentado a través del gigante tanque de agua que da justo en la parte superior del cuartel, recipiente aquel que abastece a una gran cantidad de población, comenzando por los integrantes de la unidad policial.

La acción más sencilla era asesinar a su vigilante que, en horas de la noche descansaba plácidamente. Era este un hombre de edad encargado de prestar la seguridad de las instalaciones; las informaciones decían que el envenenamiento con cianuro al líquido almacenado sería la acción perfecta para acabar con la mayoría de uniformados. Una idea totalmente repulsiva, diabólica y demencial, porque no sólo acabarían con la vida de los uniformados, sino con miles de civiles que la consumen a primera hora del día.

Afortunadamente el plan no se pudo llevar a cabo por la rápida intervención de algunos vecinos que, preocupados por la ola de terror tan exagerada en especial contra esa unidad, informaron durante la noche acerca de movimientos extraños en las instalaciones contiguas. Los uniformados de la guardia de prevención reaccionaron de inmediato ocasionando un intercambio de disparos con los delincuentes haciéndolos salir despavoridos. Al ingresar a las instalaciones se encontró amordazado al hombre encargado de la vigilancia; con la rápida acción policial fracasó el macabro plan del enemigo.

Así, el servicio de vigilancia se extendió cubriendo la parte alta de la estación donde se encontraban instalados los tanques.

La tensión subió su presión y mucho más con la noticia del atentado a los tanques del agua, definitivamente se notaba que deseaban acabar con la estación, el grueso número de uniformados que la integrábamos cuando llegué trasladado se veía algo reducido; el temido combo de sureños que a simple vista eran insignificantes y buenas personas, lo exterminaron en su totalidad y, finalmente, López el hombre de la historia con el indigente, los acompañó. Uno a uno fue cayendo abatido en diferentes sectores de la ciudad especialmente en nuestra comuna.

La orden seguía vigente, evitar al máximo los desplazamientos innecesarios y desafortunadamente ellos no atendieron la sugerencia.

El parche de Pablo; *"hablo del zar de las drogas"* estaba más que recaliente y decían las labores de inteligencia que utilizaba cualquier medio de transporte para movilizarse, especialmente como conductor de taxi rodeado de un centenar de ese mismo servicio público quienes eran los encargados de cumplir labores de avanzada y escolta; obviamente. Así mismo las fuentes de información lo ubicaban dentro de un carro fúnebre para desplazarse, ahí recordé a Cardona en aquella época; *"que en paz descanse",* cuando nos contó la historia del carro mortuorio, *¿Sería que ese día llevaban al capo ahí? ¿Si lo hubieran capturado en ese momento, cuanto crímenes y homicidios se hubieran evitado?* Aunque para esa época supuestamente se movilizaba en una caravana.

Ya no eran solo las autoridades de Medellín las que lo buscaban, la orden de la presidencia de la república a todas las fuerzas armadas era clara y contundente, capturarlo sin miramientos y para ello, el aliado más férreo de Colombia en la lucha contra el narcotráfico, *"Los Estados Unidos de América"*, ofrecía una jugosa recompensa en dólares que tentaba a cualquier grupo cazarrecompensas sobre la tierra. Así se dieron a la tarea todas las organizaciones nacionales e internacionales legalmente constituidas movilizando quizá la última tecnología de punta en comunicaciones para ubicarlo.

La ambición para atraparlo se desbordó por completo que no tuvieron reparo en convertir la cancha de futbol; espacio que teníamos para hacer deporte todos los uniformados de la "metro" en la estación Carabineros de la comuna Castilla, para destruir su grama construyendo un emporio de gigantescas antenas con las que supuestamente detectarían la voz del capo en cualquier lugar inhóspito o urbano donde se encontrara dentro del territorio colombiano. Con la decisiva orden se auguraba que la historia del hombre más buscado sobre la tierra en nuestro territorio, pronto llegaría a su fin.

No solo debíamos darles cumplimiento a las órdenes de los altos mandos de Bogotá, las enviadas desde el comando del departamento tenían igual rigidez y se obedecían, llueva truene o relampaguee, así se estuviera viviendo en constante peligro las que tenían que ver con el apoyo a los servicios extraordinarios, entre los que se destacaban: estadio, conciertos, corrida de toros y otros.

El acatamiento de estos mandatos en las que nos trasladábamos hacia lugares especiales se convertía en una incertidumbre, pues   los desplazamientos masivos de personal eran aprovechados por los sicarios que esperaban como buitres para atacar, sin embargo, había que cumplir lo ordenado por el comando y acudir a donde lo solicitara la alcaldía, mi ofrecimiento para apoyar ese evento fue inmediato con el ánimo de escaparme unas horas después del servicio y llegarle de sorpresa a mi chica, no sólo para saludarla sino para llevármela a nuestro escondite y hacerle el amor con *"ganas"* sin que la suegra se enterara.

Los ánimos de la población civil no bajaban a pesar del momento y se encontraban de fiesta taurina, la plaza de toros la Macarena se engalanaba con las corridas, un significativo grupo de organismos de inteligencia y uniformados del que yo hacía parte lo cubríamos bajo una tarde esplendorosa; el olé salió de las gargantas de los fanáticos de la tauromaquia donde dejaron ver las botas llenas de licor, las hermosas y despampanantes antioqueñas acompañando a sus varones adornaban aún más el redondel.

Todo transcurrió en calma y la actividad terminó sin novedad. En la formación, el comandante del servicio se dio a la tarea de felicitar a su personal por haber cumplido al pie de la letra las indicaciones. La orden de regresar a los hogares llenó de felicidad al numeroso grupo, no sin antes advertir extremar las medidas de seguridad en el desplazamiento, frase que se repetía a cada instante por parte de los superiores y las consignas de la estación cien. Al llegar a la salida la duda me atacó al no tener la certeza que vehículo tomar para trasladarme hasta la estación Manrique porque los automotores de servicio público hacían su agosto en esos instantes copados con los fanáticos. Ya la idea de buscar a mi chica la había desechado pues no deseaba exponerme.

Tres pasos fueron suficientes después de salir de la gran plaza para recibir el saludo efusivo de un hombre que se me acercó y se ofreció a llevarme diciendo.

— *¡Pa' donde va compa!*

Al observarlo con más detenimiento de inmediato lo identifiqué como un policía costeño que vivía cerca de la estación, pero que laboraba en otra unidad; algo desconfiado dudé en aceptar el ofrecimiento de transportarme hasta Manrique, sabía de cantidades de casos donde los propios uniformados entregaban sus compañeros a los sicarios.

— *¡Compa! Camine lo arrimo hasta la estación y así nos cuidamos, además una buena parte de esos hijos de putas taxistas son más torcidos que muchos policías.*

Acepté el ofrecimiento del compañero con la desconfianza más grande desplazándonos hasta donde se encontraba su moto. Antes de abordarla recordé que había dejado mi gorra en el lugar donde me cambié por el traje de civil y colocándole algo de humor a la cosa en su acento, le dije.

— *"Hágame un catorce "compa", espérame un tantito que se me quedó la gorra en uno de los baños".*

Los guardias que habían prestado conmigo el servicio durante la tarde teníamos los mejores disfraces y algunos se disponían a abordar sus vehículos.

El regreso a recuperar la prenda policial no tardo tres o cuatro minutos en el desplazamiento, cuando la recogí, una gran explosión sacudió todo el lugar llenándome de pánico, el aturdimiento y el miedo fue por unos segundos para luego escuchar los gritos de terror más espantosos, al salir, el caos era impresionante, algunos heridos que aun podían moverse corrían despavoridos y el tumulto de gente que aún se encontraba desconcertada señalaba debajo del puente.

Una poderosa carga explosiva se instaló justo en el lugar donde parquearon los vehículos civiles de los organismos de inteligencias y los vehículos patrullas, un lugar que era exclusivo para las fuerzas del orden. El panorama no podía ser peor, los cuerpos mutilados de cantidades de hombres de la ley esparcidos por todo el lugar, algo de sangre y pequeños trozos de carne amoratada en un radio de acción bien grande, destrozos en un área extensa, automotores renegridos e incinerados, otros envueltos en llamas.

Gritos de injuria y maldición contra los que habían colocado el carro bomba se escuchaban a todo pulmón por parte de los policías que nos salvamos milagrosamente, por ciudadanos y uniformados que se acercaban a socorrer a los heridos porque a los hombres y mujeres muertos sólo restaba regalarles una plegaria y ni modo de preguntar por el *"compa"*, a quien no le sabía ni siquiera el apellido.

Con toda la confusión del momento, me temblaron hasta los huesos y después de apoyar a mis compañeros y organismos de socorro, aún atontado, como pude tomé un vehículo taxi que me condujo hasta las instalaciones de Manrique sin darle crédito a lo que mis ojos vieron y la forma tan providencial como me salvé, que ni sé cuántas veces. Un miserable pero útil elemento del servicio como es la gorra se convirtió en lo más preciado y ni modo de siquiera pensar en visitar a mi damisela.

Otro atentado de renombre en el conflicto donde obtuvo éxito el enemigo causando repudio en todos los estamentos gubernamentales, así como en el resto de la patria.

Y un motivo más que contundente para que una organización fuera de la ley; *"sin la venia del estado pues no me consta"*, estuviera haciendo justicia por sus propias manos.

Ya se hablaba fuertemente de los *"PEPES"*, grupo de hombres fuertemente armados, algunos con doctrina militar, con el suficiente poderío y dinero para atacar, desmantelar y asesinar a los lugartenientes del "zar" de las drogas y obviamente a como diera lugar darlo de baja. No tengo conocimiento si venían operando de tiempo atrás, pero si le puedo decir que entraron una contundencia demencial.

La aparición de los *"Perseguidos por Pablo Escobar"*, nombre con el que se identificaban golpeó su estructura sin compasión y le bajó los ánimos al llamado grupo de los extraditables.

Así mismo los organismos del estado legalmente constituido para la defensa del país, habían creado años atrás *"El Grupo Elite"* con el ánimo de combatir el cartel de Medellín, y unos abriles más adelante se llamaría *"Bloque de Búsqueda"*, instituido para capturar de nuevo al capo después de que se fugó de la *"Catedral"*, mítica y lujosa cárcel que él mismo construyó e historia que no me corresponde narrar por carecer de información veraz, además no debo desviarme del tema que me corresponde y con el que los traigo entretenidos desde la página uno, *¡Bueno, eso creo!*

Como es bien sabido las represalias por parte de la institución no se hicieron esperar y en un operativo relámpago, contundente y efectivo caía abatido Hernán Darío Henao, jefe de seguridad del cartel.

No sabía y la verdad no me interesaba saber si la misma situación se vivía en los otros departamentos del país o sólo era en Medellín y sus alrededores, lo único cierto era que el enemigo en esta guerra le importaba una mierda la vida de un inocente ciudadano, entonces qué compasión se podía tener con un bandido que cometía semejantes barbaries al momento de capturarlo con vida.

Ya mi cerebro cansado de tanta injusticia iba a tomar otras decisiones más envenenadas y unirme a los grupos que combatían sin temores y fuera de la ley a los combos de Escobar y sus compinches, pa'dios que ya estaba decidido a volverme malo, como lo dijo ese marica Coronel que me mandó para Manrique, *"para que lo maten o se vuelva malo"* y les juro que no me iba a dejar asesinar, más bien al contrario, tenía unos cojones bien puestos para hacer justicia por mi propia mano cuando algún bandido cayera en mis redes. Sin embargo, mi otro yo, a cada instante me sugería que me mantuviera cuerdo con los valores, principios inculcados desde mi niñez y con más vehemencia apegado a mi oración sagrada cuando en uno de sus apartes reza: *"Nunca actuaré ilegalmente ni permitiré que los sentimientos, prejuicios, animosidades o amistades personales lleguen a influir sobre mis decisiones.*

Y para mantener la disciplina, mantenerme firme en mis valores debía seguir al pie de la letra las órdenes y mandatos dentro de la institución, ya que estas se convierten casi en sagradas cuando son impartidas por un oficial superior; *"obviamente órdenes con fundamento"* si no se les da cumplimiento acarrean sanciones severas, hasta la misma destitución o la cárcel cuando se convierten en delitos y en este caso, el comandante del departamento fue claro con el jefe de personal de la metropolitana.

- *"Todo policial que llegue trasladado al departamento lo ubica en la estación Manrique".*

Al parecer para los altos mandos de la metro o, a lo mejor este también estaba de acuerdo con la opinión del oficial que ordenó mi traslado, dicha unidad se había convertido en la zona de castigo de la gran ciudad, mandato que no solo quedaba ahí, pues la orden se debía cumplir sin dilación y al pie de la letra, una vez en la base, debe iniciar sus labores en la subestación de policía Santo Domingo, lugar todavía más conflictivo y en cierta forma como una mini zona de castigo dentro de la comuna. Para el desplazamiento a su último destino se debían extremar las medias de seguridad y hasta un grupo fuertemente armado acompañar a dejar el nuevo huésped que llegara a la unidad.

Con desconcierto vi a una buena cantidad de uniformados a regañadientes, otros asustados y estresados, salir para esa pequeña unidad anclada casi en lo más alto de la cordillera, donde las milicias urbanas dominaban la zona y los centenares de familias desplazadas por las guerrillas en algunos departamentos del país invadían los terrenos construyendo humildes viviendas arañando la montaña.

Más clara, precisa y de fácil cumplimiento no podía ser esa disposición. El mismo oficial que unos meses atrás liderara acertadamente la estación Manrique, y que milagrosamente se salvó de varios atentados contra su vida y la de sus hombres, había sido asignado como el nuevo jefe de personal de la metropolitana y obviamente debía cumplir con ese precepto, no lo dudó e hizo la remisión a nuestra unidad de un uniformado.

Mi jefe de momento a su vez cumplió de igual manera y no vaciló en darle obediencia al mandato de su superior, no sin antes advertirle al policial sobre su nuevo puesto de los peligros del lugar, además, de conservar todas las medidas de seguridad.

El oficio de presentación no tuvo reparo y en cuestión de minutos lo estaban notificando, el joven, consciente de la situación que se estaba viviendo y que en el sector las cosas estaban mucho más complicadas y peligrosas, formalmente le había hecho la petición horas atrás al jefe de la oficina de la MEVAL., que no lo enviara para dicho lugar, las súplicas y ruegos llegaron al punto de comentarle que tenía tres hijos y una esposa, colocando este antecedente como interpelación para evitar su desplazamiento. Pero el señor mayor dentro de su respeto, obediencia y lealtad a su superior, acató a la orden del comando.

Como algo que el destino tiene marcado para uno y no puede darle marcha atrás, así estaba escrito el camino para el uniformado, pues solo alcanzó a trabajar media hora de su primer servicio en el cuarto turno de vigilancia en la jurisdicción, para ser interceptado por los sicarios que sin compasión acabaron con su vida. El brutal asesinato se convirtió en un cargo de conciencia para el oficial jefe de personal pues duró varios meses con esa culpa hasta el momento que logró superarla reconociendo que, sencillamente él no lo había enviado a que lo asesinaran, sino que son situaciones del destino que hasta ese momento nadie ha logrado descifrar.

Pero la vida tenía que continuar y a la brisa había que colocarle el pecho con toda la fuerza, por eso cada nuevo día que llegaba las plegarias le sobraban a Dios por permitirme estar nuevamente de pie sin un solo rasguño en medio de tantos compañeros muertos, mutilados, heridos, parapléjicos y otros convertidos en verdaderos héroes como mi amigo Bernal, *¡Sí, sí señores, Bernal!* El mismo que sufrió un atentado meses atrás; llegaba de nuevo a la unidad en mejores condiciones, lo que me trajo alegría. Con una recuperación asombrosa y prodigiosa en menos de ocho meses, gracias a Dios estaba de vuelta, por fin tenía un aliado con quien hablar más tranquilamente y mejor aún confiar, pues su honestidad no se colocaba en tela de juicio.

La forma tan milagrosa como resucitó no pudo sucederle sino a él; sin inhibirse comenzó a narrar los hechos de cómo fue atacada la patrulla por los sicarios. Los otros uniformados que también sabían del caso de Bernal no querían perderse la historia difícil de creer, pero, esta vez siendo contada por el protagonista sobreviviente no se podía desvirtuar nada. Siguió con su novela hasta que llegó a la parte que asombró a todos los presentes que en un buen número lo escuchábamos atentos.

- *"Después de recibir los impactos me desplomé al suelo y perdí el conocimiento, pero seguía escuchando los disparos, la algarabía de la gente y mis compañeros.* A Bernal se le aguaron los ojos en medio de la narración, continuando con el mismo.

- Pasados unos minutos todo se calmó y comencé a escuchar más claramente a Palacio y a Buriticá decir: "Malparidos, como es que matan a Bernal, como era de buena gente, y a Castro un alma de Dios", el sentido de los oídos se encontraba intacto pues los sentía caminar alrededor de nosotros maldiciendo a los sicarios.

Todos asombrados nos miramos al escuchar a Bernal quien siguió con su relato.

- "Y eso no es nada, yo les gritaba desesperado, ¡No! todavía estoy vivo, tratando de mover las manos, las cuales yo -creía- que estaba moviendo, pero nada, estaba inmóvil, escuché todo lo que hablaban y con más ganas me exasperaba pensando por qué no me recogían, grité y grité y grité no sé cuántas veces hasta el momento del levantamiento cuando el compañero se percató que estaba vivo".

Definitivamente difícil de creer porque ese proceso duró casi una hora después del ataque, luego dijo Bernal.

- "Cuando me entraron a la policlínica ese camillero iba despacio, no sentía nada y, aun así, escuchaba lo que hablaban, seguía gritando y moviendo mis manos para que apurara el paso, pero esa gonorrea puedo jurar que estaba era esperando me desangrara antes de ser intervenido quirúrgicamente".

- "Esos malparidos allá son así, parce", dijo Estrada, continuando Bernal con su interesante relato.

- "Lo último que pude percibir fue la tranquilidad del enfermero y escuchar música, por lo cerca que la tenía deduje que era una radio que portaba en uno de sus bolsillos de la blusa. En ese instante sonaba una melodía del cantante Leonardo Fabio, que el hombre trataba de cantar con una voz destemplada. Era un

canario un primor…, hasta que perdí todos los sentidos y no volví a saber más nada".

La reunión se terminó, el corrillo que le teníamos a Bernal se desintegró porque el teniente se presentó gritando y apurando a su personal para que formara, en una actitud no muy amigable.

— Se acabó la guachafita, ¡Formar! ¡Formar!

Era hora de salir a trabajar y el oficial al mando del grupo no era como muy amigo de los subalternos, tenía un carisma arrogante que nos fastidiaba a todos, los compañeros lo tildaban de "gonorsofia" y "coscorria"; palabras a las que no les conocía su significado, pero para ese hombre se sentían agradables.

Al mismo tiempo que ordenaba la formación, el radio operador entusiasmado nos informaba que en un magistral operativo de la policía caía abatido otro hombre importantísimo para Escobar. Alfonso León Puerta, alias *"Angelito"* engrosaba la lista de los individuos dados de baja y más temibles del cartel de Medellín, no solo hacían parte de la cúpula sino del ala militar de los extraditables.

Después del rutinario servicio, a pesar de la situación tan crítica que se vivía, era importante sacar tiempo para cupido.

La bella y espectacular María impaciente esperaba a que hiciera presencia en su casa para desbordar todo su amor a través de besos y caricias pues definitivamente Valentina había desaparecido de mi vida y después de transcurridos varios meses sin verla era mejor no buscarla. Al inicio de mi aventura con

María de los Ángeles nunca pensé que le corriera la butaca tan fácil a Valen.

— *¡Mami, vamos a salir un rato!* María era la encargada de solicitar los permisos aprovechando el buen entendimiento de las dos mujeres.

— *¡Mucho cuidado pues muchachos, que el diablo es diablo y puerco mijito!* Habló la suegra en su típico acento paisa.

— *¡Tranquila, doña Laura! Que yo sé la traigo enterita,* le respondí a sabiendas que las intenciones eran otras.

— *Hágase el bobito mijo que usted sabe a qué me refiero. ¡Me cuida la muchacha, no!* Contestó la suegra.

— *¡Mami! Usted si es impertinente, ¡No!*

La vergüenza de dientes para afuera siempre se la ganaba María, que también sabía perfectamente cual era el destino final de las salidas y el lema era *¡Todo por el amor!* No sabiendo que se estaba jugando con fuego, dos jóvenes vigorosos quienes ya teníamos nuestra propia fábrica de besos y conocimiento en las últimas posiciones creadas por Kama Sutra no íbamos a perder el tiempo entrando a un cine o recorrer un parque con un helado en la mano, *¡No papá!* Le dábamos rienda suelta a los prodigios de cupido, además por seguridad era mejor estar ocupando una habitación con bombillo rojo que estar en la calle, *¡Oh! Ustedes que opinan.*

— *¡Por impertinente te tengo mija!* Habló de nuevo algo enojada la suegra, mientras regresaba de las nubes con mi malevo pensamiento.

– *¡Chao, la bendición! Vámonos antes de que se arrepienta,* murmuró María en voz baja.

– *"Jesús, María y José me los protejan, ¡Juicio! No me vayan a salir con bobadas muchachos ni a llegar tarde"*, exclamó de nuevo la suegra con miles de recomendaciones.

– *"Mi suegra si es malpensada ¡Home! También cree que vamos a hacer el amor bien rico"*, le susurré a María mientras dejábamos atrás el portal.

Ya se habían extremado las medidas de seguridad en el desplazamiento tanto de ida como de regreso al lugar previamente reconocido y cumpliendo con un faustuoso rito sexual; *"de lo que hicimos no les cuento nada, se lo dejo a la imaginación"*.

El segundo paso era visitar a uno de sus familiares radicado en el barrio San Javier, el disfraz de roquero siempre predominaba *"quizá"* por el sector donde residía María, el concepto que tenían los vecinos sobre mi identidad era el de un hombre enamorado de la vida y el rock, seguramente por la facha que siempre salía a relucir, o el de un vago y mechudo drogadicto.

La caminata por el sector del barrio América con dirección a la residencia del familiar era agradable, ningún transeúnte sospechaba que el hombre que caminaba por la acera de una manera tan desprevenida era un miembro de la Policía Nacional de Colombia y que valía unos cuantos millones de pesos; las risas y abrazos a cada instante se hacían más agradables sin sentir un sólo grado de estrés debido al irrisorio camuflaje que llevaba puesto.

La tranquilidad de la tarde se interrumpió cuando a sólo treinta o cuarenta metros de donde nos encontrábamos y por donde debíamos pasar segundos después, una gran explosión destrozó todo a su paso. El caos se tomó el lugar, la onda expansiva nos dejó perplejos con los oídos silbando, con los ojos desorbitados y con un exagerado temblor en las piernas, el miedo, el pánico y el terror aparecieron de nuevo en nuestras vidas, pero rápidamente fueron controlados, en mi cerebro ya no se registraba cuantas veces le había hecho el quite a la muerte y estaba obviamente más familiarizado con las explosiones y los pedazos de carne en la que se convertía un ser humano.

— *¡Por Dios qué paso!* Alcancé a gritar abrazando fuertemente a María y con las ansias más grandes de correr hacia el lugar del siniestro para socorrer a los ciudadanos.

— *¡Amor! No, nos metamos,* gritaba aterrorizada mi chica, nunca en su vida le había tocado vivir algo así tan de cerca.

— *"Tengo que ir a socorrer a la gente, ¿No ve que soy policía? No se me vaya a soltar de la mano por nada del mundo porque no te voy a dejar solita por acá",* fue la primera sugerencia.

La carrera con la flaca sin soltarla de mi mano, antes con más vehemencia la agarraba fue para el lugar de la catástrofe. Era el primer policía, así estuviera en traje de civil en llegar al lugar, los cuerpos humanos completamente destrozados y esparcidos en un radio de acción bien grande no escandalizaban a María, aun sabiendo que teníamos qué fijarnos dónde colocábamos los zapatos para no pisar los pequeños trozos de carne que se hallaban por todas partes, fragmentos muy pequeños carbonizados en su mayoría y los más desconcertante sin un rastro de sangre, este líquido como que opta por esparcirse por el aire. Como pude y con la ayuda de algunos ciudadanos valientes enviamos los primeros heridos que vimos en forma inmediata para las clínicas más cercanas utilizando vehículos públicos que se acercaron ofreciendo su servicio voluntariamente, le advertí a los ciudadanos que me ayudaban que no intentaran ingresar a la edificación más afectada, pues su estructura podía colapsar en cualquier momento.

— *¡Dios mío, que cosa tan horrible! No quiero ni mirar,* modulaba María, sin embargo, mostraba el coraje necesario para estar parada en la mitad de toda la catástrofe.

— *"No te asustes, ni te me vayas a soltar, mira por dónde pisas que esos son pedacitos de carne humana",* le insistí nuevamente para que no se me fuera a desmayar, a colocar histérica o algo por el estilo; pero, por el contrario, me mostró finura como se dice en el argot paisa.

— *¡Dios mío por qué tiene que ser esto así de cruel!* Se persignaba viendo los despojos humanos que nos topábamos a cada instante.

Los organismos de socorro fueron haciendo presencia especialmente mi policía y yo con mi flaca colocamos pies en polvorosa antes que me interrogara un jefe superior, seguramente al hacerlo me identificaría como miembro de la institución y en vez de felicitarme por mi rápida actuación y valentía, lo mínimo que me ganaría era un sanción bien cabrona por estar incumpliendo una orden directa del comando que a cada instante se repetía por los comunicados *'El personal soltero debe permanecer dentro de las instalaciones, no tiene absolutamente nada que hacer en las calles".*

La sorpresa fue mayúscula antes de retirarnos cuando de un edificio que sufrió el embate del terrorismo, una mujer desesperada nos indicaba que en su mirador se hallaba un trozo de carne humana de aproximadamente tres kilogramos de peso, el desconcierto fue mayúsculo, pues este se encontraba en el cuarto piso.

El paseo culminó por el momento sin lograr identificar contra quién iba dirigido el atentado o si el carro bomba explotó antes de su objetivo. Un día de descanso negro que lo único bueno que dejó fue el combate cuerpo a cuerpo que sostuve con María y el coraje que mostró.

Definitivamente las bombas me perseguían y a lo mejor ya se habían convertido en amigas, pues hasta el momento no me habían hecho daño, salvo el primer carro bomba, ya que tan solo dos meses después de ese último episodio una fuerte explosión sacudió el vecindario en el momento que departía en la sala de la casa con toda la familia de mi suegra.

El impacto fue tan contundente que la onda expansiva me desacomodo del sillón donde descansaba arrumándome contra el piso mientras la familia quedaba estupefacta con los oídos afectados, nunca les había llegado la muerte tan cerca.

Sin medir las consecuencias salí envalentonado al lugar del siniestro y la escena se repetía de nuevo, el caos se apoderó del lugar y lo que quedaba de varios despojos humanos difícilmente se podrían identificar. Rápidamente comenzaron a hacer presencia los organismos de socorro y como de costumbre hui del lugar antes que un suboficial u oficial me identificara, al día siguiente el boletín de prensa solo deducía informar que el carro bomba seguramente se les había explotado a los terroristas ya que era una zona residencial y el atentado no se dirigió a ningún organismo de seguridad.

La mal llamada guerra era de tome y dame como se dice vulgarmente, no habían pasado cuarentaiocho horas para que estuviera cayendo abatido por parte del bloque de búsqueda el jefe de sicarios de Escobar; Mario Castaño Molina, alias *"el Chopo"* engrosaba la lista de hombres dados de baja del primer anillo que, protegida al capo, lo que presagiaba un desenlace fatal para dicho personaje.

Siempre he sido amigo de los adagios, refranes, proverbios, dichos y expresiones del común como uno de los más frecuentes en la bella villa; *"uno bien borracho y otro empujando"*.

La mañana transcurría normal, digo normal porque eran las nueve y aun no se reportaban hechos lamentables donde estuvieran involucrados homicidios especialmente de uniformados, me dispuse a levantarme de la oficina donde cumplía con la redacción de unos informes cuando la explosión más estrepitosa sacudió todo el lugar y me arrinconó contra un archivador. La primera reacción fue cubrirme y sospechar de otro regalito de Pablo Emilio contra las instalaciones. El humo entre negro y rojo impregnó todo el ambiente y un grito de lamento horrible salía de la oficina del jefe de momento, no lo dudé y de inmediato ingresé a su oficina a prestarle los primeros auxilios pues sabía que allí estaba firmando documentación, efectivamente se encontraba en el suelo con su abdomen totalmente perforado con un boquete de más de veinte centímetros de diámetro y sus intestinos fuera de su contorno. Solo se limitaba a gritar desesperadamente e inmóvil, su color de piel cambió automáticamente, reconocí que se trataba de mi jefe porque era el único que sabía que allí se encontraba.

Mi instinto de supervivencia, brío, coraje y reacción no me inhibieron para cargarlo tratando de ocasionarle el menor daño posible y depositarlo dentro del vehículo frigorífico que en esos instantes descargaba la carne para el economato de la estación. El olor y la sangre se mezclaba con el que expelía mi capitán, no hubo necesidad de ordenarle al conductor de la camioneta para salir como alma que lleva al diablo a la policlínica más cercana.

Una reacción magistral y oportuna pues fue recibido de inmediato por los galenos que en forma apresurada lo ingresaron a la sala de urgencias. Hasta esa puerta lo pude acompañar pues un enfermero me detuvo, minutos después comenzaron a arribar las patrullas con oficiales quienes se apersonaron del caso y yo con mi uniforme envuelto en sangre decidí tomar un taxi para regresar a mi unidad, fue lo más sensato de momento, no vanagloriándome como un héroe sino, orgulloso para mis adentros por la rapidez con la que actúe.

Días después con alegría recibía la noticia que el oficial se recuperaba prodigiosamente y al parecer una imprudencia suya ocasionó la explosión al caérsele una cantidad de fosforo rojo que se había decomisado la noche anterior, noticia que me hacía sentir más orgulloso de mi institución continuando con más ahínco mis labores.

A esta altura del partido se habían acabado por completo las extorsiones a los mafiosos, como tiempo atrás cuando varios combos los exprimían y mi mente fraguaba varias conjeturas del *"por qué"*:

"Porqué" se estaba desarrollando una guerra y una de las causas que la produjo fue el exagerado abuso por parte de esa clase de personal, *"porque"* los capos policiales en su mayoría habían sido asesinados por las mafias después de las transacciones, *"porque"* la recompensa que ofrecía Pablo por asesinar policías era sumamente tentadora para los bandidos, *"porque"* algunos se retiraron de la institución imponiéndose la sensatez después de adquirir una buena fortuna y huyeron de la ciudad, *"porque"* quizá muchos habían solicitado el traslado voluntario de la MEVAL., o salieron trasladados durante la cantidad de relevos masivos que se ejecutaron, *"porque"* otros engrosaban los listados de expolicías purgando una pena en la cárcel de Belén y los más osados aun seguían en la ciudad dando la palea a su manera.

Pero aún quedaba una minucia de bajo perfil que le hacía más daño a la institución desprestigiándola, cometiendo toda clase de delitos y acá les contaré de los *"cuando"*; entonces era menester estar atento *"cuando"* se conocía un caso especialmente donde se daba de baja un delincuente y este quedaba con el arma en su mano, cintura o lugar de los hechos para que esta no se extraviara, en otras ocasiones *"cuando"* se accidentaba o asesinaban un compañero su arma no desapareciera, *"cuando"* se decomisaba un arma en un retén o una requisa esporádica y no se dejaba a disposición, *"cuando"* el arma se dejaba descuidada dentro del alojamiento; siendo además una falta grave.

Ahí entraban a operar los amigos de lo ajeno que les menciono al inicio del párrafo, pues se debían tener todos los sentidos puestos, tenerla custodiada, visualizada, vigilada, protegida, escoltada y en los casos de homicidio, guardarla con unos testigos hasta que llegaran los encargados de levantamientos quienes iniciaban una cadena de custodia de todo el material encontrado en una escena de crimen o si no, estos elementos se evaporaban como por arte de magia.

Con cada caso negativo la vida no se podía detener, por el contrario, había que sortear los servicios que resultaran sin refutar una tan sola orden, por eso mi excomandante, ahora, como jefe de personal después de haber superado ese cargo de conciencia y cuando la situación en lugar de mejorar empeoraba, recibió una disposición del comando que lo alegró por unos instantes y a la vez lo llenó de preocupación, con aquel mandato o visto de otra forma, al menos por un par de días se alejaría de aquella tierra para tomar un nuevo aire, aunque la misión no sería fácil.

El traslado para la ciudad de Tuluá, al norte del departamento del Valle debía ser de inmediato cumplimiento y su misión consistía en recoger y proteger a un grupo de cien uniformados de la policía que salían egresados de la escuela de formación Simón Bolívar para reforzar el personal de la MEVAL.

La centena de jóvenes reclutas, con las mismas expectativas e incertidumbres como al inicio de mi carrera, se vio salir de la escuela de formación en medio de aplausos, vivas y bendiciones de cada uno de los familiares de los nuevos profesionales de la policía, al instante que los buses bien custodiados encendían sus motores, en los rostros de algunos se notaba la preocupación a medida que los vehículos avanzaban demoliendo kilómetros para alcanzar su objetivo final como era la ciudad de la "Eterna Verraquera". En otros, la alegría se evidenciaba y las ansias de conseguir dinero no los inhibía para hablar sin percatarse que a su alrededor se encontraban compañeros con verdaderas ganas de hacer respetar el glorioso verde oliva y el Código de Ética Policial.

Mi mayor ya había hecho todas las coordinaciones pertinentes y necesarias para que cuando se entrara a la capital de la montaña, la seguridad se doblara y así no tener sorpresas desagradables. Pues debía tenerse en cuenta que, si el enemigo hizo explotar una carrobomba cuando transitaba un vehículo atestado de policías por el sector del puente "Pandequeso", asesinándolos a todos, con muchas más ambiciones lo haría con un grupo tan nutrido de uniformados que llegaban a reforzar a los buenos y a participar en la mal llamada guerra.

El dispositivo de seguridad jamás visto durante el desplazamiento, especialmente cuando se ingresó a la ciudad de Medellín, hacía que las docenas de vehículos particulares que se acercaban se alejaran despavoridos, nadie quería estar cerca de un uniformado de policía y menos de un convoy tan grande y nutrido, ya que podía estar expuesto en el momento menos esperado a ser víctima de un carro bomba.

Los grupos de contraguerrilla apoyados por el Bloque de Búsqueda, tanto adelante como atrás, hacían más impresionante el recorrido que avanzaba a toda velocidad sobre la autopista sur creando más pánico y zozobra entre el personal nuevo.

De igual manera el helicóptero desde lo alto apoyaba la maniobra con hombres fuertemente artillados y dispuestos a repeler cualquier ataque enemigo. Esto causaba aún más terror en las mentes de los reclutas que jamás se imaginaban que la situación estuviera de esa manera; *"tipo película americana"*, a Rambo le hubiera encantado integrar el convoy, aunque poco podían hacer al momento de ser atacados con los tenebrosos carros bomba.

— *¡Por fin llegamos mi mayor!* Dijo el conductor santiguándose.

— *¡Gracias a Dios!* Contestó el oficial de policía responsable de la caravana, hombre entregado a su profesión, un caballero impecable, correcto en su actuar y proceder, como lo era otra gran cantidad de uniformados con grado y sin grado responsables de sacar el conflicto adelante.

Después de un caluroso saludo de bienvenida por parte del comandante de la metropolitana, recibir las instrucciones necesarias y antes del desplazamiento a buscar los alojamientos, mi mayor se dirigió a su personal no como un oficial de la policía con experiencia en el conflicto, sino como un ser humano que no deseaba que a uno de esos jóvenes inexpertos les fuera suceder algo.

Con palabras sinceras, sin tapujos, sin presiones, salidas del corazón de un ser con toda la voluntad de transmitirle a sus subalternos las mejores y más necesarias e importantes recomendaciones para que salieran airosos en esos momentos de tensión, terminó regalándoles una bendición.

Sin embargo, no todos los recién llegados habían asimilado y acatado con responsabilidad los consejos suministrados por sus nuevos jefes, porque a tan sólo unas horas de haber llegado a la ciudad, ya estaban desobedeciendo una orden clara de no salir a la calle y no estaban tomando en cuenta las advertencias. Indisciplina por la cual dos jóvenes perdían su vida a manos de sicarios que no desperdiciaron la oportunidad de verlos sin armamento mientras realizaban unas compras en un reconocido centro comercial de la ciudad, ya no eran cien los que iniciarían labores al día siguiente, solo noventa y ocho almas aún más atemorizadas saldrían a las calles.

De allí, mi mayor dedujo que una gran cantidad de uniformados que caían abatidos por el enemigo, no tomaban en serio las órdenes y sugerencias que se hacían.

Con las informaciones que se recogían por parte de los organismos de inteligencia que se obtenían casi a diario y con la acertada actuación del Bloque de Búsqueda, se le estaba asestando golpes contundentes a la estructura del cartel de Medellín, casi en su totalidad habían sido abatidos y en ningún momento se bajaba la guardia ni se cantaba victoria, faltaban unos cuantos entre ellos su jefe quién había burlados varios cercos.

La historia de la catedral y otras estrategias planteadas por el "zar" de las drogas para evadir su responsabilidad en tan atroces delitos y pactar acciones con el gobierno es un capítulo aparte de este cuento y, aun así, cualquier patrulla de uniformados o ciudadanos no reconocidos por el reducto de guardia de los extraditables que se acercaran a su escondite, era recibido con toda clase armas automáticas.

Para este episodio llegada la noche algo en mi interior me decía que obviara ese cuarto turno de servicio o de pronto las ansias de visitar a María estaban siendo más poderosas que la responsabilidad de trabajar. Con un buen sartal de mentiras abucé de la confianza del jefe y le saqué el cuerpo al turno de vigilancia.

El desplazamiento para donde la princesa fue de inmediato, el derroche de ternura se dejó venir hasta cumplir a cabalidad con lo planeado *"sexo a la lata"*.

Al día siguiente el ingreso a las instalaciones del cuartel me dejó con la respiración suspendida y estupefacto. La patrulla en la que a diario me movilizaba a cumplir con los servicios se encontraba totalmente destrozada y los impactos de proyectil R-15 copaban toda su parte lateral derecha, la sangre ya algo coagulada impregnó su interior tanto en el puesto delantero como el trasero.

En los momentos que me desplacé en el automotor nunca tuve un atentado y ver en esos instantes en las condiciones que se encontraba, definitivamente tenía un ángel guardián en el cielo que me estaba protegiendo.

Los comentarios en la guardia hablaban de un ataque demencial por parte de un grupo de hombres fuertemente armados que arremetió contra la patrulla, en su desespero y viéndose herido el conductor viró el vehículo hacia un peñasco rodando varios metros, quedando sus tripulantes en pésimas condiciones siendo algunos rematados por los sicarios.

A esa hora del día solo dos de los hombres que salieron al fatídico servicio nocturno se debatían en el hospital entre la vida y la muerte. Una salvada milagrosa gracias a Dios y a una mentira sin fundamento.

Otra noticia que no tuvo mucha relevancia en los medios de comunicación, pues era opacada por la destrucción del CAI., de la América donde si fallecieron varios compañeros, no solo los sicarios se ensañaron segándoles la vida con armas automáticas, sino que le colocaron una fuerte carga explosiva al habitáculo haciéndolo volar por los aires con los cuerpos de los uniformados en su interior. La rápida intervención de la patrulla más cercana al lugar también fue objeto de una emboscada inmisericorde por parte del enemigo.

La guardia jamás se bajó por parte de las colectividades de inteligencia y es así, como el dos de diciembre del año mil novecientos noventa y dos, la noticia más esperada por todos los organismos de seguridad de Colombia y otros países del mundo se hacía realidad.

Esta parte del capítulo tampoco me corresponde comentarla ni entrar en detalles, pues hace parte de la historia de los hombres que estuvieron allí presentes y la mía se concentra en una leyenda sobre unos valerosos jóvenes que le colocaron el pecho a la violencia desatada por las ansias de conseguir dinero fácil, así mismo las remembranzas de otro grupo de uniformados que también estuvieron durante el conflicto y que no se inhibieron en narrármelas.

Lo que si les puedo decir es que el lugar donde cayó el "zar" de las drogas junto al último de sus escoltas; Alias "Limón", solo quedaba a unas tres o cuatro cuadras donde yo residía con María y su familia, lo paradójico es que las informaciones de inteligencia tiempo después comentaron que el hombre cada ocho días acudía a la santa misa completamente disfrazado; capilla de la *"Consolata"* donde en forma continua asistíamos nosotros a la ceremonia religiosa. *"Vaya casualidad"* cuantas veces no lo toparíamos y de seguro hasta la venia de la paz nos brindaríamos.

- La Muerte de Zuluaga

El precio por la cabeza de un policía automáticamente se detuvo, aun así, los sicarios continuaban con los asesinatos de uniformados, pero de una manera esporádica, de igual manera bajaron sustancialmente los atentados con los carros bomba y artefactos explosivos que se instalaban al paso de una patrulla. Los últimos que sacudieron la ciudad, seguramente obedecieron a retaliaciones por la muerte del capo y sus lugartenientes.

El "Zarco" o el "mono", apelativo que le tenían algunos compañeros a mi amigo; que entre otras cosas definitivamente estaba convertido en un hombre demasiado perverso que ya no le importaba asesinar a nadie, continuaba sobresaliendo en la estación donde laboraba por lo sanguinario y en los comentarios de los compañeros de curso, siempre lo teníamos como tema central. *¡Ni que fuera quien sembró a Mateo!* Porque ahora si se le estaba torciendo el tronco. Alguien que no lo sembró, no tuvo reparo en mutilarlo dejando solo un pedazo inútil de madera pegado a la raíz, dicen los adagios de la vida que hay que sembrar un árbol, tener un hijo y leer un libro, yo cumplí con plantarlo, lo del hijo si estaba lejos de mi pensamiento a pesar de no inhibirme con María, por el otro lado no solo iba a leer un libro sino que planeaba escribirlo, por eso en algunos momentos de descanso realizaba mis primeros pinitos como todo un Gabriel García Márquez, lo que ocupaba aún más mi tiempo alejándome de mi amigo, cerca de un año sin vernos y sin cruzar palabras me tenían tranquilo.

Para esa noche Zuluaga se dejó convencer de alguien que ya no era alguien. La idea de realizar una vuelta como se le llama a los trabajos sucios de esa clase donde hay dinero de por medio, tuvo lugar durante un recorrido que cumplía acompañado de otras personas de no muy buena reputación. Un plan perfecto, fácil, así, cómo la misión y los pormenores de la acción a realizar no tuvieron discusión.

- *"Breve la vuelta, güevón"*, dijo el hombre de la invitación.

- *"Vamos a tumbar a un sapo, aunque no se le ha comprobado nada es un peligro porque no se mete con ninguno de los grupos y de paso nos ganamos unos pesos"*.

Sin embargo, Zuluaga no preguntó quién era la víctima y no tenía ni idea que se trataba de un uniformado. Había hecho cualquier cantidad de fechorías, pero menos atentar contra la vida de un compañero. Realmente la vuelta si era breve pues el hombre cubría un servicio de vigilancia en la Policlínica.

- *"Sólo es esperar a que termine su cuarto turno de vigilancia a la una de la mañana y dejar que se desplace unos metros fuera del centro asistencial para cazarlo"*, decía el compinche de Zuluaga.

Las horas pasaron lentamente y el inocente uniformado cumplió a cabalidad con sus funciones, la custodia de un sicario que se encontraba en cuidados intensivos con cualquier cantidad de sondas y pegado a un respirador artificial; prácticamente un vegetal. Sin embargo, en esas condiciones había que prestarle la seguridad necesaria según decía una orden emanada del juzgado.

Llegó la hora del relevo y la felicidad se reflejó en el rostro del uniformado, *"Ahora sí, a descansar"*. Las medidas de seguridad salieron a relucir al máximo, dos armas en la cintura, una de ellas una pistola calibre 7.65 milímetros y un revólver calibre 38 largo marca "Ruger", una granada de fragmentación en el bolsillo izquierdo de la chaqueta color negro de cuero, más la bendición para pedir protección al todo poderoso y eso que era de los hombres que menos armas portaba para la defensa.

La gran mayoría de uniformados andaban bien "aparatiados", como se dice en un argot muy popular. Bajo ese mundo se mueven desde fusiles AK-47, fusiles R-15, subametralladoras Uzi, pistolas de distinto calibre, revólveres que son en este caso lo más sencillo y común, además, de armas hechizas donde sobresalen los "changones"; poseían también granadas de fragmentación en cantidad.

El hombre a cazar inició su marcha, cargó el morral a la espalda donde guardaba celosamente el uniforme, la placa policial y las insignias.

El minuto cero hizo presencia, con él, se presentó el desplazamiento hasta la otra acera de la avenida para tomar un vehículo taxi que lo condujera hasta las instalaciones del cuartel. El automotor tardaba demasiado y el suave olor del café lo incitó a tomar una taza de la deliciosa bebida que a esa hora de la noche sería lo mejor; diez metros más de recorrido lo alejaron del centro asistencial y mucho más de uno de los últimos CAI., aun en pie ubicado cerca al centro hospitalario quedando totalmente desprotegido y a merced de los sicarios que siempre esperaban como lobos hambrientos a que la presa fuera vulnerable para atacarlo.

Sorbo tras sorbo del humeante café van mostrando el fondo del pocillo, expectante observó para todos lados con suma tranquilidad, pero con el corazón acelerando su ritmo.

En un segundo, divisó a lo lejos un vehículo que se acerca lentamente por el carril de la avenida con las luces apagadas, justo en la dirección donde se encontraba. Al observar la situación no le gustó para nada y dejó rápidamente el ultimo trago de la bebida sobre la barra colocando su mano derecha sobre la pistola sin levantar sospecha alguna. El hombre que atendía la chaza notó que iba a haber escaramuza *"quizá"* enseñado a esas situaciones se agachó con disimulo buscando protección, el uniformado tenía toda la ventaja porque presumía que podía ser un atentado.

El automotor ya se encontraba relativamente cerca, y notó que su conductor colocó a funcionar al máximo el acelerador y en segundos sin despabilar observó que por una de las ventanillas salía una mano con una subametralladora. Con la ventaja por delante no vaciló en descargar todo su proveedor, pues unas milésimas de segundos antes, su arma estaba fuertemente empuñada direccionando su cañón hacia el vehículo impactándolo por toda su parte lateral, vidrios de ventana y parabrisas se esparcieron por el lugar y la algarabía de uno que otro ciudadano se confundió con el intercambio de disparos. La acción de los hombres del automotor no pudo ser más desconcertante al verse en desventaja, que no tuvieron tiempo de reaccionar emprendiendo la huida.

El proveedor de la pistola quedó completamente vacío y el cañón del arma humeante, una reacción de película que de no haber sido así, otra sería la historia. El refugió más cercano es de nuevo el centro asistencial donde se acercaron las patrullas de vigilancia del sector para apoyar a su compañero envuelto en solo temblor.

En las instalaciones de la estación policial, ni siquiera se comentó el caso, pues no trascendió ni a lo normal. Las acciones más desconcertantes se registraban en otros sectores de la ciudad, salvo la novedad de la madrugada que llamó la atención de las autoridades al hallar un vehículo completamente incinerado en las afueras del casco urbano con un cadáver en igual condición sin identificar. Otro caso no tan desapercibido porque el automotor registraba varios impactos de arma de fuego.

El sol ya se había puesto nuevamente con su radiante luz sobre la ciudad de la *"Eterna Verraquera"* que se disponía a iniciar labores nuevamente. El teléfono de la guardia repicó en varias oportunidades hasta que una voz fuerte gritó desde lo lejos.

– "Molinaaaaa, Molinaaaa; al teléfono".

Una llamada tan temprano no pasaba de ser de María, seguramente informando que ya estaba sin novedad en la casa, me dirigí a tomarla. Al otro lado de la línea se escuchaba una voz acelerada, de inmediato la reconocí como la de Doble R., hacía meses que no se comunicaba por eso me sorprendió.

– *¡Hermano, le dieron a Zuluaga!* La sorpresa fue grande.

A pesar de haber compartido una mujer, la amistad los mantenía unidos, pero alejados de toda actividad delincuencial.

– *Qué pasó, ¡Dónde lo tienen!* Pregunté sobresaltado.

– ¡Está escondido en su apartamento! Contestó Rendón.

– ¡Y qué hace él ahí, porque no está en la clínica!

– "No se hermano, sólo me llamó Valentina y me dijo que le diera ese recado a usted no más, que no hiciera preguntas y que fuera lo más pronto posible".

No hubo más comentarios, un recado breve, nos despedimos y el traslado para el lugar reconocido fue de inmediato. Con un par de mentiras conquisté al jefe para obtener el permiso, al llegar al apartamento no sabía que Zuluaga vivía tan bien. Valentina salió rápidamente angustiada al advertir mi presencia, un beso y un abrazo con el mimo me dio a entender que era algo más que cariño que me tenía a pesar de llevar bastantes meses sin vernos, tampoco era el momento de hacerle la chanza y aguante las ganas. Ese abrazo movió en esos instantes mis sentimientos acordándome de inmediato de mi *"Flaca"*. Dos hombres mal encarados y dejando ver sus armas en la cintura se iban a interponer entre Valen., y yo, pero ella de inmediato los detuvo, aún con lágrimas en los ojos me condujo hasta la habitación de Zuluaga, lágrimas que me recordaron ese instante en el escuadrón cuando acudió a buscar consuelo – diciendo.

– "Carlos está delirando, habla bobadas y solo pregunta por usted".

La sangre había impregnado gran parte del lugar contrastando con los lujos, no sólo de cuadros y porcelanas sino de los enseres, Valentina como podía le hacía algunas curaciones. La reacción al ver a mi amigo en esas condiciones no la pude ocultar, sentí lástima, fuera lo que fuera era mi amigo de infancia y escuela. En varias ocasiones me protegió de atentados contra mi vida y él mismo frenó otros ataques, de igual manera me defendió de algunos niños que me agredían cuando éramos chiquillos. Lo tomé suavemente por la mano con verdadero sentimiento de aprecio, preguntándole:

— *¿Qué pasó, hermano?*

— *"Nos dispararon anoche"*, balbuceó con una voz lánguida.

— *¡Por qué no está en la clínica, muchacho!* Repliqué con tristeza combinada de cariño.

— *"No puedo, porque íbamos a hacer una vuelta".*

"Z" comenzó a narrar paso a paso lo sucedido, bajo una mirada agonizante y con la voz entrecortada, casi sin poder respirar y con signos cadavéricos. Le interrumpí el relato para convencerlo de ser llevado a la Policlínica, Valentina también insistía del otro lado de la cama, pero por lo visto, él no tenía ningún inconveniente en relatar las fechorías que hacía delante de la bella mujer; ahí me di cuenta que ella ya no se impresionaba.

La sorpresa al escuchar la última parte de la historia me dejó con escalofrío, en la habitación todo se quedó en silencio, las miradas se cruzaron y nadie se atrevió a decir nada. La vuelta que Zuluaga iba a realizar la noche anterior era para asesinar a un hombre que se encontraba trabajando en la Policlínica Municipal, según la información obtenida de su acompañante y ese uniformado que se disponían a asesinar era yo, y fui yo, quien le disparó a mi amigo.

Zulu., no tenía necesidad de hacer ese tipo de vueltas, un hombre con una manchada fortuna como la que había cosechado no necesitaba sino ordenarle a uno de sus secuaces para que lo hiciera, sin embargo, el destino juega papeles importantes y definitivos en la vida de las personas. Sólo que cuando vio que se trataba de su amigo, no accionó su arma, la sorpresa fue tal que no alcanzó a cubrirse de la reacción y acto seguido emprendieron la huida hasta llegar a un paraje solitario.

Una historia sencillamente desconcertante que nos impresionó mientras mi amigo no paraba de hablar.

— *"Al estar herido por primera vez sentí miedo, miré a ¡Juancho! Y él estaba peor debido a que los disparos los recibió de frente, a pesar de eso los reclamos eran demasiado airados y uno de los dos tenía que salir con vida porque ese ¡Man! Me reclamaba amenazándome empuñando su pistola a cada instante porque no la había disparado".*

— *¡Carlos! Vámonos pa'la policlínica"*, llorando, suplicaba Valentina.

— *"Un M-O, mija",* dijo el "Mono", queriéndole pedir un momento.

—*"A esa gonorrea se le notaba que estaba plagado de odio por encima y no dejaba de preguntar por qué no había disparado el arma, no le dije nada para no meterlo en problemas a usted hermano, y como estaba en mejores condiciones que Juancho, sin vacilar rematé a ese hijo de puta".*

Con cada palabra la respiración se le entrecortaba más, deduje que mi amigo estaba agonizando, miré a Valen., y en esa mirada no le noté rencor sino más bien lástima. Zuluaga quería seguir hablando, traté de calmarlo, pero él siguió, como que no quería morir sin terminar de contarme lo sucedido.

— *"Luego le eché candela a ese carro para acabar con cualquier huella posible que nos incriminara, salí de nuevo a la vía, crucé lugares llenos de maleza, con mucha oscuridad y basura".*

Ahora era yo, quien le sugería a mi compañero que nos fuéramos para la clínica, o en el mejor de los casos yo le llevaría un médico así fuera encañonado, las condiciones tan lamentables en que se encontraba daban tristeza, pero él a toda costa quería terminar de contar la historia aduciendo que una vez terminara de relatarla yo decidiría si lo trasladaba al centro asistencial.

— *"A veces veía borroso, totalmente agotado, tembloroso, de verdad que sentía mucho miedo, aunque sabía que me estaba muriendo, ya casi no podía caminar hasta que encontré un teléfono y, desde ahí llamé a "Chómpiras", pero él no sabe la verdad de lo que pasó, sólo ustedes dos.*

Me quedé petrificado y Valentina entró en un letargo, más sorprendidos quedamos cuando casi agonizante, dijo:

— *"Tranquilo hermano, que prefiero morir de manos suyas y no de manos de los sicarios, o que me coja una mierda de bomba y me destroce".*

Se dirigió a su mujer tomándolo de la mano y le expresó.

— *¿Nena, nos dejas un segundo a solas?*

—Valentina más sumisa y obediente se retiró con algo de desconcierto.

— *"Hermano, prométame que va a cuidar de mi campeón, a su hermanito y a Valentina y si salgo vivo de ésta nos largamos todos para los Estados Unidos. Esté tranquilo que yo sé que usted quiere a mi mona"*.

Mi amigo ya estaba en las últimas y no podía dejar que sucumbiera sin ser atendido por los especialistas. Valentina ingresó nuevamente, salió del letargo al que había entrado y sin pronunciar palabra sobre el tema nos miramos. Lo mejor es trasladarlo a un hospital cercano sugirió "Tina".

A regañadientes lo acomodamos en un vehículo para conducirlo a la Policlínica, el primer centro asistencial sobre la vía era el mismo lugar donde sucedieron los hechos la noche anterior.

- *"Agárrese fuerte que vamos es a la lata"*, le dije a Valen.

Como podía, ella le sostenía la cabeza pues definitivamente nos estaba dejando; de vez en cuando había miradas cruzadas a través del retrovisor sin sentir rencor en los vistazos.

— *"Tranquilo hermano, no se vaya a morir que de ésta salimos, así me tenga que volver malo"*.

Expresé con lágrimas en los ojos, los de Valen., parecían dos cataratas botando agua.

Tenía los pensamientos revueltos en mi cabeza de sólo pensar qué reacción tomarían los compinches cuando se enteraran quien acabó con la vida de su jefe, porque en el bajo mundo de la delincuencia todo se sabe y allí mismo, algunos demostraban desagrado con sólo vernos conversar. Lo más absurdo de todo esto era el haberme tocado a mí, accionar un arma contra mi amigo, de a ver sabido que era Zuluaga, seguramente la reacción hubiese sido otra, literalmente, no sé qué hubiera hecho; un extraño miedo, temor, desespero, intranquilidad, ansiedad, zozobra y preocupación me envolvía en esos instantes.

Valentina le colocó más dramatismo a la travesía; no era para menos, Zuluaga estaba agonizando en sus brazos por culpa de su mejor amigo y al parecer la chica entendió cómo sucedieron las cosas.

El recorrido la hicimos a toda velocidad esquivando carros con la bocina sin dejar de sonar con rumbo a la policlínica, el único pensamiento que me invadía era el de salvar a mi amigo.

Superé la avenida San Juan con Ferrocarril la cual se encontraba bien congestionada a las ocho de la mañana. Unos segundos después sólo se escuchó un grito ensordecedor plagado de horror de parte de Valen., lamento que dio a entender que mi amigo ya nos había dejado, reduje la velocidad, traté de mirar por el espejo retrovisor y a la altura del puente del SENA., con la avenida Ferrocarril, el automotor detuvo su marcha, los segundos eran de confusión, el miedo y la incertidumbre se apoderaron de nuevo de mí, porque no sabía que reacción iba a tomar la bella mujer que lloraba incesantemente sobre su cabeza. Las palabras se escondieron y no salían de la garganta, acabé con la vida de mi mejor amigo, era el primer caso reconocido de esa naturaleza que se me presentaba y la primera muerte en mi historia policial, aunque legalmente ante la justicia no tenía problemas, lo otro era que durante las cantidades de enfrentamientos que tuve en compañía de otros policiales, no se podía saber que arma había dado de baja a un delincuente.

El temor era aún mayor cuando se enteraran sus compinches, pues estaba seguro que ellos no lo entenderían y menos el combo del tal *"Juancho"* que acompañó a Zuluaga.

El traslado hasta el claustro de la salud continuó y sólo escuché la voz entrecortada de "Tina", como le decía cariñosamente.

— ¡Mimí! Yo nada más voy a decir a la Policía que Carlos llegó herido anoche y apenas hasta hoy lo pude llamar para que no se meta en problemas.

No respondí nada, el temor se apoderó con más vehemencia de mí, al punto de temblarme las piernas y las palabras se esfumaron. En la unidad asistencial lo recibieron y en segundos lo ingresaron a la sala de urgencias, después de tomar los signos vitales le colocaron una sábana de color blanco cubriendo su cuerpo que lentamente fue cambiando a color rojo. Luego, lo condujeron en una camilla para la morgue con su ropa envuelta en sangre, un impacto le perforó un costado cruzándole uno de los pulmones y tres impactos más se anidaron en el abdomen, el brazo y el antebrazo también recibieron balazos, expresó el camillero. Ahí recordé aquella época en la escuela de formación cuando hacíamos polígono que no fallaba en la diana *"punto central de un blanco de tiro"* recibiendo elogios por parte del instructor.

Abracé fuertemente a "Tina" consolándola, en ese abrazo noté un tinte diferente al de una pareja de amigos que se consuelan.

El plan continúo como lo decidió ella, Zuluaga pasó a ser otro de los uniformados que cayó abatido por las armas del enemigo quedando impune todas sus fechorías y además de ello, obtuvo el mismo tratamiento que cualquier policía asesinado en acción con trato de héroe, para los comandantes siempre fue un excelente funcionario que cumplió a cabalidad con sus servicios y uno de los duros de verdad; esa clase de título no lo necesita un policía que con toda la responsabilidad del caso hace respetar el Código de Ética policial en toda su extensión, ¡Verso por verso! Cuando reza: *"Llevaré una vida irreprochable como ejemplo para todos, mostraré valor y calma frente al peligro, al desprecio, al abuso o al oprobio; practicaré la moderación en todo y tendré constantemente presente el bienestar de los demás. Seré honesto en mi pensamiento y en mis acciones, tanto en mi vida personal como profesional, seré un ejemplo en el cumplimiento de las leyes y de los reglamentos de mi institución.*

Mientras continuaba perplejo, no volvía del letargo, recordando la bella oración, además desconcertado por no poder contar la verdad, secreto que se iría conmigo hasta la tumba.

Era mi amigo y lo iba a acompañar hasta su última morada, ya se había hecho todo lo pertinente para velarlo en la capilla del comando desde donde se despedía a los caídos en acción, sólo que la estadía allí, estaba impregnada de rencor, odio y una docena de ojos esperando que fuera vulnerable para acabar con mi vida. Se fue el hombre que me protegió de toda esa calaña de delincuentes uniformados de policía, inclusive el que llegó a desafiarlos; otros féretros lo acompañaban dentro del recinto, que tristeza ver los compañeros dentro de esos cajones de madera ordinarios con un traje de uniforme verde oliva sin una sola insignia.

Uno que otro policía se acercaba más a curiosear que a desearle buen viaje a los hombres de la ley que allí yacían inermes. A cada instante me acercaba al ataúd donde descansaba mi amigo con una zozobra e incertidumbre, con un dolor en el pecho que no sabía describir.

Los padrenuestros eran en cantidad y a cada instante le pedía que me perdonara sin dejar que los uniformados que allí se encontraban vieran mis lágrimas, las cuales no se si eran de cobardía o de valentía, la justicia divina sería la encargada de cobrarme esa deuda y quien sabe cuántas más por negligencia.

Con el paso de los minutos sentí algunas miradas clavarse sobre mi espalda y un extraño sentimiento invadió mi corazón. Valentina no se veía por ningún lado, ratificando lo que en varias ocasiones me habían dicho, que la relación de ellos no era la mejor.

Las horas fueron pasando y no me atrevía a salir de las instalaciones del comando del departamento, cuando se presentó Valen., con dos niños; el de más edad con un rostro bien parecido a Rendón, de tez algo blanca, cabello ondulado, contextura gruesa y ojos negros, *"como si lo hubiera negado"*, el menor tenía cabellos dorados y grandes ojos azules como su padre, ahí dejó Zuluaga su retoño, también la acompañaba la suegra que muy gentilmente nos recibió cuando la vi por primera vez y otras personas que supuestamente eran los familiares de Valentina, con un saludo nostálgico y un fuerte abrazo como el de la mañana, la mujer me dio a entender que todo estaba bien conmigo, lo que si me dejó bastante intranquilo fueron las palabras que me susurró al oído.

— ¡Mimi! Cuídate que te están buscando, a medio día llamaron al apartamento preguntando por ti.

CAPÍTULO CUATRO

"MOLINA"

- "Si no me asesinan, me vuelvo malo"

Esa frase sí que colocó a temblar mis piernas, no hubo necesidad de sacar demasiadas conclusiones, lo hombres que invitaron a Zuluaga, tenían pleno conocimiento a quien le iban a hacer la vuelta.

Me tenía que cuidar de cientos de sicarios y ahora, seguramente lo debía hacer de una buena cantidad de colegas que se ufanaban de ser policías y sin el apoyo de mis amigos. Por primera vez desde que llegué a Medellín me sentía completamente solo, abandonado, desorientado, pero para poder sobrevivir en esa selva de cemento, el sobreponerme, motivarme y envalentonarme era fundamental, Zuluaga había elegido esa clase de vida y por más amigo que hubiera sido no me iba a enterrar con él, esa era la única conclusión que me reconfortaba.

Sólo iba a estar unos minutos más acompañándolo hasta que el carro fúnebre lo recogiera para trasladarlo a su tierra natal. Además, le pedí a Dios que le perdonara todos sus pecados y él, Zuluaga, una vez arriba frente a la corte celestial, abogaría por mí para que me perdonara los míos, sobre todo el haberle quitado su vida, movido por el miedo, o talvez la seguridad para tomar decisiones en el momento justo y necesario, además, en un santiamén que creí que iba a perder la mía.

Oculté las lágrimas, levantamos el féretro hasta acomodarlo dentro del vehículo fúnebre bajo gritos desesperados de su familia. La despedida con Valentina fue más nostálgica, estaba casi seguro que no la volvería a ver, pues el respeto por María era superior, olvidando por esos instantes y por siempre la petición de Zuluaga.

Con un dolor en el alma que no podía identificar, con una inseguridad jamás vivida, con más ganas de renunciar a la institución que me abrió las puertas para convertirme en un hombre de valores y principios éticos bien definidos, me hallaba en ese instante y precisamente, en ese instante no sabía qué hacer.

Totalmente desorientado, las ganas me impulsaban en hacerle el lobby al comandante del departamento y contarle todo, pero tampoco confiaba en ningún hombre uniformado de policía y los únicos que me irradiaron ese sentimiento ya estaban muertos. De Rendón no tenía ni idea porque no estuvo acompañando a Zuluaga y no quería correr la suerte del hombre que años atrás se me acercó confiado en que yo como policía le prestaría atención a su problema y conforme a ello, lo iba a proteger, *¡Por Dios! Que esa era mi intención.*

Anécdota bien maquiavélica pues el humilde campesino lo único que deseaba hacer era entregar una información importante sobre un grupo de milicianos que se había apoderado de una zona alta de la comuna Castilla, fui el único que le irradió confianza en ese momento para contarlo todo. Una vez organicé la reunión con el comandante de la estación y los otros cuadros de mando que la lideraban, el hombre entró a las instalaciones dentro de la patrulla con una chaqueta cubriendo su rostro porque no quería que nadie lo reconociera, condición fundamental para hacer los comentarios, ya dentro de la oficina y confiando en mi palabra que los uniformados presentes eran de fiar se descubrió el rostro para relatar todo lo que sabía.

Temeroso narró hechos que se confrontaron y eran realidad, pronunció una docena de nombres de integrantes de las milicias, luego, utilizando el mismo sistema de entrada, salió, quizá con el corazón feliz porque había realizado una verdadera acción heroica al denunciar de frente a los delincuentes.

Cinco cuadras más adelante de la estación policial, la patrulla lo dejó y se retiró agradeciendo a los uniformados que lo trasportaron, nada más logró caminar veinte metros mientras la patrulla se alejó apresurada para ser interceptado en el mismo momento por dos sujetos que lo acribillaron quedando tendido sobre el pavimento.

No sé si fue una coincidencia de la vida o una confusión de los sicarios, lo cierto es que meses después uno de los uniformados que asistió a la reunión contó sin ninguna preocupación que lideraba un grupo de jóvenes milicianos de esa comuna; la felicidad de ese liderazgo que ejerció el uniformado no le duró mucho tiempo porque también fue abatido por los sicarios enfrascados en el conflicto o de pronto por sus propios compinches, pues esa averiguación paso a ser otra más de las que se quedaban en materia de investigación.

Me hice la promesa de no volver a prestarme para una reunión de esa clase, por eso tenía miedo de informar lo que había escuchado o visto a cualquier uniformado con grado o sin él, no confiaba absolutamente en nadie, *"y nadie es nadie"*, apenas generaban desconfianza y deslealtad con la institución.

Tomé un segundo aire y me dije voy a enfrentar las cosas solo, en esa gran urbe el que se durmiera se lo tragaba la de negro, jurando que no me iba a dejar, le prometí a Zuluaga que si me tocaba volverme malo para salvar mi vida lo iba a hacer, existía el miedo, pero a la vez me sobran unos cojones bien puestos.
Así mismo decidí no informar nada y salí de las instalaciones del comando como alma que lleva el diablo, a cada paso que daba creía que ya me iban a caer los sicarios por la espalda o de sorpresa porque así es que atacan; desafortunadamente mi mejor amigo había caído y lo hizo de frente.

Las armas en mi cintura estaban bien aceitadas, ya no cargaba una granada de fragmentación sino dos y un "changón" que me obsequió un compañero. En el valle de Aburrá era más fácil conseguir un elemento de esos que un mejoral; tenía que enfrentar mi propia guerra cruzando cincuenta mil cosas por mi cabeza hasta que ingresé a la estación donde me sentía medio protegido.

Ya sabía de todas las fechorías que se habían cometido dentro de las instalaciones y hasta dudaba que amaneciera vivo; con un sólo petardo que colocaran debajo de mi cama despertaba; pero frente a la corte celestial y no fue sino pensarlo para abordarme un compañero de los buenos insistiéndome que me cambiara de habitación dentro del cuartel porque me iban a colocar una carga explosiva que solo acabaría con mi vida, pues yo no pernoctaba en los grandes alojamientos sino que había adaptado un pequeño cuarto en un rincón de San Alejo dentro de las instalaciones. Allí me sentía tranquilo y digo que sentía pues con esa información abandoné esa morada de inmediato que durante más de tres años me abrigó. En algunas ocasiones uno que otro jefe me decía que como hacia yo para vivir en esa pocilga; pocilga o no, me sentía protegido y feliz.

Otro día llegaba plagado de incertidumbre para salir a las calles a patrullar, tratando de pensar en si todavía quedaban policías en quien pudiera confiar para contarles lo que me estaba sucediendo.

Durante la noche dos llamadas telefónicas preguntando por mí donde escuché carcajadas escalofriantes y sarcásticas que me desvelaron por completo no permitieron que durmiera.

De seguro sí existen esos hombres honestos, tal vez en cantidades porque no puedo creer que todos los uniformados que integraban conmigo el destacamento de policías del valle de Aburrá, estuvieran invadidos por la corrupción, además, una gran mayoría de descarriados ya debían estar rindiendo cuentas ante el creador.

Ni siquiera confiaba en el grupo de compañeros con los que hacía el desplazamiento a pie del servicio en esos instantes, hablaba poco con ellos porque cada uno alardeaba contando sus fechorías.

Acabó con la tertulia un llamado de la central que afanada ordenaba identificar a un vehículo abandonado que se encontraba en nuestra jurisdicción.

El movimiento fue rápido y a lo lejos se pudo divisar el automotor con las características suministradas por la central de radio. La orden era clara, no abrir las portezuelas ni tocar el automotor, porque ya sabíamos de las trampas caza-bobos que nos dejaba el enemigo.

La primera intervención para que la población civil no sufriera era desalojar a los ciudadanos del área, luego acercarnos sigilosamente con el fin de observar detenidamente el interior para ver si se detectaban cables, cantinas de leche o elementos que nos indicaran si lo que teníamos en frente era o no un carro bomba.

Uno de los compañeros tuvo la osadía de indagar con todas las precauciones del caso acercándose para en segundos emprender veloz carrera hacia donde nos encontrábamos, gritando desesperado.

— *¡Un carro bomba! ¡Un carro bomba!*

La reacción inmediata fue arrojarnos al suelo con la boca abierta, según las instrucciones que nos daban y en segundos, el ruido más escabroso sacudió todo el sector. El vehículo se hizo trizas y causó numerosos daños materiales a su alrededor, por fortuna no hubo víctimas, sólo algunas laceraciones que sufrió el hombre que más se acercó.

Estaba convencido que con la muerte del capo todo había terminado, pero otra fue la sorpresa y no creo que ese regalo fuera para mí.

Al día siguiente la decisión fue tomada con cabeza fría, la carta de renuncia ya la tenía en mis manos esperando al comandante para entregársela. No era justo ofrendar la vida de esa manera, ya había sobrevivido a muchos atentados gracias a Dios y quería olvidarme definitivamente de esa *"puta"* guerra.

El día transcurrió sin la presencia del jefe, según las informaciones estaba reunido con altos mandos en Bogotá para tomar decisiones muy importantes para enfrentar los últimos residuos de los grandes combos que se comenzaban a formar en ausencia del hombre más poderoso que manipulaba todo.

Una llamada telefónica a la guardia de la estación de donde llegaron gritos de parte del comandante de guardia, o sea, del hombre de la recepción pronunciando mi apellido me hicieron colocar en alerta; al acercarme al teléfono el uniformado tapando la bocina me dijo en forma chistosa y en voz baja.

— *¡Es una chimba de vieja, home! Yo, ya las identifico por la voz, güevón, hasta tiene gafas.* Soltando una carcajada.

Se me hizo extraño que me llamaran, la novia no lo hacía y amigas no tenía como para pensar en eso. Tomé el teléfono y al otro lado de la línea una voz femenina bastante sensual me pasó un recado de parte de Valentina, ese nombre, aunque ya no era tan importante era el de una mujer muy especial para mí, lo recibí con agrado, la hermosa mujer me necesitaba y esas son las órdenes que se deben cumplir de inmediato, además, son de muy fácil cumplimiento. Lo diferente con relación a la última vez era que la cita se debía cumplir en la casa de la suegra y no en la residencia de Zuluaga, lo que me causó curiosidad.

- *"Invito a un amigo a que me acompañé o voy sólo"*, pensé en esos instantes.

El desplazamiento se cumplió con todas las medidas de seguridad y enfilamos baterías hacia el sector del barrio Doce de Octubre sobre la parte alta de la comuna Castilla, no fue difícil convencer a un parcero, el mismo que días atrás me regaló un "changón" por haber abogado por él ante nuestro jefe para que no lo sancionara.

La noche ya se había tomado todo el valle de Aburrá; una extraña sensación se apoderó de mí, como en aquella otra ocasión cuando también atentaron contra mi vida. A cada instante sobrepasábamos retenes de la policía y del ejército que también patrullaban la zona.

Casi coronando la cima las cosas se colocaron tensas cuando comencé a observar varias motos que en ocasiones nos sobrepasaron, soy buen observador y... *"la vestimenta es similar o son los mismos"*, pensé.

Al notar lo extraño de la situación le dije a mi compañero que regresáramos, no me gustó para nada la actitud de esos motorizados, cuatro motos y ocho tripulantes *¡Qué varones!*

El hombre mostrando valentía no aceptó mi petición y continuamos escalando la montaña.

Ya en un sector algo desolado las motos que antes había detectado se dirigieron contra nosotros, sus parrilleros disparaban armas automáticas sin darnos tiempo a reaccionar; una lluvia impresionante de fuego jamás vivida, mi compañero fue el primer impactado porque los sicarios venían de frente, perdió el equilibrio y nos fuimos contra el pavimento, mi arma ya estaba lista para disparar siendo esta la única reacción que pude tener de momento para no ser rematados.

En cuestión de segundos pude constatar que mi compañero Puentes, murió instantáneamente con la moto sobre sus piernas, sólo alcancé a resguardarme a un lado de la vía bajo una impresionante lluvia de balas de distintos calibres especialmente de armas automáticas, también se escuchaban disparos de "changón", *"escopetas hechizas recortadas".*

Los sicarios sabían de tácticas milicianas y en segundos me tenían rodeado, para no permitir un acercamiento vacié la pistola y la recortada en contra de aquellos *"varones",* ocho contra uno, sin lograr impactarlos recordé entonces que en la chaqueta les tenía un regalo, *"las granadas".*

A pesar del susto no perdí el control bajo el infernal ruido que hacían las cantidades de balas rozando mi cuerpo, se trataba sin duda de algunas subametralladoras debido a las ráfagas. Logré desactivar una de las granadas, con el pin de seguridad en la boca y sin sacar la cabeza la lancé al lugar de donde supuse provenían los disparos, conté mentalmente hasta el número diez que casi no llega agazapado en la cuneta, un delicioso estallido se escuchó seguido de un grito desesperado pidiendo los socorrieran; grito que trajo alegría a mi cerebro.

— *"Me dieron, marica"*, gritaba uno de ellos con alaridos desesperados.

Nada más restaba tirarme por un lote baldío para darme a la fuga aprovechando el desconcierto de los sicarios, estaba convencido que mis enemigos no me seguirían y que el apoyo iba a ser instantáneo pues los retenes se encontraban relativamente cerca, pero los segundos eran interminables y el anhelado apoyo no hacia presencia. La desventaja mía era que todo estaba sucediendo demasiado rápido; la ventaja para los sicarios era el mejor conocimiento del lugar, lo pude constatar rápidamente pues unos metros más adelante me interceptaron con docenas de balas en ráfaga, varias ojivas penetraron mi cuerpo tirándome bruscamente sobre la tierra, rodé varios metros por la desolada y cochina pendiente, una especie de basurero municipal. A sólo unas yardas aún con aliento escuché hablar a los sicarios.

— *¡Que chimba! Ya le dimos a esa regonorrea, parce, vamos a rematarlo.*

— *¿Dónde estás, pirobo?* Increpó uno de ellos acercándose sigilosamente.

— *Acá, te estamos cobrando lo que le hiciste a "Juancho", maricón de la mierda, sólo que no te vamos a incinerar, salí pa'que acabemos con esto de una vez pedazo de malparido, pa'que le llevés un recadito a San Pedro.*

— *¡Sizas, peyerrea!* Gritó otro con un reconocido y peculiar acento al de un delincuente cuando consume varios gramos de bazuco.

Los hombres continuaron con un rosario de palabras como se dice vulgarmente. Por la forma de hablar no los identifiqué cómo policías y por lo que comprendí, estaban convencidos que asesiné a su amigo y luego lo inceneré en compañía de Zuluaga.

— *"Esa gonorrea de Zuluaga, ya se debe haber asado en la quinta caldera del infierno, pedazo de malparido"*, exclamó el sujeto que al parecer llevaba la vocería.

— *"Salí, ¡Home! Milambrea hijo de la gran puta"*, gritaba de nuevo el sujeto.

Algo resguardado aproveché la oscuridad y las palabras que balbuceaban para ubicarlos y darles otro regalito. Las heridas de mi cuerpo eran mortales y a cada instante sentía un extraño frío mezclado con dolor en todo el organismo, pero aún me hallaba con ánimos de enfrentarlos, logré divisar a varios sicarios que se acercaban buscando entre los pequeños matorrales donde me ocultaba, con la rabia y el terror de esos instantes descargué sin compasión el último proveedor de la pistola y mi revólver sobre sus humanidades levantando a dos de ellos por los aires, según mis cuentas me quedaban todavía cinco bandidos por coronar.

Ahí recordé a "Becerra", cuando alguna vez contó en forma jocosa, que el sujeto que había acabado de asesinar se había levantado dos o tres metros del suelo.

Prácticamente me tenían rodeado, los detuve momentáneamente, pero los hombres de la parte posterior dispararon nuevamente sobre mi cuerpo, sentí como los impactos perforaban mi espalda con una mezcla de ardor, dolor y miedo muy suave que me sacó del improvisado escondite, ahora si estaba despidiéndome de este mundo, rodando de nuevo otro tramo de la leve pendiente.

Alguna vez escuché decir que cuando una persona está agonizando comienza a recordar pasajes de su vida, algunos tristes otros de felicidad. Acá la primera imagen que se me vino a la cabeza fue la de mi madre y mi padre llenos de felicidad en la tribuna de la escuela de formación cuando me gradué como policía, claramente vi a mi madre saludarme desesperada con la mano y yo, orgulloso dentro de la ceremonia sin poder devolverles el saludo, mi padre minutos después se desarrolló en consejos orgulloso del hijo que en ese instante lo estaba defraudando. *¡Mijo! Nosotros somos pobres, pero usted fue educado bajo unos principios morales y éticos bien definidos y yo quiero que los coloque en práctica* *durante su carrera policial,* modulaba mi viejo lleno de humildad.

Mientras mi madre me abrazaba acariciándome con delicadeza la cabeza y la cara, llenándome de besos y bendiciones para que Dios me protegiera, con un amor de madre inmenso y con el orgullo que le brotaba por los poros al ver a su hijo convertido en todo un policía. Los abrazos y besos seguían como manifestación de alegría contagiándome y dejando escapar un par de lágrimas de la emoción.

Luego recordé el primer instante en que me enamoré de Valentina, cuando la vi por primera vez, algo que nunca le conté, mucho menos se lo iba a decir a mis amigos a sabiendas que mi novia María ya se había convertido en algo muy importante en mi vida.

A ella, y a Zuluaga, también los estaba defraudando, dudé que pudiera cumplirle la promesa de proteger a "Tina", y sus hijos.

De manera seguida llegó a mi nublada mente el espectacular momento de mi vida cuando me correspondió escoltar a su Santidad Juan Pablo Segundo que estaba de visita en la ciudad; cuatro motorizados conmigo seleccionados por mi comandante teníamos semejante honor; la respiración se me entrecortaba de tener a menos de un metro de distancia semejante personaje en el atrio de la catedral primada de Medellín, miraba coquetamente a mi alrededor a los millares de feligreses que deseaban estar en mi lugar, ni siquiera me atrevía a pronunciarle palabra alguna o tocarlo porque con sólo una mirada que me dirigió sentí que el alma se me quería escapar del cuerpo de la felicidad.

Del letargo al que había entrado con el cuerpo totalmente adormecido, me regresó a la realidad la cantidad de proyectiles que comenzaron a disparar, nuevamente los últimos hombres que quedaron en pie, al parecer tenían armas de las que utilizan en las películas pues la munición no parecía agotarse.
Con el escaso aliento desactivé la única granada y arma que aún me quedaba.

En ese instante comprendí porque la mayoría de mis compañeros portaban encima verdaderos arsenales, en los instantes en que la arrojaba se vino a mi memoria la oración policial más hermosa que jamás haya recitado y con los labios casi cerrados, con lágrimas en los ojos comencé a pronunciarla en un gesto agónico; *"Colombia patria mía, te llevo con amor en mi corazón"*, los hombres continuaban acercándose sigilosos con intenciones demenciales. *"Creo en tu destino, espero verte siempre grande respetada y libre"*, mientras los disparos de las armas de los sicarios cortaban el viento a gran velocidad que sólo se escuchaba un leve silbido, estaba haciendo parte de los hombres que quieren ver a Colombia libre y a la vez le estaba fallando. *"En ti amo todo lo que es querido, tus glorias, tu hermosura, mi hogar, la tumba de mis mayores, mis creencias, el fruto de mis esfuerzos y la realización de mis sueños"*, el sueño que estaba realizando en esos minutos no se lo deseaba a nadie y paulatinamente perdía el conocimiento. *"Ser policía tuyo es la mayor de mis glorias"*, no creo que otro compañero se haya sentido más orgulloso que yo, de portar el glorioso uniforme de la institución y haya luchado tanto por dejar su nombre en lo más alto; pero el destino me tenía en ese agujero rodeado de toda clase de basura y podredumbre a pocos segundos de dejar este paraíso terrenal totalmente abandonado. *"Mi ambición más grande es la de llevar con honor, el título de colombiano"*, durante todo ese instante no sólo era colombiano, sino que ya me sentía un hijo más de Medellín y a punta de verraquera y coraje me llevaba por los cachos a miles de paisas que se vanagloriaban de ser hijos de Antioquia. *"Y llegado el caso, morir... por defenderte"*, ese era el legado que dejaba, estaba agonizando por tratar de ser un hombre bueno, honesto, justo y hacer respetar al máximo el Código de Ética Policial.

El artefacto explosivo cayó sobre las sombras que se acercaban gritando cualquier cantidad de barbaridades, cómo se notaba que estaban realmente ofendidos. La explosión sí que fue certera y de complacencia para mi espíritu porque los alaridos de muerte que pegaron algunos hombres sólo se escucharon una vez, alcancé a medio observar cómo algunos sujetos salieron despavoridos ayudándose mutuamente seguramente mal heridos, en momentos que terminaba de pronunciar la última frase del poema policíaco, pues simultáneamente la granada explotaba.

Con varios impactos en el abdomen y espalda fui perdiendo el conocimiento mientras escuché a lo lejos las sirenas policiales que se acercaban aceleradamente. Ahí le di la razón a una buena cantidad de ciudadanos cuando preguntaban con nostalgia por qué en algunos casos la policía llega tarde y uno como policía de inmediato esboza a flor de labio las excusas.

Perdí la lucidez por completo, la de negro que tiene una media luna lentamente se me fue acercando. Todo se oscureció, cada vez que de mi cuerpo brotaba la sangre a cántaros, comenzaba recordar nuevamente pasajes no muy agradables de mi vida y no precisamente acciones que yo hubiera realizado, con el sólo hecho de escucharlas y quedarme callado estaba siendo algo así como cómplice y de pronto, por eso a Mateo se le había torcido el tronco.

Espaciosamente fui perdiendo todos los sentidos y a la vez recordaba esos instantes en la escuela cuando en las diferentes formaciones se me colocaba la piel de gallina, porque yo, si entonaba con todas las fuerzas de mi alma esa hermosa oración, cuando realizábamos los ejercicios físico-prácticos y corríamos en grupo cantando arengas para animar los trotes; luego las tertulias con mis grandes amigos para terminar jugando como si fuéramos niños.

En ese momento me encontraba totalmente solo, el cuarteto se había desintegrado por completo después de ser más que hermanos; de Zuluaga y Galiano no quedaba sino el recuerdo y Rendón no había dejado ni el rastro, entré a otra dimensión lánguidamente hasta quedar definitivamente dormido.

Varios días después desperté dentro de una sala de hospital con sondas por todas partes y con una mirada extenuada, cansado, agotado física y psicológicamente, desmotivado, con más ganas de partir de este mundo que de quedarme.

Pensamientos negros invadían finalmente mi alma que hasta esos días se encontraba buena o tal vez, Dios no quería que me volviera malo y por eso me estaba invitando para que lo acompañara a su lado, uno que otro amigo me visitaba y como si estuviera preparando mi muerte les contaba parte de mi vida policial con pelos y señales.

Ahora sí debía relatar todo lo sucedido; a mi novia no le diría nada para no comprometerla en situaciones que colocaran en riesgo su vida y la de su familia, menos a Papá y Mamá que estaban sufriendo enloquecidamente por mi culpa. La que si se iba a enterar de todo era mi hermosa Valentina, un amor prohibido que sobrepasó los límites de lo platónico, la muy mimosa conmigo aprovechaba los espacios que dejaba de visitarme mi novia y mis viejos para colarse, aprovechando sus atributos físicos que desvelaban al portero para acompañarme unos buenos momentos; con lujo de detalles las palabras fueron brotando mientras me encontraba en un estado casi agónico, a pesar que la reacción de los médicos fue oportuna después de soportar más de diez impactos dentro de mi cuerpo que afortunadamente no perforaron órganos importantes.

Tomándola de la mano le hice prometer que recogería toda esa información más la vivida por ella y la entregaría al mundo contándole que fueron más los uniformados buenos y honestos entre oficiales con grado de coronel, mayor, capitán, teniente, suboficiales en todas las jerarquías y agentes, que se enfrascaron en ese conflicto; qué los llamados policías malos, en su mayoría, terminaron abatidos, otro tanto acabó en las cárceles y otro inmenso grupo finalizó destituido, así como una gran cantidad de policías inocentes qué también   fueron   asesinados,   encarcelados   y desvinculados de la institución policial injustamente por otra clase de superiores que como en todas las empresas, hay funcionarios buenos y empleados malos, como ese triple hijo de puta coronel que me mandó a ese infierno a que me asesinaran o a que volviera malo.

No tengo ni idea como se enteraron que iba para donde Valen., bajo ninguna circunstancia voy a creer que fue una trampa organizada por ella, de seguro me estarían vigilando desde días atrás esperando el momento para atacar. En fin, todos esos interrogantes me asaltaban sin hallar una respuesta.

En definitiva, mi alma deseaba seguir el rumbo que había tomado el espíritu de mis compañeros *¡Me voy a volver malo!* Era el pensamiento más acertado que cruzaba por mi mente.

En el estado en que me encontraba no sabía de qué manera le iba a dar gusto a ese pésimo oficial; pero lo más seguro era que si me volvía perverso, al primero que levantaría sería a esa escoria, de verdad que si me encontraba ofendido con ese pedazo de mierda, pues yo, no tenía que estar pasando por una situación de esas y menos haciendo sufrir a mi familia, no me había lagarteado ese traslado, o a la final, era otra de las grandes mentiras y el hombre nunca expresó esas palabras; lo cierto es que fueron señaladas por otro jefe de igual jerarquía. *¿Cuál de los dos habló con la verdad?*

El miedo continuaba apoderándose de mí y Valentina trataba de cambiar de tema para que me olvidara de esos malos pensamientos, aferrados de las manos y arrodillada sobre la cama; ya no interesaba si alguien de la familia ingresaba a la habitación.

El reproche por las feas palabras salió a relucir. Hasta en eso estaba cambiando, mi léxico no era el mejor, pero desde niño había aprendido de mis padres a no pronunciar vulgaridades.

— *Shisssss, "Mimi", no digas esas cosas, mi amor, y menos esas palabrotas porque tú nunca pronuncias groserías,* reprochó Valentina, colocando suavemente su mano sobre mi boca.

Agónicamente le pregunté por qué me llamaba "Mimi" pues nunca me preocupé por hacerlo y con una agradable sonrisa me musitó al oído.

– *"Porque que siempre has sido mi "Miquito" preferido".*

Lo del cariñoso apelativo no era tan importante en esos instantes, solo le interesaba cumplir la voluntad de Zuluaga, susurraba con lágrimas en los ojos escapándosele a cada instante un te amo que, en vez de alegrar me hacía daño, no sólo a mi sino a María, jamás se pasó por la cabeza que valentina conociera tanto de la vida de mi novia, pero así son algunas mujeres, *"buenas para esa clase de inteligencia"*

Esos días fueron suficientes para darme cuenta que todavía existían algunos sentimientos hacia la bella mujer, estaba seguro que de esa no salía con vida y nuevamente le hacía prometer a Valen., que algún día contara la historia.

La convivencia con Zuluaga la ilustró mejor de lo que realmente sucedió durante el conflicto y dentro de la institución policial existía una gran mayoría de hombres buenos en los que ella podía confiar.

Todo lo que me estaba sucediendo hasta esos momentos quizá era la voluntad de Dios para que no me volviera malo de verdad.

El terror a cada instante me petrificaba más y el frío en el cuerpo aumentaba lentamente; pero a la vez estaba tranquilo pues hice las cosas bien y traté al máximo de respetar mi Código de Ética Policial.

"EL ESCRITOR"

Días después en un comunicado de prensa salió la noticia que había fallecido el policía número… Nadie sabe la cifra exactamente pues fue exagerada la lista de uniformados asesinados, otra cantidad desintegrados por las bombas, secuestrados y desaparecidos, desertados de la policía, entonces la suma podría ascender con facilidad a quinientos, seiscientos, setecientos, ochocientos y más, que dejó el conflicto. Sin mencionar la descomunal cifra de civiles caídos durante los tres o cuatro años de cruda violencia, esta lista jamás se podrá certificar, lo que si les puedo contar es que podría superar los diez mil seres humanos muertos entre niños, mujeres y hombres; buenos y malos, sin enumerar los heridos.

A la cruenta guerra se le fue bajando la temperatura y por fin las autoridades civiles, políticas, Fuerzas Armadas y Militares, se dedicaron a reorganizar la Bella Villa. Pero el dinero fácil carcome conciencias de hombres de todos los estamentos y se comenzaban a formar combos pretendiendo tomar el poder en las diferentes zonas de la metropolitana a causa del narcotráfico. El estado a través del presidente de la República, el Congreso y todo el parlamento dictó medidas para favorecer a la institución policial antes de acabar con ella, porque una mayoría de los estamentos gubernamentales estaban decididos a desarticularla por completo. Las medidas también cobijaron a la población civil que había quedado en medio del conflicto.

Ya el director general de la Policía Nacional de Colombia tenía facultades extraordinarias a través de un decreto el *"veinte-diez"* que lo autorizaba a tomar medidas drásticas en contra de aquellos uniformados que menoscabaran bajo cualquier circunstancia el prestigio de la institución. Fue así como se destituyó un número exagerado de uniformados, otra cantidad terminó en la cárcel y una mayoría cayó víctima de la guerra e incluso de manos de sus propios compañeros. De seguro un buen porcentaje de esos uniformados destituidos, muertos y encarcelados eran inocentes, sin embargo, es el precio que se pagó por haber estado dentro de la maldita guerra sin cuartel que se libró no solo en la ciudad de Medellín y los municipios aledaños sino en otras capitales de Colombia especialmente Bogotá, contra la policía por el sólo hecho de portar un uniforme verde oliva y hacer cumplir las leyes. Obviamente, allí quedó inmersa la población civil,

Años después la señora Valentina corroboró algunas anécdotas sin omitir detalle de la historia acaecida durante los años ochenta y cuatro al noventa y tres, a un hombre que cree en la vida, en la paz, en la justicia divina, en este bello país y que, de alguna manera, también estuvo presente en la fratricida guerra. Este individuo confrontó la información de la mujer con las vivencias de hombres que superaron el conflicto.

Hoy día, la hermosa señora como una verdadera dama en la que el paso del tiempo se detuvo por lo hermosa que se mantiene, vive pacíficamente en el exterior disfrutando de una fortuna que le llegó de la noche a la mañana acompañada de sus hijos convertidos ellos en unos hombres, además, con un nuevo compañero y sin el feo apelativo de *"Guarnición"*.

La Policía Nacional de Colombia, en una verdadera manifestación de ser una empresa fuerte, poderosa, eficaz, vigorosa, comprometida, con vocación de servicio, responsabilidad y compromiso con los habitantes de esta maravillosa nación; haciendo honor al único objetivo como es el de proteger la vida, honra y bienes de todos los ciudadanos residentes en Colombia. Demostró en un tiempo récord cómo se superan los conflictos y las dificultades internas de sus hombres, unos años más adelante orgullosa le muestra al mundo por qué fue galardonada como el mejor cuerpo de policía del mundo, tan sólo unos abriles después de la crisis.

Hombres comprometidos con la institución se colocaron la camiseta, desde el director de la Policía Nacional, hasta el último de los jóvenes Auxiliares Bachilleres incorporados demostraron con hidalguía cómo es que se levanta la cabeza, orgullosos de hacer parte de esta noble institución, que se tildaba después del conflicto como una de las policías más corruptas del universo.

Actualmente gozan del aprecio de todos los ciudadanos y lo más importante, hoy día esas unidades policiales enfrascadas en los conflictos están totalmente renovadas con hombres que tienen sentido de pertenencia por su institución, respeto por sus ciudadanos, amor por la patria con toda la tecnología de punta, profesionales en todo el sentido de la palabra para combatir las diferentes clases de delincuencia, además, gozan de un alto porcentaje de credibilidad ante las autoridades políticas y comunidad en general.

Hasta *"Mateo"* se encuentra rejuvenecido, pues de su tronco brotó un hijo fuerte *"Mateito"* que alegre se mueve con la suave brisa y el viento, ahí mismo donde hace más de treinta años fue sembrado su padre, ahí mismo se encuentra adornando la esquina de la calle cuarenta y uno con carrera setenta y cinco del barrio

Laureles, brindándole oxígeno a esos cientos de hombres uniformados que se desvelan por hacer cumplir el Código de Ética Policial, así como a los miles y miles de uniformados de policía que a lo largo y ancho de todo Colombia ofrendan sus vidas para conseguir la anhelada paz que tanto necesitamos, nada más bastó de un buen cambio de actitud para que volviera a ser una institución grande, poderosa, respetada y admirada.

De otra cosa también estoy completamente seguro: que la pujante ciudad de Medellín, le hace más que honor al apelativo de la *"Eterna Primavera"*. Como la bautizó "Molina" al segundo día de estar en la *"Bella Villa"*, anonadado con la ciudad, diciendo *¡Esto no es solamente la ciudad de la Eterna Primavera! desde hoy la bautizo como la ciudad de la "Eterna Verraquera"*. Mote que comparto.

Los paisas, una raza única que no se detiene por nada ni ante nada, a pesar de los conflictos que se le presentaron, hoy le muestran también al mundo dándole ejemplo cómo se superan en tiempo récord las adversidades de la vida. Le enseñan al universo entero que son una ciudad que marcha a la vanguardia de muchas metrópolis de las grandes potencias de este planeta.

"La Tacita de Plata" por su pujanza y entereza ha sido galardonada a nivel mundial con premios que la colocan a la altura de grandes orbes y que la hacen distinguir como la ciudad más *"Innovadora, Transformadora y Turística"*.

Sólo se respira progreso y cada turista extranjero o nacional que la visita se enamora de sus calles, de la amabilidad de sus gentes, de sus paisajes, de su transporte masivo *"metro, cable, plus y tranvía"* de cada uno de sus lugares turísticos entre los que se destacan el parque de los Pies Descalzos, el parque de los Deseos, el parque de la Luz, el parque Explora, el Pueblito Paisa, el parque Arví, el parque Norte y otros de exuberante arquitectura y ni qué hablar de sus modernas y antiguas edificaciones que adornan las avenidas, como la antigua Gobernación, el edificio Inteligente, la Alpujarra y la biblioteca España entre otros, de los espectaculares alumbrados navideños y Feria de las Flores, el desfile de Mitos y Leyendas, el museo de Antioquia con las esculturas del maestro Botero, el descomunal e impresionante túnel de Occidente y, añadido a los anteriores un sinnúmero de lugares para regocijarse y descansar.

Esa es la bella villa, Medellín, la que todos quieren y queremos, de la que se siente orgullosa Colombia, la que aferra aún más a sus hijos, es la tierra que a unos los entrega como líderes natos para que dirijan los destinos de nuestra nación y a otros los manda como embajadores para que le griten al universo *¡Vaya a Medellín que jamás se arrepentirá!*

Eso es lo que justamente hacen los artistas como: Juanes, Fausto y Lucas Arnau entre otros, maestros como Fernando Botero o Rodrigo Arenas Betancourt, en vida. Futbolistas como Iván Ramiro Córdoba, Víctor Hugo Aristizábal, Juan Pablo Ángel, por nombrar algunos. Ciclistas como Santiago Botero y María Luisa Calle, nuestra medallista olímpica. Técnicos de fútbol como el "Campeón de la Vida" -el Profesor Montoya-, el "Bolillo" Hernán Darío Gómez, Francisco "Pacho" Maturana, entre otros. Humoristas como Vargas Bill, Guillermo Zuluaga Montecristo (qepd) y el inagotable e incomparable humor del Águila Descalza, el gran director de cine Víctor

Gaviria y un centenar de artistas, presentadores y presentadoras, modelos y periodistas de talla internacional, representando la verraquera y el orgullo paisa que con su hablado y acento de *¡Eavemaría pues home donOtavio… pa' medallo!* conquistan los corazones de millones de colombianos y ciudadanos de países extranjeros que la conocen. *"Medellín… La Ciudad de la Eterna Verraquera".*

FIN

AGRADECIMIENTOS

Agradecimientos a Dios por darme la capacidad de ordenar estas letras; sinceros reconocimientos a todas las personas que, con sus narraciones, producto de sus experiencias y vivencias adquiridas durante la década de los años ochenta e inicio de los noventa permitieron la realización de este libro entre los que se destacan Oficiales, Suboficiales y Agentes. Cuando la tranquilidad de la ciudad de Medellín, orgullosamente calificada como la *"Eterna Primavera"*, se vio perturbada por un conflicto generado por la ambición desmedida del dinero y el poder, en medio de la cual las víctimas más afectadas fueron la sociedad civil y el nombre de una de las instituciones más respetables *"La Policía Nacional de Colombia";* pues algunos de sus hombres, con débiles principios se dejaron seducir por esos destellos de falso brillo que terminaron con lo más preciado que un ser humano puede tener: su propia vida y la de su familia. Así mismo sinceras gratitudes a las personas que de una u otra manera me orientaron y animaron para que este libro fuera una realidad como la profesora María Estela González "mi correctora de estilo", Cristian Castaño Pineda, Luz Enid Arroyave Arias y ese gran amigo Nicolás Alberto Vásquez (qepd) que con sus humildes pero sinceras palabras me motivaron para seguir adelante con la escritura.

Los nombres de los protagonistas, así como los lugares donde se registraron determinados casos son ficticios y si concuerdan con personajes y espacios de la vida real son mera coincidencia.

¡NADA MÁS QUE UNAS REFLEXIÓNES!

¡Yo siempre he creído en ti *home"* Colombia, especialmente en ti, Medallo! Por ello con toda el alma, respeto y humildad, te digo: ¡Despierta muchacho policía! La vida es hermosa en libertad, en tus manos está la responsabilidad de sostener esta poderosa empresa y este bello país, no lo vayas a dejar acabar, tan sólo es colocar un poco de voluntad, un pequeño cambio de actitud y ganas de hacer las cosas bien. No te dejes influenciar por aquello que es una combinación perfecta y letal: *"la droga, el poder y el dinero"*, una mezcla que nada más genera muerte y violencia.

También reflexiona y recuerda que la institución está regida por unos principios que se deben respetar en todo el sentido de la palabra así:

"La Vida", como lo manifesté al inicio de esta obra, para quitarla no tiene ningún pretexto racional; entonces, deben existir unos valores como: el Respeto y la Solidaridad y para que ellos subsistan debe primar la Seguridad.

De la misma manera, existen principios fundamentales para convertir a un hombre en un verdadero policía. Entre estos principios impera la *"Dignidad"* que debe estar acompañada de unos valores bien definidos: Honestidad, Transparencia, Honor y Valor Policial.

Se unen, además, a este faustuoso grupo de principios la *"Equidad y la Coherencia"* y estos, a su vez, van acompañados de unos valores sumamente importantes: Justicia, Tolerancia y Lealtad; no sólo con la institución sino consigo mismo y con la familia.

Y para redondear la faena con decoro, sobresale el principio de la *"Excelencia"* indicándole al policial que debe ser excelente y para lograrlo debe ser Responsable, tener *Vocación de Servicio*, estar totalmente comprometido con la causa y ser disciplinado; valores que harán del uniformado un *"Hombre Íntegro y Ejemplar"*.

MEDELLÍN "LA ETERNA VERRAQUERA"

Voy pa'Medellín la Eterna Verraquera,
Es de gente buena, nadie es extranjera,
No hace frío, no hace sol, todo es primavera,
Ahí te va este canto (Eavemaría pues) si eres de
primera
Vamos pa'medallo, sólo hay quinceañeras,
La rumba es aquí con ganas, no es afuera,
En calles, barrios de día y la noche entera.
Ahí te va este canto (Eavemaría pues) si eres de
primera

Medellín ya eres la Eterna Verraquera,
No hay problemas ¡Que artera!
Si los hay, no pasan la frontera.
Todo lo arreglamos pa'eso hay lavandera

Disfruta la vida acá, por donde quiera,
Acá empieza el paraíso de Adán y una tal Eva,
Si no me cree pregúntele a Jaramillo.
El no miente, a los dos les sirvió dizque de estera

Es medallo, Dios quiso que así fuera,
diosas sus mujeres como jardín de primavera,
Si llegas como amigo te vuelves paisa y te quedas,
De zamarro, sombrero, carriel, zurriago o chapolera

Es gente re buena y habla así no pueda,
No se arruga pa'nada, de empuje pa'las que sea,
Van por todo el mundo trabajando como arriera
Pregonando ¡Medellín la Eterna Verraquera!

Letra: Don D

"LA RESPONSABILIDAD"

Estrofa I

Responsabilidad, es un amasijo de valores
Entrelazados como abeja en enjambre
Que marcan el sendero de un hombre,
Adornado por un mar infinito de colores

Implica compromiso, no es sólo cumplir deberes.
Ser interesado, vulnera lo insensible y de costumbre
Algo tan sencillo cuando Dios les dio ese nombre
Responsable, es ser invencible hasta en esos
quehaceres

El responsable no huye de su obligación,
No se excusa o se esconde de la vida,
Por el contrario, se adelanta a la ocasión.
El responsable trabaja en forma comprometida
No se deja manipular sin una razón,
Como escondido, en mundo sin salida

Estrofa II

Responsabilidad, es la virtud naciente
Expresada en cada movimiento
Como si siguiera el compás del viento
Sólo cumplir, no se necesita ser muy inteligente.

Ponderado, recatado y bien elocuente;
De corazón noble y amable a cada momento;
Sencillo y humilde en vez de ser violento;
Por ser responsable no deja de ser un valiente

Responsable es aquel que busca una salida
La más perspicaz, auspiciada por la razón,
Pensando siempre en su ideal de vida,

Con libertad, no doblegado por el corazón.
Basta sólo una decisión sabia y lúcida
De suelta creativa, sin tomarlo con tanta pasión.

Estrofa III

Responsabilidad es ternura
Con la mujer que irradia compromiso: ¡Dios dijo!
Y desde el mismo tris en que se engendra un hijo
Entregándose del todo y con soltura

Con la madre, la familia, el prójimo hasta el cura
Tomar la rienda de la vida como lo elijo,
Con amor de hogar sin acertijo,
Con amor profundo y sin locura.

Responsable es quien mira de frente
A su familia; en su trabajo y sin temores
Irradiando felicidad resplandeciente
Como arco iris de colores.
Un hogar lleno de luces fluorescentes
Es lo ideal, no necesita flores.

Estrofa IV

Responsabilidad, es la esperanza
De aquel quídam desconsolado
Que ha perdido toda su confianza
Y aún espera de la vida en algo ser valorado.

No la pierda, aún es tiempo de alabanza,
Basta un guiño y hazte a un lado.
En casa esperan a ese hombre de confianza
Como los que el Creador tiene alados.

El responsable no deja de ser solidario,
Generoso y no es precipitado;

La bondad es su mejor rosario
Y no tiene interés privado,
Su espíritu de colaboración lo muestra a diario
Hasta consigo mismo es honrado.

Estrofa V

Responsabilidad, implica ser ejemplar,
De conducta intachable y vertical,
Dirigida en forma horizontal
Al ser que los valores, suele respetar

Contundente en su efigie de actuar,
Sin dejar los valores bajo un umbral.
Una riqueza invaluable, digna y colosal
Que, al interpretarla, la vida te haz de gozar

Siendo tolerante, lealtad no te defraudaré,
Principios y ética voy a lograr,
Vocación de servicio, no te fallaré
Si soy responsable, honestidad voy a alcanzar
Con valores familiares continuaré;
Respeto y justicia no se pueden acabar

GLOSARIO DEL ARGOT

POLICIAL Y PAISA

A LA LATA: Relativo a la velocidad y cantidad.

ACHICOPALADO: Acongojado.

ALETOSO: Bulloso, escandaloso.

ALMA GATO: Indicativo para reportar un Agente.

AMERICANA: Brillo perfecto de las botas de policía.

APARATIADO: Con varias armas.

A-Z: Antecedentes de la placa de un vehículo.

BANDEREARLO: Identificarlo ante los demás.

BAZUCO: Ripio de la cocaína después de procesada.

BILLETE A LA LATA: Dinero en cantidad.

BOLA: Nombre vulgar de la patrulla de la policía.

BREVE LA VUELTA: Un trabajo sencillo.

BUÑUELO: Inexperto en conducir cualquier tipo de vehículo.

BURBUJA: Camioneta lujosa.

CAMELLAR: Trabajar.

CAPAR: No asistir a algo.

CAREPALO: Caja mortuoria.

CARLOS PEDRO: Indicativo como se reporta a un Suboficial de grado cabo primero.

CARLOS RATÓN: Indicativo como se reporta a un Oficial de grado coronel.

CARLOS SANTO: Indicativo como se reporta a un Suboficial de grado cabo segundo.

CARLOS TANGO: Indicativo como se reporta a un Oficial de grado capitán.

CASCAR: Asesinar.

CASPA: Policía drástico o exagerado en el mando.

CENTINELA PUERTA MURALLA: Centinela número uno de un cuartel.

COCA: Expresión con la que un paisa identifica un Utensilio de cocina donde se transportan los alimentos.

CÓMODA: Armario metálico para guardar ropa y elementos de aseo.

COSCORRIA: Casposo, pajudo y ordinario.

CHANGÓN: Arma hechiza recortada con calibre de escopeta.

CHAZA: Venta ambulante en un pequeño habitáculo.

CHICANEAR: Alardear.

CHICHARRÓN GRASOSO: Caso de policía difícil.

CHICHIPATO: Ordinario, Tacaño.

CHIMBA: Dulce de huevo, almendras y almíbar; relativo a lo bueno.

CHOLATA: Maleta de madera forrada en hoja metálica.

CHUMBIMBA: Disparar un arma.

COGER DE DESTRAVE: Ser objeto de burla o chanza.

COGER DE VALIJA: Ser objeto de burla o chanza.

COMPINCHE: Compañero de un trabajo sucio.

CUADRAR: Arreglar algo.

CUCHA: Madre o mujer de edad.

DADO GATO: Indicativo como se reporta a un agente con distintivo de dragoneante.

DESECHABLE: Habitante de la calle.

DURO: Que tiene dinero o poder.

¡EH AVE MARÍA PUES! Exclamación

EMPERICADO: Drogado.

ENCOMBADO: En grupo.

ENTELERIDO: Desentendido.

ENTONGADO: Desentendido, atolondrado.

ESPOSAS: Grilletes metálicos para atar las manos.

FRANQUICIA: Descanso.

FRESAS: Tranquilo.

FUIQUI, FUIQUI; ÑANGA, ÑANGA: Hacer el amor rápido.

GARROTIÓ: No dividió en partes iguales.

GAZAPERA: Pelea.

GONORREA: Enfermedad venérea con la que se refiere a una persona.
GONORSOFIA: No sirve para nada, mediocre
GUACHAFITA: Algarabía, bulla o fiesta.
GUARDIA: Policía.
GUARNICIÓN: Servicio policial, remoquete con el que identifican a las mujeres que frecuentan demasiado un cuartel policial.
GUARILAQUE: Aguardiente.
GUIMBA: Bobo.
HECHIZO: Arma rudimentaria de fabricación casera.
HOME: Apócope de hombre.
LANZA EN RISTRE: Lanzarse de inmediato.
LACRA: Enfermedad repugnante.
LE DIERON GALLINA: Lo regañaron o le llamaron la atención fuertemente.
LE PEGUE UN FIERRAZO: Hacer el amor con exageradas ganas.
LOBA: Hace referencia a una mujer prostituta.
LUCAS: Dinero.
MAMAR GALLO: Tomar del pelo o no querer hacer nada.
MAN: Hombre en inglés.
MANDAR AL PISO: Asesinar.
MANO YUCA: Indicativo como se reporta a un oficial de grado Mayor.
MARCAR CALAVERA: Morir.
MAZINGER: Robot gigante de las caricaturas de los años 80.
MEDALLO: Equipo de Fútbol Deportivo Independiente Medellín.
ME MORDIÓ EL MARRANO: Coger de sorpresa para un servicio.
ME MORDIÓ LA VACA: Coger de sorpresa para un servicio aburridor.
MECHOS: Salir con velocidad.
METRO: Sistema de Transporte Masivo.

MEVAL: Metropolitana del Valle de Aburra. (Policía Metropolitana)

MIERDA CORRIDA: Ejercicios físico-prácticos exagerados.

MILAMBREA: Miserable, tacaño.

MUÉRGANO: Malo para trabajar, perezoso.

NACIONAL: Equipo de fútbol Atlético Nacional.

OLLA: Lugar de trabajo malo.

OTRA VOZ: Relacionado con otra alternativa.

PAISA: Gentilicio de la raza antioqueña.

PALANGANA: Utensilio a manera de bandeja donde se sirven los alimentos juntos.

PANEL: Vehículo policial.

PANGUANORREA: Idiota.

PARCERO: Amigo.

PARRILLERO: Copiloto del conductor de una moto.

PAYACIAR: Morir, asesinar.

PERRO CULO: Sacarle el cuerpo a las cosas o los servicios.

PEYERREA: Ordinario, miserable, mezquino.

PIERNA ARRIBA: Amenaza de castigo o sanción.

PIQUE: Transitar una moto en su llanta trasera.

PIROBO: Bobo hijo de puta.

PLATA VENTIADA: Dinero en cantidad.

PLAZA DE ARMAS: Lugar de formación de todo el personal.

POLICÍA DE CONTROL: Grupo de uniformados para controlar policías.

POLOCHO (A): Apelativo con el que se identifica un uniformado de la policía.

PRATICA: Práctica.

PULULAR: Abundar y bullir.

QUINOPODIO: Líquido que controla la parte eréctil del hombre.

QUIUBO PARCE: Que hubo amigo.

RAQUETEAR: Requisar.

RECLUTAS: Policías recién salidos de una escuela de formación.

RECUCA: Algo muy bueno.

RUEDA LIBRE: Daño de estómago.

SABANDIJA: Animalillo o reptil pequeño y asqueroso.

SANTO, SANTO: Indicativo como se reporta a un Suboficial de grado sargento segundo.

SANTO TOMAS: Indicativo como se reporta a un Oficial de grado subteniente.

SANTO VINO: Indicativo como se reporta a un Suboficial de grado sargento viceprimero

SE ME APARECIÓ LA VIRGEN: Se presentó alguien que le dará dinero o a quien le quitará dinero.

SE TOCARON: Se enteraron de algo.

SICARIATO: Modalidad del homicidio.

SICARIO: Individuo que ejerce el sicariato.

SIZAS: Si.

SIZARRAS: Si.

SUMBAMBICO: Animal pequeño y asqueroso.

TETIADO: Lleno.

TOMAS ELSA: Indicativo como se reporta a un teniente.

TONBO: Palabra que invertida quiere decir botón.

TRIPULANTE: Parrillero de un motorizado.

TRIS: Pequeña cantidad.

VACANA: Muy bien.

VACIADA CULA: Regaño sin necesidad.

VISTA AL FREN: Mirar al frente.

VISTA A LA IZQUIER: Mirar a la izquierda.

(Entre muchas más)

BIOGRAFÍA

Didier Montoya

Nació el 15 de marzo de 1962, ha dedicado gran parte de su vida a la escritura y la música como talento natural y empírico.

¡A su estilo! Su trabajo literario lo comprenden veinticinco obras en su orden: NACÍ PARA SER GUERRERO, MEDELLÍN "LA ETERNA VERRAQUERA", TAGON CINCO ESTRATOS BAJO CERO, LA MAGIA O LA FANTASIA DEL DUENDE ALCARAVÁN, POR MI PADRE VOY HASTA EL INFIERNO, JESUS CRISTO ¡VIVE!, TRAS LO PASOS DE LA MUERTE PRIMERA PARTE, TRAS LOS PASOS DE LA MUERTE SEGUNDA PARTE, TRAS LOS PASOS DE LA MUERTE TERCERA PARTE, EL HALCÓN ROJO Y NEGRO, MANUEL "ENTRE RAFAGAS MINAS Y BAMBALINAS", LOS IGMEOS Y EL IMPERIO DEL REY DRAKAL, EUROPA UN SUEÑO AMERICANO, ENTRE LETRAS CUENTOS Y POEMAS, LOS CUENTOS DE LOS HIJOS DE LA "PROFE." ESTELA, INFIEL, CANIBAL, EL HUECO, JAMAS, VENECO, CHAVITA (La esposa de un guerrero), DON D (El hijo de un par de guerreros), PERRUNO, DEVASTACIÓN, Y TIERRA DE NADIE.

Compositor de 555 letras musicales de todos los géneros, cuentos, poemas y ensayos.

En el año de 2004, fue galardonado con el premio "Corazón Verde" como el mejor policía de Colombia por su trabajo comunitario.

Nota: Al resaltar la frase **"A mi estilo"** quiero decir que es mi forma de interpretar, escribir, concebir y organizar todo lo escrito de una manera muy sencilla y empírica. De ahí que les pido disculpas por los errores ortográficos o gramaticales que se puedan suscitar. "Es mi estilo y no creo que lo vaya a cambiar".

www.ingramcontent.com/pod-product-compliance
Lightning Source LLC
Chambersburg PA
CBHW020902160726
47993CB00005B/1779